JN445727

정해왜란 1587

외로운 손죽도

정해왜란 1587

외로운 손죽도

초판 1쇄 인쇄 2025년 12월 22일
초판 1쇄 발행 2025년 12월 31일

지은이 김덕진
펴낸이 윤관백
펴낸곳 선인
등록 제5-77호(1998. 11. 4)
주소 서울시 양천구 남부순환로 48길 1, 1층
전화 02)718-6252/6257
팩스 02)718-6253
이메일 suninbook@naver.com

ISBN 979-11-7606-006-6 94910
979-11-6068-032-4(세트)
값 18,000원

왜란 이야기 2

350년 '왜구 시대'를 고발하다

조총에 놀라고 정쟁에 얼룩진 전면전의 서곡

정해왜란 1587

외로운 손죽도

김덕진 지음

선인

차례

1장

외로운 손죽도

1. 두 번째 답사

나는 전라남도 고흥군 나로도의 '연안여객선 터미널'에 도착했다. 주차장에 차를 세워 두고 터미널 안으로 들어갔다. 손죽도행 승선권을 사서 여수에서 나오는 '하멜' 호에 올라탔다. 그 사이에 여객선은 바뀌었지만, 이곳에서 승선은 두 번째이다.

첫 번째는 2009년 외로운 손죽도에서 정렬하게 순절한 이대원(李大源) 장군에 처음 관심을 가졌을 때다. 순천대 사학과의 두 교수님과 동행했다. 두 분 다 퇴임했지만, 함께 찍은 사진은 그때의 호기심 가득했던 추억을 전해준다. 그때의 관심과 답사를 토대로 「이대원과 정운, 그리고 쌍충사」(2009), 「1587년 손죽도 왜변과 임진왜란」(2010) 두 편의 논문을 학술지에 게재했다. 벌써 15년이 훌쩍 지났다. 이 두 논문을 게재한 후 두고두고 미련이 남았다. '이대원, 정운, 손죽도, 녹도'를 도저히 그냥 두고 넘어갈 수 없어서였다. 이 네 가지 키워드가 당시 조선 사회를 뒤흔들었던 1587년 정해왜란, 1589년 정여립 사건, 1590년 통신사 파견, 1592년 임진왜란을 일직선으로 이해하는 데 중요하다고 생각했기 때문이다. 마니아층이 두터운 현재 우리의 '역사 소비' 패턴에도 일조하리라는 점도 생각했다. 그래서 논문으로는 말할 수 없는 이야기를 언젠가는 말하고 싶었다. 이를 위해 시간 나는 대로 틈틈이 관련 기록을 메모해 두었다. 그 메모들을 하나씩 끄집어내어 이리저리 엮어서, 이제야 이 책으로 완성했다.

두 번째는 정해왜란의 전모를 다룬 이 책의 원고를 거의 마무리해 가는 지금이다. 하멜호는 하루에 오전과 오후 두 번 나로도항을 출발한다. 나는 오전 배를 선택했다. 대합실에서 배를 기다렸다. 배는 바다 안개로 여수에서 나로도항까지 나오는데 10분 지연되었다. 손죽도 해상에 낀 안개로 15분을 더 기다려 출발했다. 안개는 항해에 치명적이어서 그 영향을 받을 수밖에 없다. 선착장을 떠난 여객선은 서서히 움직였다. 꽃으로 장식한 아름다운 섬으로 소문나서 전국 각지에서 관광객이 방문하는 쑥섬[艾島] 옆을 지났다. 금세 망망대해 대양으로 들어갔다. 쏜살같이 물길을 가르며 바다를 달렸다. 저 멀리 있는 섬이 콩알만 하게 보였고, 어선들은 점처럼 보였다. 파란 바다만이 끝없이 펼쳐졌다. 시원한 바람과 넓은 하늘은 가슴을 상쾌하게 씻어주었다. 다행히 바람이 없어 파도는 잔잔했다. 4백 명 이상을 싣는 대형 여객선이지만, 쾌속선이어서 25분 만에 손죽도에 도착했다. 여객선은 손죽도를 떠나 초도를 거쳐 거문도까지 간다.

나는 설레는 마음으로 배에서 내렸다. 1587년(선조 20) 정해왜란의 최대 격전지 손죽도 섬을 다시 밟는다. 정쟁과 전란으로 훼손되고 망실된 기억의 파편을 모아 퍼즐을 맞춰보기 위해서다. 선착장에서 사방을 둘러보니 푸른 물결과 맑은 하늘은 그대로이다. 하지만 첫발을 디딜 때 느꼈던 설렌 느낌, 조선을 뒤흔든 손죽도의 강렬한 인상이 다시 오니 예전과 달랐다. 그리고 섬 전체의 풍경도 많이 변했다.

손죽도 곳곳에 이대원의 흔적이 배어 있다. 선착장에서 나오자마자 바닷가에 전에 없던 '이대원 장군상'이 서 있다. 늠름한 자세의 석상은 왼손에 칼을 차고서 자신이 싸웠던 바다를 바라보고 있다. 기단부에 이대원의 약사, 손죽도 해전, 절명시 등이 적혀 있다. 손죽리 주민과 함평이씨 평택종중회의 후원으로 2015년에 건립했다. 「건립문」은 이렇다.

> 마제봉 정기를 받아 손죽항 부두에 충렬공 이대원 장군(忠烈公 李大源 將軍)의 석상을 세운다. 전적지요 유적지인 손죽도 똑바골 무구장터에는 장군의 분묘가 안장되어 있고 동상(銅像)이 세워져 있으며 마을 중심에는 녹도만호 이대원 장군 박면군관 휘하 무명 장졸들을 모셔 있는 장군사당(문화재자료 제239호)이 있으며 매년 음력 3월 3일에 제향(祭享)을 모시고 있다.
> 1587년 임진왜란 5년 전 정해란 때 녹도만호 이대원 장군께서 100여 명의 장졸들을 이끌고 손죽도 해전에서 싸웠던 저 앞바다가 바라보이는 이곳 손죽항 부두에 또다시 장군의 석상을 건립하여 이를 바라보는 많은 사람들이 장군의 애국애족 정신을 본받게 하고 충효의(忠孝義) 뜻을 받들게 하는 산 교육장으로 승화시키고자 한다.

선착장에서 바닷가 길을 따라 손죽리 마을로 향했다. 바닷가 길은 그때처럼 여전히 아늑하고 포근했다. 길의 오른쪽에는 돌을 쌓아서 원형으로 만든 옛 선창이 있고, 왼쪽은 육지에서는 보기 힘든 난대림이 울창하게 펼쳐져 있다. 마을 안으로 들어갔다.

「대가 많아서 손죽도라 했데요.」

「대를 손상시키지 말라고 그렇게 불렀겠죠?」

첫 번째 방문 때 이장(里長)이 했던 말과 살을 붙여서 대꾸했던 나의 말이 귓가에 맴돈다. 그러나 길을 안내해 주고 자신이 들었던 이야기를 나에게 전해주며 또 들려주라고 부탁했던 이장은 이미 돌아가시고 안 계셨다. 집 집마다 문패가 규격에 맞추어 정갈하게 걸려 있다. 집의 지붕은 빨강과 파랑 등 형형색색으로 색칠해져 있고, 빈집을 헐어 넓지막한 정원으로 만들어 아름다운 갖가지 꽃을 심어 놓았다. 생기가 넘쳐서 좋았다. 화사하고 아늑한 정취를 만끽하며, 유일한 상점인 '손대점빵'으로 들어갔다. 갖가지 생활필수품이 진열되어 있었다. 다급한 대로 음료수를 사서 목을 적셨다.

손죽도 땅 곳곳에 역사 현장이 남아 있다. 골목길 벽에 이대원 장군의 그림이 그려져 있고, 그의 절명시가 적혀 있다. 벽화를 따라 마을 안으로 들어가면, '이대원 장군 사당'(여수시 문화유산자료 제239호)에 이른다. 이곳 사당은 마을 중심부에 있다. 1590년, 1597년, 1637년에 건립되었다고 하나 정확한 시기는 알 수 없다. 초가로 건립되어 봄·가을에 제사를 지냈다. 이 사당도 대원군의 서원 훼철령으로 철거되고 말았다. 1923년 이상의(李商儀)의 특별 찬조금과 주민들의 찬조로 사당을 복원했다. 여순사건과 6·25를 거치면서 퇴락했다. 옛날 사진을 보니 한 칸짜리 조그마한 사당이었다. 1983년 마을 주민의 정성으로 현재의 기와 건물로 규모를 더 넓히고 담장도 확장하여 다시 지어졌다.

사당 건물 처마에는 '충열사(忠烈祠)'란 현판이 걸려 있다. 이대원의 시호가 '충열'이다. 안에는 영정과 위패가 봉안되어 있는데, 영정 속의 이대원 장군의 모습은 22세 답게 늠름하게 보인다. 그리고 「이장군 사우 중건기」(1923년)와 「이대원 장군 사당 복원기」(1983년)가 걸려 있다. 최근의 경위를 살피는데 아주 귀중한 자료이다. 복원기의 말미에 "巽竹島는 비록 섬은 작고 외로운 孤島이지만 將軍을 欽慕하는 情神은 代代孫孫 이어져 왔으며 그 忠節과 行蹟을 가슴 깊이 새기어 간직하겠다는 갸륵함은 萬代에 길이 빛날 것이다"는 말이 적혀 있다. 이 구절은 마을에서 이대원이 차지하는 위상과 마을 사람들의 이대원에 대한 마음가짐을 알게 해 준다.

사당 마당에는 「이대원 장군 사당 제4차 복원개축에 협찬하신 분들」(1983년)이란 비석이 서 있다. 이 비석에는 부녀회, 각지 향우회, 각종 계, 추진위원회 등이 낸 성금 내역이 기록되어 있다. 고향을 지키는 사람과 떠난 사람 모두가 십시일반으로 공사비를 마련하여 이 사당을 건립한 것이다. 그리고 아름드리 느티나무가 사당 앞에 서 있다. 수령은 3백 년 정도 되고, 보호수로 지정되었다. 그간의 손죽도 역사를 알고 있는 이 나무에 귀를 대보았다. 들리지는 않았지만, 가슴으로는 느낄 수 있었다.

손죽리 사람들은 마을의 중요한 회의나 모임을 '이대원 장군 사당' 앞에서 해왔다. 외지에서 사망하여 시신이 손죽도에 오거나 유골이 올 때는 사당 앞길을 피해 뒷길로 이동하여 장지로 가게 했다. 이장군 사당에 대한 공경심의 발로로 오랜 마을 전통이라고 한다. 사당은 마을 안녕, 풍어, 해상 안전을 기원하는 당제(堂祭)를 지내는 곳이기도 하다. 4백 년 전부터 1년에 2회 봄·가을 거행해 오다, 최근부터는 1회만 음력 3월 3일 거행하고 있다. 제사를 맡을 사람은 마을에서 덕망이 높고 거리낌이 없는 사람 중에서 정한다. 사당 앞에는 3일 전부터 금줄을 쳐서 관계자 외의 출입을 금한다. 제사상에는 이대원 장군에 대한 밥과 국만 올리는 것이 아니고, 큰 양푼에다 밥을 가득 담고 수저를 많이 꽂아서 이대원 장군과 같이 순절한 많은 수하 병졸들의 밥과 국도 함께 마련하여 올린다. 이 정성은 고스란히 축원문에 담겨 있다.

「이대원 장군님의 충효를 높이 공경하며, 수하 병졸들의 충성심을 높이 찬양합니다. 많이 운감(殞感) 하시고 마을의 액운을 막고 나라의 액운을 막아 농사도 잘되고 바다에서 무사히 고기잡이도 잘되도록 도와주십시오.」

사당 안에서의 제사가 끝나면 바닷가로 나가서 종이에 밥과 돈을 싸서 바다에 던지는 헌식을 하고 제사를 끝낸다.

나는 이대원 사당에서 나와서 손죽초등학교를 찾아갔다. 학교는 1923년에 주민들이 부지를 희사하여 문을 열었다. 50·60년대에 소거문도·평도·광도 등 세 군데 분교장을 거느린 꽤 큰 학교로 발돋움했다. 이때 3백여 민가에서 가방을 메고 나온 250여 명의 학생이 다녔다. 목조 2칸 건물이 비좁았다. 그 옆에 주민들이 삼각산 밑에서 돌을 깨서 일일이 운반하여 석조 5칸을 신축했다. 석조 건물의 내부는 교무실 1칸, 교실 4칸으로 이루어졌다. 외부는 독특하다. "외벽은 화강석을 직사각형으로 잘라 세워졌으며, 중앙부를 약간 돌출시켜 정면성을 강조하고 있다. 중앙 입구 기둥은 원통형 대리석으로 세워져 고전적인 멋을 풍기고 있다." 이런 점을 높이 사서 '전남교육문화유산 제7호'로 지정되었다.

학생 수가 줄어들자, 독립학교로 운영될 수 없었다. 1985년 분교장으로 강등되어 '초도초등학교 손죽분교장'으로 편입되었다. 세월의 풍파 앞에 2015년 '거문초등학교 손죽분교장'으로 편입되었다가, 이마저도 2022년 폐교되고 말았다. 그 사이에 주민들의 추억이 서린 목조 건물도 헐리고 말았다. 이동식 칸막이를 제거하여 2칸을 넓은 1칸으로 만들어 입학식·졸업식 등 학교 행사는 물론이고, 마을 회의나 행사 그리고 명절 때 전 주민 노래자랑도 열렸다. 한마디로 마을 회관이었다. 이 '화려했던' 추억을 아는지 모르는지, 목조 교사 터에는 잡초만 무성하다.

폐교 당시 재학생은 3명이었다. 교육 당국은 그들을 여수로 전학시켜 학교를 계속 다니게 했다. 현재 마을 안에 학령 인구는 한 명도 없다. 폐교는 되었지만, 백 세를 채우지 못한 점이 아쉬웠다. 동문들은 1

년 뒤 2023년에 개교 백주년 기념식을 거행했다. 운동장 가에 손죽도 해안의 갯돌로 단합을 상징하는 U자 모양의 '손죽초등학교 개교 100주년 기념탑'을 만들어 세웠다. 기념탑에 「기념탑 설립의 의미」가 동판에 새겨져 있다. 읽는 순간 가슴이 찡하여 눈가에 눈물이 맺혔다.

손죽도 지성의 요람이었던
손죽초등학교
순수한 바다 소년, 소녀들
질풍노도를 넘어
보석이 되었고
손죽도의 빛이 되었다.
그리운 시간을 거슬러 100년
다시 100년을 향해
꿈을 세운다.

학교는 문을 닫았지만, 석조 본관은 그대로 남아서, 새로운 1백 년을 향해 꿈꾸고 있다. 현재 리모델링 중이다. 현장에서 추진위원장을 만났다. 뭐 하려고 공사하느냐고 물었다.

「손죽도 역사관이나, 외부에서 방문한 사람들의 교육관 등으로 사용하려고요.」

「마을 공동체 생활 공간이나 커뮤니티 시설이네요?」

「예, 그렇습니다.」

「완공되면 다시 찾아오겠습니다.」

그리고 본관 앞과 운동장 가에 옛날 군사정권 때 세워졌던 여러 조형물도 남아 있다. 「체력은 국력」, 「독서는 마음의 양식」, 「이승복」, 「유관순」, 「효자 정해수」 등이 보인다. 또한 잡초 무성한 곳에 초등학생들이 탔던 그네와 매달렸던 철봉도 그대로 남아 있다. 아이들 목소리가 다

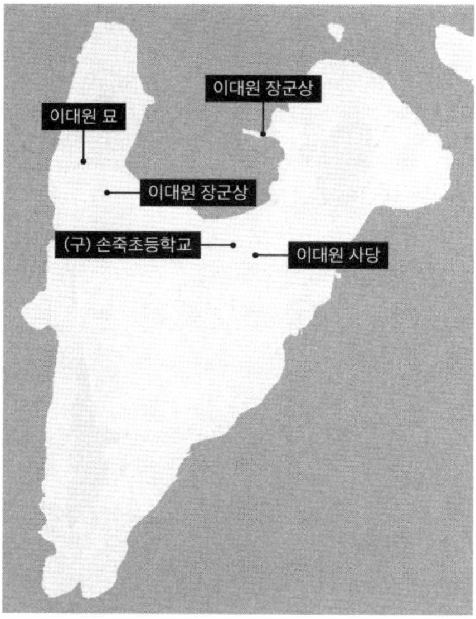

손죽도의 이대원 문화유산

시 들리는 날은 없을까?

학교가 본교에서 분교장으로 바뀌면서 교가도 바뀌었다. 폐교 때 불리었던 교가의 가사에는 없지만, 이전 교가의 2절에 "선열의 충절 찾아 모이는 요람"이라는 구절이 들어 있다. 이대원 장군의 나라를 사랑하는 마음을 본받자는 말이다. 그때 학교를 다니며 교가를 불렀던 학생들은 지금 어디에서 무엇을 하고 있을까?

이대원 사당을 지나서 산 중턱 '똑바골'에 있는 '무구장터'로 올라갔다. 이곳에서 정해왜란 때 이대원을 포함한 많은 녹도진 군인들이 목숨을 잃었다. 손죽도 사람들은 이대원의 시신을 수습하여 '무구장(無柩葬)'으로 장례를 치렀다. 무구장이란 사람의 시체를 넣는 널 없이 장례를 치렀다는 말이다. 이 일로 이곳은 '무구장터'로 불리어 오고 있다. 마을 사람들은 이대원 묘의 벌초를 해왔다. 묘의 상석에 '이대원 전라좌도 수군절도사의 묘'라고 적혀 있다. 왜 '수군절도사'로 적혀 있는지에 대해서는 뒤에서 차차 밝히겠다. 묘 앞에 「구국충신 이대원장군 유적비」(1999년)가 서 있다. 이대원 장군의 약력과 오늘이 있기까지 그간의 경위가 비의 세 면에 설명되어 있다.

묘 입구 30미터 전방의 산 중턱에 '이대원 장군상'(2001년)이 높이 서 있다. 여기에도 이대원 장군의 약력이 소개되어 있다. 그 옆에 '동상 건립기'까지 있어 함께 읽으면 오늘의 이 순간이 어떻게 탄생했는지를 이해하는데 좋을 성싶다. 한눈에 들어오는 동상은 늠름한 자세로 맑고 파란 바다 너머의 전라좌수영(현 여수) 쪽을 바라보고 있다. 자신을 죽음으로 내몬 좌수사를 직시하고 있는 것 같다.

손죽도에서 가장 높은 해발 2백 42미터 깃대봉을 향했다. 일제가 지도 제작을 위한 측량 기점 표시를 위해 산 정상에 기를 꽂은 이후 지어진 이름이라고 한다. 데크길이 깔려 있고 전망이 좋아, 등산객 방문이 많다고 한다. 산 정상에 오르니 서남쪽으로 초도, 남쪽으로 거문도가 보였다. 손죽도, 초도, 거문도는 한 생활권이어서 현재 여수시 삼산면에 속해 있다. 그리고 동남쪽으로 희미하게 보이는 것이 일본이라고 생각했다. 오늘처럼 일본 쪽에서 상쾌하고 잔잔한 바람만 불어오기를 바라며 산에서 내려왔다.

2. 외로운 섬

내가 손죽도행 배를 탄 나로도는 본래 내나로도와 외나로도 두 개의 섬을 말한다. 오늘날은 두 섬이 다리로 연결되어 있다. 마치 하나처럼 보여 두 섬을 싸잡아 나로도라고 한다. 하지만 과거 내나로도와 외나로도는 오늘날 행정적 이름으로 '내나로도'와 '나로도'로 각각 불린다. 나로도항이 있는 나로도는 사람들에게 생소한 섬이었는데, 2009년 '나로우주센터'가 섬 남쪽 끝자락에 준공됨으로써 널리 알려지게 되었다. 특히 그곳에서 2013년 '나로호'의 제3차 발사 성공은 많은 사람에게 우주로 향한 꿈을 안겨주었다.

그런데 나로도는 옛날부터 어업이 발달한 곳이었다. 나로도의 갯장어 어장은 전국 유명 어장으로 이름나 있었다. 이 갯장어(일본명 하모)를 잡기 위해 19세기 말기부터 일본 어민이 나로도에 이주해 왔다. 그 결과 나로도에 일본인 이주어촌이 형성되었다. 1908년 발간 『한국수산지』를 보면, 나로도에 일본인이 14호에 100명이 거주하고 있었다. 갈수록 늘어나 1929년 '저명 어촌' 조사에 의하면, 일본인이 83호에 380명이 거주하고 있는 것으로 나타났다. 이리하여 고흥 나로도는 여수 거문도, 군산 어청도와 함께 전라도의 대표적인 일본인 '이주 어촌'이었다.

그들은 어획물의 공동판매와 어로 장비 및 생필품의 공동구매, 그리고 어업 자금의 대부, 수산 기술의 양성을 목적으로 어업조합을 만들었다. 자신들을 위한 항만시설, 택지, 상가, 산업시설, 관공서, 소학교, 복지시설, 신사 등을 조성했다. 어획한 갯장어를 활어 운반선을 통해 일본으로 실어 날랐다. 그곳 우리 어민과 갈등은 피할 수 없었다. 맨발과 훈토시 바람의 거의 나체로 돌아다녀 눈살을 찌 뿌리게 했고, 토지와 물 사용도 다툼의 요인이었다. 심지어 부녀자를 성추행하는 사건마저 발생했다. 이처럼 나로도는 과거에 갯장어로, 요즘은 우주센터로 유명한 곳이다.

이에 비하면, 손죽도는 사람들에게 매우 낯선 곳이다. 국사 교과서에 영국이 러시아의 남하를 저지하기 위해 거문도를 불법 점령한 '거문도 사건'의 현장으로 등장하는 인근의 거문도에 비하면 더더욱 그러하다. 거문도는 항일 의병장 임병찬이 유배가서 순국한 곳이기도 하다.

손죽도에 대한 최초의 소개는 '손죽도 사건' 직후에 나온 바 있다. 우의정 정언신이 친족 사이이고 서신을 주고받았다는 이유로 '정여립 역모 사건'에 연루되어 1589년 12월 경상도 남해도로 정배되었다가, 이듬해 7월 서울로 압송되어 다시 수사받아 함경도 갑산으로 이배되었다. 그의 아들 정협이 아버지를 수행하여 남해도를 왕래하던 중, 바로 옆의 흥양 녹도진을 방문하여 진성 안에 있는 이대원 사당을 참배했다. 정협은 5년 연하 이대원의 죽음을 애도하는 글을 지어서 그의 영전에 바쳤다. 그 「조사(弔詞)」에 다음의 구절이 있다.

한 점 외로운 섬
한 바다 속에 푸르른데
피비린 바람 부는 저녁
살기는 멎지 않고
전쟁 구름에 낮도 어두워
애통과 원한 사라지지 않네

손죽도는 푸른 바다 위의 한 점 외로운 섬이다. 왜구가 휩쓸고 간 지 몇 년 지났지만, 아직도 피비린내는 멎지 않고 원통함도 사라지지 않고 있었다. 이 전란의 잔흔은 오늘날까지 남아, 손죽도는 왜란의 역사서와 같고, 이대원 장군의 고향과도 같은 곳이다. 손죽도 관련의 자료마다 왜란과 이대원에 대한 사실로 가득 차 있기 때문이다. 흥양 지리지의 산

『청구요람』 속의 흥양현 섬과 손죽도

천이나 도서 조항에는 흥양 관내의 도서가 나열되어 있다. 1791년경에 편찬된『흥양지』를 보면, 대부분 도서는 "우도는 현 북 55리에 있고, 주위는 45리이고, 진상 전죽전이 있다" 또는 "절이도는 도양 경계에서 수로로 20리 떨어져 있고, 편호는 420호(남 797, 여 965)이고, 목장이 있고 겸하여 황장소가 설치되어 있다"처럼, 어디에 있고 둘레가 얼마이고 무엇이 생산되는지 등만이 적혀 있다. 그런데 손죽도는 다른 섬과는 다르게 적혀 있다.

「손죽도는 절이도 동쪽에 있다. 만력 정해년에 녹도만호 이대원이 왜적과 싸우다 이곳에서 죽었다.」

『청구요람』이란 고지도에도 지리지와 비슷하게 "損竹島 宣祖丙戌 鹿島萬戶李大源 與倭戰亡"(손죽도는 선조 병술년에 녹도만호 이대원이 왜와 싸우다 죽은 곳이다)이라고 적혀 있다. 병술은 정해의 오기이다. 서해와 남해의 수많은 작은 섬 가운데, 오직 손죽도만이 읍지나 지도에 그곳에서 일어난 역사 사실이 기록되어 있다.

손죽도의 아픔은 곧 오늘날 고흥군 지역의 아픔이었다. 이 지역에 고려시대에는 도화 등 9개 고을을 9번 설치했다가 9번 혁파했다. 모두 왜구에게 무너졌기 때문이다. 9개 고을을 혁파하고서 고흥(高興)을 설치했는데, 고흥 또한 왜구와의 싸움에서 져서 망하고 말았다. 고흥 백성들이 그 고통을 견디지 못하고 자기 지역을 완전히 포기하고 보성의 조양(兆陽)으로 옮겨갔다. 고흥이 폐기되자, 그곳은 인적이 끊겨 왜구의 소굴이 되어 버려진 땅으로 바뀌었다. 2백여 년 지난 조선 세종 때 조양 감무로 김재가 재임하면서 전라도 관찰사 고형산에게 고을 설치를 요청했다. 이리하여 현(縣)이 설치되고, 고흥의 '흥(興)' 자와 조양의 '양(陽)' 자를 합하여 '흥양(興陽)'이라고 이름했다. 흥양 출신 사람이 올린 상소문에 나온 내용이다.

흥양의 탄생은 왜구와 투쟁의 산물이었다. 조선시대에 흥양현의 관할 경역에 있는 섬으로 나로도, 절이도, 손죽도, 초도, 시산도, 평도, 거문도, 백도 등이 있었다. 이 가운데 손죽도는(損竹島)는 흥양의 읍지에 읍내에서 남쪽으로 170리에 있다고 적혀 있고, 고지도에 풍안포에서 수로로 150리에 있다고 적혀 있다. 손죽도는 일제 강점기 1914년에 이름이 손죽도(巽竹島)로 바뀌었다. 잃다는 뜻의 손(損)자가 부정적이어서, 공손하다는 뜻의 손(巽)자로 바꾼 것이다. 이때 손죽도는 돌산군으로 이속되었다가, 돌산군이 여수군으로 개편되자 현재는 여수시 삼산면 소속이다. 이 무렵 흥양현의 이름도 고흥군으로 변경되어 오늘에 이른다. 아무튼 손죽도는 고흥 소속이었다가 여수 소속으로 바뀌어 있다.

손죽도는 면적이 2.92㎢에 불과한 대양 한 가운데 있는 작은 섬이다. 마을과 선착장이 남쪽 산을 등지고 북쪽 바다를 보고 활처럼 만을 이루고 있어, 남쪽 바다에서 몰아쳐 오는 태풍과 파도를 피할 수 있는 곳이다. 그리고 회유하는 어종이 풍부하여 어업이 발달한 곳이기도 하다. 이러한 점으로 인하여 일찍부터 사람들이 손죽도에서 살며 마을을 이루었다. 신석기 시대의 대표적 유적인 조개더미[패총]가 손죽도에서 두 곳이나 발견되었다. 인근의 거문도에서는 청동기 시대의 고인돌이 두 군데서 발견되었고, 그곳에서 중국 한나라 화폐인 오수전(五銖錢)이 출토되었다. 사람들이 아주 오래전부터 손죽도와 그 주위에서 살면서 해양 교류를 했음을 알 수 있다.

손죽도에는 손죽리 마을 한 개만 있다. 마을의 터가 꽤 크다. 『호구총수』에 의하면, 1789년(정조 13) 죽도리·손죽도리·평도리·거문도리 등지에 3천 5백 70명이 살았다. 손죽도 인구는 수백 명쯤은 되었을 것 같다. 『삼산면지』에 의하면, 1996년 손죽리에는 253명이 거주했다. 지금은 인구가 이보다 더 줄어 있고, 빈집이 한둘이 아니다. 그리고 손죽도에는 적지 않은 밭도 있다. 그 밭은 1665년에 태어난 현종의 셋째 딸이자 숙종의 여동생 명안공주(明安公主)의 궁방전이 되어 19세기 말까지 유지되었다. 이리하여 손죽도 사람들은 바다에서 고기를 잡거나 바닷가 바위에서 미역을 따고, 산자락 밭에 채소를 심어 살아왔다.

손죽도는 초도(草島)·평도(平島)와 함께 고흥반도와 거문도(巨文島)의 중간 정도에 있다. 거문도는 일본의 구주(九州) 서쪽에서 전라도로 건너

올 때 거리상 가장 가까운 섬이다. 그러므로 손죽도, 초도, 평도, 거문도는 일본에서 전라도로 건너오는 길목에서 가장 먼저 마주칠 수밖에 없는 섬이다. 이 점을 흥양현 사람이 잘 말했다.

「본현의 관할 경역에 있는 섬으로는 나로, 절이, 손죽, 초도, 시산, 평도, 삼도, 백도 등이 있는데, 일본의 오도와 바다를 두고 마주 대하고 있어 바람만 불면 돛단배 하나로 각각의 경계에 이를 수 있습니다.」

이리하여 이들 흥양 섬과 일본의 오도(五島)·평호도(平戶島)는 바다를 사이에 두고 마주하고 있다. 그러므로 바람만 불면 돛단배 하나로 각각의 경계에 오고 갈 수 있는 곳이다.

전통적으로 일본에서 전라도로 들어오는 길은 두 개의 노선이 있다. 한치윤의 『해동역사』에 소개된 「통왜해로」에 의하면, 하나는 구주의 오도에서 동남풍을 타고 거문도에 이르러서 묵고, 그곳에서 출발하여 완도의 청산도를 지나면 육지에 올라갈 수 있는 고금도나 가리포에 곧장 도달하는 길이다. 또 하나는 대마도로부터 동북풍을 타면 경상도의 연화도와 욕지도 두 섬 사이에 이르러서 묵고, 그곳에서 출발하여 곧장 남해의 미조항이나 순천의 방답에 이르는 길이다. 그러니까 손죽도는 동남풍 바람길에 위치하여 돛을 올리면, 선박이 쉽게 구주에서 전라도로 들어올 수 있는 곳이다.

그러므로 이 두 길은 왜구가 전라도를 침략할 때 늘 이용하는 길이다. 하지만 일본과 전라도 사이의 수로(水路)가 매우 멀어서 순한 바람을 탄다고 하더라도, 모두 아침에 일본에서 출발하여 저녁에 전라도 육지에 도착하지 못하고, 반드시 바다 가운데 있는 섬들 사이에서 유숙해야 했다. 그러나 연일 좋은 바람만 있을 수가 없어 바다에 정박하고 있던 왜선이 다음 날 풍세가 순하지 못하면 또다시 순풍을 기다릴 수밖에 없었다.

이러한 상황은 지리적 위치나 해류·풍향의 결과였다. 그에 따라 손죽도는 초도·평도·거문도와 함께 왜구의 침략을 자주 받은 아픈 과거를 간직하고 있다. 가령, 1525년에 왜선 4척이 손죽도·평도 등지를 침범하자, 전라좌수사가 병선 20척을 거느리고 예하 진장과 함께 출동하여 격퇴시킨 적이 있다. 초도에는 옛 성터가 있는데, 이곳에서 1622년 전라좌수영 우후(虞侯) 허정은(許廷誾)이 왜구와 전투를 펼쳤다고 한다. 고흥의 읍지『흥양지』에 나온 내용이다. 일본과 더 가까운 거문도는 왜구의 침략을 자주 받았기 때문에 굳이 예를 들 필요가 없겠다.

흥양 사람들은 자기 지역의 형세를 조운선이 왕래하는 요충지이고, 해적이 출몰하는 길이라고 평했다. 자평 그대로 흥양 지역은 왜구 이동의 길목이어서 그들의 침략을 자주 받았다. 그래서 본현의 진 외에 여도·사도·발포·녹도 4개 진을 요충지에 더 설치하고, 율치에 권관을 또 설치하여 뜻밖의 우환에 대비하도록 했다. 이리하여 1개 본현, 4개 진, 1개 권관 등 6개 군진이 서로 조력하여 하나의 독립된 진영(陣營)을 갖추어 국경을 지키게 했다. 이 형세를 유지하도록 하기 위해 그곳 백성들의 부역을 면제해 주고, 이 지역의 군사들을 다른 곳으로 보내지 말게 했을 뿐만 아니라, 내지의 군사를 매달 2백 명씩 흥양으로 보내어 방어에 보탬이 되게 하는 조치도 취해졌다. 그리고 특별히 6곳의 봉수(烽燧)와 6곳의 요망(瞭望)을 두어 긴급 사태의 보고 체계를 보강하기도 했다. 이처럼 한 고을에 1관 4포의 정규 부대를 두고, 그것을 독진(獨陣) 형태로 운용한 곳은 전국에서 흥양이 유일한 곳이다.

1587년 일본의 침략이 없었으면 내가 여기에 올 이유가 있었을까를 생각하며 깃대봉에서 내려왔다. 마을을 빠져나오며 뒤를 몇 번이고 돌아보는 나의 마음은 복잡했다. 이대원의 묘를 보고 역사 속으로 잠시 들어갔다가, 그가 죽고 묻히는 장면이 떠올라 착잡했다. 선착장으로 다시 발길을 돌렸다. 언제 이 섬을 다시 찾을까 아쉬움을 뒤로 하고서 거문도에서 여수로 나오는 배에 몸을 싣고 외로운 손죽도에서 나로도에 도착했다.

나의 발걸음 계기는 지금으로부터 450여 년 전의 명종과 선조 임금의 교체로 거슬러 올라간다. 명종은 왕위에 올라 젊어서는 수렴청정하는 어머니의 품 안을 벗어나지 못했고, 성인이 되어서는 외가 사람들의 국정 농단에 자기 목소리 한 번 제대로 못 냈다. 그러는 사이에 명종은 을사사화로 무고한 선비들을 희생시켰고, 쓸만한 인재를 대거 멀리 유배 보냈다. 그리고 을묘왜란 같은 외환을 겪었고, 임꺽정의 난으로 민중의 도전을 받기도 했다. 혼탁한 세상이었기에 많이 배웠고 배운 것을 현실에 적용해 보려고 했던 이황이나 김인후 같은 대학자들은 관직을 주어도 척신이 판치고 있는 세상에 나오지 않고 고향에 은거하고 말았다. 하지만 명종의 어머니 문정왕후는 63세로 세상을 떠났고, 그해 그의 의삼촌 윤원형도 유배 가서 자살하고 말았다. 그로부터 2년 뒤 명종은 34세라는 젊은 나이에 병으로 죽었다. 이렇게 하여 척신정치로 대변되는 명종 시대는 재위 22년 만에 끝이 났다.

척신정치를 펴면서도, 그들은 을묘왜란 이후 왜구의 침입을 대비하기 위한 정책을 다방면으로 실시했다. 왜구가 판옥선을 타고 침략한다는 정보에 의해, 그에 맞서기 위해 각 수군진의 전선을 맹선에서 판옥선으로 교체하는 정책을 추진했다. 그리고 뒤에서 나오겠지만, 중앙정부 차원의 각종 총통 개발이 우리 역사상 그 어느 때보다 활발했다. 이에 따라 판옥선에 총통을 장착하는 작업도 수반되었다.

또한 관찰사가 집행하는 도정(道政)이 무기를 살피는 데에 집중하느라 다른 일에 미칠 겨를이 없다는 비판이 나올 정도였다. 특히 경상·

전라 양도의 관찰사는 임무가 중대하니, 임기를 1년에서 3년으로 연장하거나 가족을 대동하고 가도록 하자는 의견이 대두되었다.

그리고 무인의 인적 자원을 확보하기 위해 과거의 별시 무과에서 한 번에 2백 명을 선발한 적이 있었다. 무재가 있어 장수가 될 만한 자에게는 전술 전략의 이해를 넓히기 위해 병서를 읽도록 권장했다. 장수 발탁을 위해 2품 이상의 문무관과 6품 이상의 대간·시종·낭관에게 각기 장수가 될 만한 자를 3인씩 천거하라고 한 적도 있었다. 이상은 무신을 확보하고, 훈련시키고, 등용시키기 위한 정책이었다.

그런가 하면 문신으로 무재가 있는 자를 가려 뽑아 유장(儒將)이라고 부르며, 경상·전라 양도 관찰사의 경우 유장 가운데 선발해서 내려보내도록 했다. 그리고 관찰사로 하여금 20여 명에 이르는 중견 간부급의 군관을 선발하여 거느리고 가게 했다. 이상은 문신의 상무 정신을 고양시키기 위한 정책이었다.

무엇보다 무신과 문신 외에 전 국민이 무예를 단련하고 전 국토의 방어시설을 강화할 방안을 천명했다. 평온할 때 위태로움을 잊지 않도록 하기 위해 네 가지 지침이 하달되었다.

① 서울과 지방에서 문음으로 처음 입사한 사람은 음직에만 등용할 것이 아니라, 무재가 있는 자를 시험하여 합격한 자는 혹 찰방에 의망할 것.

② 서울과 지방의 양반 자제, 각사의 서리·노복, 향리, 관속, 여러 군사, 보인·양인·공천·사천으로서 나이가 젊고 활을 쏠 줄 아는 자를 모두 뽑아 매월 날짜를 정해놓고 장전·편전을 별도로 시험하고, 기사(騎射)할 수 있는 자는 기사를 하게 하며, 그중에 능하지 못한 자는 창(槍)을 익히게 하여, 영구히 규칙을 세워 태만하지 못하게 하고, 별도로 시관을 정하여 재능을 시험하고 연말에 합산하여 우열을 가릴 것.

③ 지방에서 항상 점검하여 많은 성과가 있는 자와 점검하지 않아 성과가 없는 자가 있으니, 감사·병사·수사는 순찰하여 성적을 매기는 데 상고하고, 혹 특별히

어사와 경차관을 보내 잘하고 못하는 것을 시험하여 상을 주거나 승진을 시키거나 파직을 시킬 것.

④ 서울과 지방의 잔약한 민가 이외에 군기(軍器)를 마련할 만한 집에는 화살과 장편전 등을 비치하게 하고 간혹 점검할 것.

요약하자면, 민가에 장전·편전 같은 활을 비치하게 하고, 양반과 중인 및 평민과 천민에 이르기까지 모든 국민으로 하여금 활을 연습하게 했다. 능사군(能射軍) 양성을 총통 개발과 함께 국방력 증강의 가장 큰 역점 사업으로 삼았다. 정치는 구태의연한 척신정치를 벗어나지 못했지만, 이러한 여러 정책으로 을묘왜란 후 상무 정신만큼은 고양되어 있었다.

3. 인재 과잉

명종은 심씨 비와의 사이에서 아들 하나를 낳았으나 저세상으로 일찍 보내고 말았다. 세자도 정해지지 않은 초유의 상황에서, 1567년 6월 28일 경복궁 양심당에서 명종이 서거했다. '정승은 입시하라'는 중전의 명에 의해, 모친 상중인데도 불구하고 영의정 이준경이 궁궐에 들어와서 곧바로 물었다.

「상께서 혹시 전교하신 일 있었습니까?」

「덕홍군의 셋째 아들을 후사로 삼았습니다.」

돌아가신 남편이 덕홍군의 셋째 아들을 후사로 삼았다는 중전 인순왕후의 대답을 듣자마자, 이준경은 "속히 받들어 모셔오소서"라고 답했다. 이리하여 중종의 손자이자 명종의 조카인 하성군이 16세의 어린 나이로 왕위를 이어받았다. 이준경은 척신이 권세를 부리던 당시 지조를 지키고 아부하지 않아 자주 배격을 당했으나, 그들이 감히 가해하지 못한 것은 절조와 행검에 하자가 없고 논의가 한편으로 치우치지 않아서였다. 이런 점으로 그는 명종 말기에 영의정에 올라, 서거 당시 궁궐에 들어가서 순조로운 왕위 계승에 큰 역할을 했다.

1567년 7월 3일 근정전에서 선조가 조선의 제14대 군주로 등극했다. 이 역사적 순간이 실록에 다음과 같이 기록되어 있다.

> 이날 성복(成服, 명종 초상 후 처음 상복 입음) 후 백관(百官)들이 예절을 갖출 것을 청하였으나, 상이 굳이 사양하며 상차(喪次, 상주가 머무는 방)에서 나오지 않았다. 대신들이 간청하고 왕비 역시 강하게 청하자 상차에서 나오기는 하였으나, 감히 어상(御床)에는 오르려 하지 않았다. 대신 이하 모두가 두세 번 권한 다음에야 자리에 오르자, 백관들로부터 하례를 받고 왕비를 높여 왕대비(王大妃)로 하였으며, 사형수 이하를 대사면하였다. 왕대비가 비로소 수렴청정(垂簾聽政)하였다.

중종 (11)	══	장경왕후	══	문정왕후	══	창빈안씨
	↓		↓		↓	
	인종 (12)		명종 (13) = 인순왕후		덕흥군	
					↓	
					선조 (14)	

선조의 계보

명종 초상 나흘째 되는 날 하성군은 상복을 입었다. 그날 그는 군주 자리에 올랐다. 선조의 즉위와 함께 전 왕비는 왕대비가 되어 수렴청정했다. 2년 뒤 이미 돌아가신 선조의 아버지가 덕흥대원군으로 추존되었다.

선조는 이전과는 다른 새로운 정치를 표방했다. 그동안 정치세력은 크게 두 파로 나뉘어 있었다. 하나는 현실적인 문물 정비와 부국강병을 실천하면서 특권과 기득권을 지키려는 훈구·척신이고, 또 하나는 이상적인 왕도정치를 주창하며 정치개혁을 요구하는 재야의 사림(士林)이다. 사림은 관직 참여의 기회를 얻지 못하고 지방으로 내려가서, 성리학 연구와 후진양성에 주력하고 사창제·향사례 실시와 유향소 복설을 통해 독자적인 세력을 구축했다. 그들은 농사법 개량이나 농지 개척으로 경제력을 축적하여 재지 중소 지주로서의 지위를 누렸다.

사림이 하나의 정치세력을 형성하여 중앙 정계에 진출하기 시작한 시기는 15세기 말의 성종 대부터다. 문사를 선호하는 군주인 성종은 훈신과 갈등을 겪기 시작하자, 훈신을 견제하기 위한 새로운 관료층을 육성하려고 향촌에 세력 기반을 두고 있던 사림을 중앙 관료로 등용시켰다. 관직에 진출한 사림은 주로 언관직을 차지하고서, 국가 정책을 비판하고 훈구대신들을 공격했다.

수세에 처한 훈척 세력은 사림에 대한 정치적 보복을 기도했다. 연산군, 중종, 명종 3대 동안 무오사화, 갑자사화, 기묘사화, 을사사화 등 4회의 사화가 발생했다. 그 사이에 70년이라는 너무 많은 시간이 흘렀고, 사화마다 성격은 조금씩 달랐다. 하지만 그때마다 훈신은 승리를 거두었고, 사림은 희생을 당했다. 사림은 너무 많은 피를 흘렸고, 관직에서 쫓겨나 재야에 머물러 있었다. 그러면서도 그들은 서원·향약·농장을 토대로 자신들의 세력을 확대 재생산했다. 개인기에 의존하지 않고 공론으로 훈척을 비판하고 대안을 제시하여 결속력을 다지고 역사적 정당성도 확보했다. 그러는 사이에 기득권층에 도전하는 신진 세력이 대거 배출되고 말았다.

선조의 즉위와 함께 사림 출신의 신진 세력이 사회 전면에 등장했다. 신진 사림 세력은 '구시대 청산'과 '적폐 일소'를 위해 윤원형·이기에게 아첨하여 관직에 오른 사람들을 삭탈(削奪)시켜 척신 세력을 몰아냈다. 척신들이 제거되자 그들에게 아부했다는 혐의를 받은 관료들도 납작 엎드려 불안에 떨다 스스로 물러났다.

물갈이에 성공한 사림 세력은 재야에 있던 선후배를 요직에 복귀시켰다. 특히 명종의 잦은 부름을 고사하거나 나갔다가 곧바로 돌아오는 자세를 보였던 이황은, 선조의 명을 받고 곧바로 상경하여 7월 4일자로 예조판서에 임명되었다. 경연에 적극적으로 참여하고 『성학십도』를 손수 써서 올려서 선조를 성학(성리학)의 세계로 이끌었다. 이에 부응하여 선조도 '신정(新政)', 즉 새정치를 표방했다.

사림 세력은 '역사 바로 세우기'에 나서 기묘사화나 을사사화 때 권신의 패악질로 희생당하거나 척신에게 모함·적몰 당한 이들의 신원(伸冤)을 청했다. 그들의 급선무는 기묘사림의 정점에 서 있다가 기묘사화 때 역적으로 몰리어 죽임을 당한 조광조의 복권에 있었다. 선조가 즉위한 지 서너 달 지나, 기대승은 상소를 올려 성리학의 정통을 정몽주-김종직-김굉필-조광조로 세워야 하고 그러기 위해서는 조광조를 복권해야 한다고 주장했다. 며칠 뒤 이황은 경연에서 『소학』의 중요성을 강조하고, 이를 몸소 배우고 가르치고 실천했던 조광조를 반드시 복권시켜야 한다고 했다. 이를 사간원과 홍문관도 지지하고 나서자, 선조는 이듬해 4월 조광조의 벼슬과 시호를 내리는 결정을 내렸다. 이황과 기대승은 성리학 이론 가운데 하나인 '사단칠정'에 관한 학술 논쟁을 편지로 전개한 인물로 유명하다.

이리하여 무오사화 이후 70년간 지속된 훈척과 사림의 충돌도 사라지고, 역사의 한 페이지를 장식하는 '사림 시대'라는 새로운 시대가 열리게 되었다. 그러면 어떤 사람들이 정국을 주도했을까?

첫째, 명종 대에 척신과 밀착되지 않고 사림을 옹호하며 관직에 있었던 원로들 가운데 선조 초기에 주요 관직의 우두머리와 대신 직을 차지한 인물이 있다. 이준경, 홍섬, 권철, 김개, 홍담 등이 그들이다. 이들을 당시에는 구신(舊臣)이라 했고, 이들은 '구시대' 청산에 소극적인 모습을 보였다.

둘째, 을사사화로 화를 입은 인물에 대한 사면 복권이 단행되었다. 20여 년의 귀양살이 끝에 백인걸, 노수신, 유희춘 등이 정계로 복귀했다. 그들은 조정 상하의 두터운 신임을 등에 업고, 문과 급제 후 평균 16년 이상 걸리는 관행을 깨고 특전으로 당상관에 올랐다. 당상관은 정3품 상계 이상으로서, '따 놓은 당상'이라는 속담이 말하듯이 인사 추천권이나 주요 정책 결정권을 지닌 '고위 공무원단'이다.

셋째, 선조는 사림 정치의 구현을 열망하는 덕망 있는 신진사류 인사들을 대거 기용했다. 명종 대 벼슬길에 나와서 척신을 비판하다 쫓겨났던 인물들이 다시 기용되었다. 박순, 허엽, 기대승, 윤두수, 심의겸 등이 그들이다. 이들은 명종비 심씨의 아우 심의겸과 연결되어 당상관의 관직을 가지고서 신진사류를 영도하는 위치에 서 있었다.

넷째, 명종 대 후반기에 과거에 급제하여 선조 초기에 5~6품의 6조 정랑·좌랑이나 홍문관 교리·수찬 자리에 진출한 이이, 정철, 김효원, 김우옹, 이산해, 유성룡 등이 있다. 이들은 신진 기예로 불리며, 구시대 청산에 가장 적극적이었고, 조광조의 복권을 주창하고 이황을 정신적 지주로 받들며 성리학을 현실에 구현하는 데 앞장섰다.

다섯째, 선조는 즉위한 지 4개월 지나서 "유일(遺逸)의 선비를 추천으로 등용하는 것은 새정치에 있어서 제일 먼저 해야 할 일이다"면서, 이름난 사람들을 적극적으로 천거하라고 했다. 과거도 정기 시험인 식년시 외에 부정기 시험인 별시도 실시하여 급제자를 뽑았다. 이리하여 새로이 관직에 발을 디딘 사람이 적지 않았다.

이처럼, 인재의 원천은 여러 그룹이었다. 이들은 크게 구신계와 신진사류로 양분되었다. 구신계는 대신과 6조 장관·차관 자리를 차지했고, 신진사류는 행정 실무를 맡는 낭관(郎官)이나 권력을 견제하는 삼사(三司)에 포진했다. 이리하여 상관과 하관이 서로 균형을 추구하는 권력구조가 형성되었다. 척신 세력에 대한 공격에 어느 한쪽의 단독보다는 다른 한쪽이 가담하는 게 훨씬 효과적이어서, 양자는 공존하는 구도를 탄생시켜 상호 간에 정보를 공유하고 행동을 함께 했다. 이게 선조 즉위 후 4~5년간 지속된 정치 지형이었다.

그렇지만 벼슬·품계를 빼앗고 관리 명부에서 이름을 제거하는 '삭탈'과 죄를 없애주고 관직을 내려주는 '신원'을 놓고 집권 세력 내부에 갈등을 겪게 되었다. 더 큰 갈등은 따로 있었다. 신진사류는 구정권 청산을 위해 자신들의 세력을 키우는 정치를 펼 수밖에 없었다. 이를 위해 그들이 실시했던 대표적인 정책이 '낭천제(郎薦制)'였다. 관리를 선발하는 방법은 국초 이래 시험제도와 천거제도가 있었다. 시험제도는 과거가 대표적이다. 천거제도는 재능은 있으나 초야에 묻혀 있는 숨은 인재를 등용할 때 4서와 1경을 시험하여 관직을 주는 특별 채용 제도이다. 그런데 명종 대에 윤원형은 집안 소식을 묻는 것으로 대신하여 천거제도를 부실하게 운영하니, 벼슬길이 혼탁해졌고 그로 인해 진짜 인재들이 천거를 기피했다.

신진사류는 법적 테두리 내의 천거제도와는 완전히 다른 낭천제를 새로이 실시했다. 이는 사림파가 줄기차게 주장했던 '유일 천거'나 '학생 천거'와도 다른 것이었다. 기묘사림이 시도했던 '현량과'와도 달랐다. 낭천제는 소정의 시험을 통하지 않고, 인사 행정 업무를 맡는 이조전랑(銓郎)의 추천을 통해 행실이 좋고 학문이 우수한 사람을 관직에 등용하는 방안이었다. 이는 표면적으로는 관료 사회의 새로운 기풍을 조성한다는 목적을 내세웠지만, 실제적으로는 신진사류가 전랑을 맡아 자파 출신을 관직에 진출하는 길을 열어주는 역할을 했다. 이에 대해 이조판서 이탁은 원칙을 표방했다.

「인사를 오로지 공론에 의해 하겠다.」

그와 함께 이조좌랑 정철은 실무 지침을 발표했다.

「공평한 도리를 강력히 주장하여 너무 지나칠 정도로 선악을 엄히 구분하였다.」

공론에 의해 선·악을 기준으로 인사를 발탁하겠다는 것이다. 이때가 1568년(선조 1)이다. 선조 즉위 직후부터, 낭천제에 대한 신진사류의 의지는 강력했다.

낭천제는 속도감 있게 추진되었다. 그럼에 따라 사림의 관직 진출은 활발해졌다. 그들은 비록 하위직에 임용되었지만, 관료 사회에서 차지하는 신진사류의 기반은 확대일로에 있었다. 반대로 구신계 원로대신의 기반은 약화되어 갔다. 무엇보다 그동안 재상들의 청탁으로 관행적으로 해오던 무인직이나 문음직에 대한 추천권도 이조 전랑이 가져가서, 구신계의 기득권이 상실될 위기에 처할 수밖에 없었다. 구신계는 낭천제란 법이 정한 인사 행정을 펴는 제도가 아니라, 신진사류의 전유물로 전락하여 자신들을 옥죄고 그들의 배를 채우는 앞잡이 역할을 한다고 내다보았다. 그동안 척신을 제거하는 데에 신진사류와 공동보조를 취해 왔으나, 이제는 낭천제를 수용할 수 없어 신진사류를 비난하기 시작했다. 낭천제 때문에 어제의 동지가 오늘 적이 되어버렸다.

「나라의 제도를 함부로 바꾸는 것은 바람직하지 않다.」

「이탁, 정철 등은 일을 꾸미기를 좋아하는 무리이다.」

곧바로 구신계는 낭천제의 무효화에 나섰다. 이탁의 뒤를 이어, 구신계의 핵심적 위치에 서 있던 홍담이 이조판서가 되어 곧바로 낭천제를 폐지하고 인사권을 회수하여 자신이 직접 행사했다. 또 다른 구신계 김개는 "연소한 무리가 당을 지어 대신을 경멸한다"며 이탁, 박순, 기대승, 윤두수, 윤근수, 정철 등 신진사류 6인을 모함까지 했다. 그러자 좌랑 정철이 임금 앞에서 즉각 반발했다.

「김개가 지금 성청(聖聽)을 현혹시켜 화를 사림에게 돌리려고 하고 있는데, 성상께서는 그것을 잘 살피셔야 할 것입니다.」

선조가 큰 소리로 반박했다.

「정철이 지나치다. 김개가 어디 그렇게까지 할 사람이던가?」

정철은 물러서지 않고 강한 어조로 되받아치며, 김개의 잘못을 낱낱이 거론했다. 이이도 임금에게 구신계를 향한 말을 험하게 내뱉었다. 동갑내기 정철·이이는 자신들 같은 신진세력을 '사류(士流)'라 말하고, 일부 구신을 '속류(俗流)'라 폄하했다.

낭천제를 놓고 재상 자리에 있는 구신계와 실무진 자리에 있는 신진사류는 갈등을 겪었다. 갈등의 원인은 이 외에도 여러 가지가 있었다. 갈등을 겪으며 각 진영은 세력화에 나섰다. 사람들은 구신을 '노당(老黨)'이라 하고, 신진사류를 '소당(少黨)'이라고 했다. 구신계는 신진사류를 과격하거나 위험한 집단으로 보았고 연소배로 몰아 멸시하는 자세도 보였다. 신진사류는 구신계와의 대립을 거치면서 개혁에 대한 선명성을 내세우며 정치적 결속력을 다졌다. 그 결과 선조 즉위 후 4·5년이 지나면서, 정계에 지각 변동이 일어났다. 구신계의 대부분은 퇴진하고, 정국의 주도권이 신진사류의 수중으로 넘어갔다. 이 무렵 구신계의 버팀목이었던 이준경이 1572년(선조 5) 74세의 나이로 죽고 말았다. 그는 죽기 바로 직전에 4조의 상소를 올렸다. 상소 마지막에서 사사로운 붕당(朋黨)의 위험을 경고했다.

「사사로운 붕당을 깨뜨려야 합니다. 신이 보건대, 오늘날 사람들은 간혹 잘못된 행실이나 법에 어긋난 일이 없는 사람이 있더라도 말 한마디가 자기 뜻에 맞지 않으면 배척하여 용납하지 않으며, 행검을 유의하지 않고 독서를 힘쓰지 않더라도 고담대언(高談大言)으로 붕당을 맺는 자에 대해서는 고상한 풍치로 여겨 마침내 허위 풍조를 빚어내고 말았습니다. 군자는 함께 어울려도 의심하지 마시고, 소인은 방치하여 자기들끼리 어울리게 해야 하니, 지금은 곧 전하께서 공정하게 듣고 두루 살펴 힘써 이 폐단을 없앨 때입니다. 그렇지 않으면 끝내는 반드시 국가의 구제하기 어려운 걱정거리가 될 것입니다.」

이준경의 「파붕당(破朋黨)」 상소 의도는 삼사와 낭권으로 결속되어 파벌을 형성하고 있는 신진사류를 비판하기 위한 것이었다. 비판의 대상은 박순과 심의겸이었다.

「이준경·김난상 등은 박순과 심의겸의 권세가 날로 성해가는 것을 보고 장차 나라를 그르칠 것이라고 생각했다.」

곧바로 이준경 상소에 대한 공격이 기대승·이이 등의 신진사류로부터 나왔다. 구신계에 대한 헤어질 결심이 선 것 같다. 구신계에 대한 신진사류의 공격진은 이상에서 나온 8인 정도가 대표였다.

3년 뒤, 이조판서가 낭관이 추천한 사람을 3배수로 올렸다. 그것을 본 국왕이 이조판서에게 물었다.

「학생을 추천하는 것이『경국대전』의 법인가?」

「뜻이 있는 선비는 음서에 나가지 않기 때문에, 낭관이 각기 인재를 추천하는 것인데 이를 낭천(郎薦)이라 합니다. 임금의 명령을 받들 뿐이고『대전』에는 이 법이 없습니다.」

「후일의 폐단이 있을까 염려되니, 지금부터는 시행하지 말라!」

이조판서가 국법에 없다고 답변하자, 국왕은 시행하지 말라고 선언했다. 이처럼 낭천제는 무효와 복구가 반복되는 우여곡절을 겪었지만, 신진사류의 영향력이 확대되면서 정착을 보게 되었다. 그리하여 선조 즉위 후 벌어진 '정치 투쟁'은 신진사류의 승리로 싱겁게 끝나고 말았다. 사림의 시대가 도래했다. 사림 정치가 전개되면서 복귀·추천·급제 등으로 많은 인재가 배출되어, 이른바 '목릉 성세(穆陵 盛世)'로 불리는 문치주의가 절정을 이루었다. 이를 이수광은 이렇게 평가했다.

「우리 임금의 치세가 되니, 뛰어난 인물이 이토록 많았던 때가 없구나.」

뒷날 이익도 비슷하게 평가했다.

「선조 임금의 시대야말로 이 땅에 인재가 넘치던 시절이다.」

선조 시대는 이 땅에 유례가 없을 만큼 인재들이 넘쳐났던 시절이라는 말이다. 이 말은 전술한 사면복권·낭천제가 앞에서 끌고, 문과가 뒤에서 밀어 가능했다. 태조~선조 대 문과 급제자의 연평균 숫자가 20명인데, 선조 대는 가장 많은 27명이었다.

쌍끌이에 의한 인재의 증가는 나쁜 일은 아니지만, 부정적인 면도 수반한다. 그들의 지향은 관직에 진출하는 것이지만, 관직 수보다 인재 수가 훨씬 더 많아서였다. 이 현상을 미국 학자 피터 터친은 '엘리트 과잉 생산'이라고 정의했고, 과잉 생산된 엘리트는 정해진 수의 지위를 놓고 경쟁할 수밖에 없다고 내다보았다.

선조 즉위 이후 인재는, 문과 급제자 수만 놓고 보더라도 매년 35%씩의 증가율을 보였다. 그런데 동반·서반의 실직·겸직을 포함한 관직 수는 『경국대전』에 5천 5백 개로 고정되어 있었고, 이마저도 쓸모없는 관청과 관리가 너무 많으니 줄여야 한다는 지적이 틈만 나면 나오는 상황이었다. 이러한 상황에서 관직 수를 늘리는 일은 불가능했다. 매년 누적되는 인재 증가율을, 순환 보직제로 인사 규정을 고치지 않는 한 고정된 관직 수로 수용할 수 없는 체제였다.

과잉 생산된 인재의 상당수는 늘어나지 않은 일자리 때문에 방치되었다. 인재 방치는 사회 불안정으로 이어졌다. 관직을 못 얻은 무리가 정치적 실세나 학문적 영수의 뒤에 줄을 섰다. 그들 가운데 명함을 들이대면서 일자리를 구하는 이가 있었고, 걸핏하면 허위 사실을 유포하여 상대를 함정에 빠뜨리거나 쫓아내려는 이도 많았고, 전향하여 과거 동지들을 과격하게 공격한 이도 있었다. 이를 본 한 식자는 사림에게 장차 사화가 닥칠 것 같다고 경고했다. 사림의 정치적 경쟁은 구신계와 신진사류의 경쟁 구도에서, 기성 사림과 신진 사림의 경쟁 구도로 바뀌었다. 이리하여 사림의 분화가 촉진되고 여러 그룹을 형성하여 서로 경쟁하는 양태로 변했다. 성리학에서는 군자들의 붕당 형성을 긍정적으로 여겼기 때문에 사림 정치가 붕당 성립을 가져온 것은 필연적 추세였지만, 그들은 일자리를 늘리거나 새로이 진입하는 인재를 줄이지는 않은 채 정해진 자리의 나눠 먹기에 정신이 없었다. 그 결과 우리 역사상 최초의 정치적 유혈 사태이자 최대의 인적 재앙인 '정여립 사건'을 맞고 말았고 그 후유증은 오늘날까지 문중간 대립으로 남아 있다.

이 무렵 포르투갈과 스페인은 일본과 활발하게 교류하며 상품을 교환하면서, 일본에 화약 무기를 전해주고 기독교를 전파하고 있었다. 이에 힘입은 일본은 신무기로 중무장하고서 대륙 진출의 꿈을 꾸더니, 조선을 전면적으로 침략하는 전쟁을 감행하고 말았다. 그 결과는 조선에 있어서 처참하고 비극적이었다.

4. 동인과 서인

1573년(선조 6) 무렵이 되면 구신계가 실세하고 신진사류들은 청요직(淸要職) 뿐 아니라 의정부 재상 자리에도 진출하게 된다. 신진사류의 기대를 한 몸에 받았던 이이가 오래된 폐단을 제거하고 혁신을 이룰 수 있다는 판단에 따라 조정에 나왔다. 그는 그동안 백성들을 괴롭힌 방납(防納)의 폐단을 고치고자 했고, 유명무실화된 군적(軍籍)을 새로이 작성하려 했다. 각종 정치기구, 관료조직, 지방제도 등을 개혁하려고도 했다. 이이는 당시 사회를 대대적인 경장(更張)이 요구되는 시기라고 보아서였다. 경장의 이름으로 신음하는 백성의 목소리를 전달하고, 무너진 왕조의 기강을 되살리겠다는 방대한 꿈은 「동호문답」이나 「만언봉사」 등의 저술에 잘 나와 있다.

그렇지만 선조는 아직도 신진사류가 주장하는 혁신에 대하여 신념을 굳히지 못하고 있었다. 혁신에 적극적인 태도를 보이지 않는 구신계를 다시 중용하려는 태도마저 보였다. 구신계도 개혁론에 대한 기득권층의 반발에 편승하여 상황을 역전시킬 기회만 노리고 있었다. 이러한 선조의 미온적인 태도와 구신계의 반동적 처사에 어떻게 대처할 것인가는 신진사류에게는 초미의 관심사였다. 그런데 그에 대해 신진사류 사이에 미묘한 온도차가 나타나기 시작했다.

이때 신진사류를 둘로 갈라놓는 사건이 발생하고 말았다. 바로 이조 전랑 '자천제(自薦制)' 때문이었다. 이조는 문선(文選), 훈봉(勳封), 고과(考課) 등에 관한 일을 관장하는 관서이다. 인사 행정을 맡는 곳이 바로 이조이다. 그곳의 정5품 정랑과 정6품 좌랑을 '낭관'이라 하는데, 그들은 문관을 전형하여 추천하는 일을 하여 '전랑'으로 불리었다. 한마디로 이조 전랑은 인사 행정의 실무자이다. 직급은 낮았지만, 위상은 매우 높았다. 이에 대해 『연려실기술』과 『택리지』에 다음과 같이 각각 적혀 있다.

「우리나라에서 제일 중한 것이 이조 낭관이었다. 직제학 이하 청요직 벼슬의 진퇴를 전담하였으므로, 당상관도 그의 말을 좇을 뿐이었다.」

「이조의 정랑과 좌랑은 대간을 추천하는 권리를 주관했다. 그러므로 3공과 6경의 관직이 비록 높지만, 전랑이 조금이라도 불만스러운 일이 있으면 곧바로 삼사 관원을 시켜 그들을 논박하게 했다.」

청요직으로 불리는 사헌부, 사간원, 홍문관 등 3사 관원의 추천권이 이조 전랑에게 있었다. 의정부를 구성하는 3공 6경을 논박(論駁, 의논하여 잘못된 점을 지적)하는 권한이 삼사에게 있었다. 그러므로 이조 전랑은 국가 최고기관이 마음에 들지 않으면, 삼사를 시켜 공격하게 했다. 일반 당상관들이야 이조 전랑의 눈치를 안 볼 수가 없었다는 것이 이긍익과 이중환의 말이다. 그러니 이전 전랑은 개인적인 영광과 정치적 이익을 모두 누릴 수 있는 자리였다.

더군다나 '자천제'라 하여 이조 전랑의 전임자가 물러날 때 후임자를 스스로 추천하는 것이 관례였다. 그러므로 전랑 자리를 어느 쪽에서 차지하느냐는 권력 경쟁의 핵심 과제였다. 이때 이조 전랑 오건이 김효원을 후임으로 추천하려 하자, 심의겸은 김효원이 과거 명종 때 윤원형의 식객으로 있으면서 아부한 소인배라면서 반대했다.

「어찌 학문하는 선비가 권세가의 자제들과 함께 거처할 수 있는가? 결코 절개 있는 선비가 아니다.」

김효원은 낭관이 된 지 6·7년 만에야 비로소 전랑에 취임하여 '청류' 사류를 부식하여 추앙을 받았다. 그 뒤 심의겸이 그의 아우 충겸을 이조 전랑에 추천하자, 이제는 김효원이 왕의 외척이 인사권을 행사하는 자리에 가는 것은 부당하다고 반대하면서, 자파의 이발을 추천했다.

「어째서 (전랑이) 외척가의 물건인가? 심씨 문중에서 반드시 차지해야 한단 말인가?」

이조 전랑 자리를 놓고 펼친 김효원과 심의겸의 대립은 개인적인 암투로 끝나지 않고, 사림 전체의 분열로 이어졌다.

마침내 1575년(선조 8) 사림은 동인과 서인으로 분당되었다. 기준은 산과 강이 아니라, 서울 거주지였다. 한성부의 행정구역은 동부, 서부, 남부, 북부, 중부 등 5부로 나누어졌다. 그 가운데 김효원의 집은 동부(東部) 건천동에 있었고, 심의겸의 집은 서부(西部) 정릉동에 있었다. 그래서 김효원 무리를 동인(東人)이나 동당(東黨)으로, 심의겸 무리를 서인(西人)이나 서당(西黨)으로 불리었다. 이 동인과 서인을 어떤 사람들은 '당파'라 하고, 또 다른 사람들은 '붕당'이라 한다. 당파는 권력을 같이 나누는 이익 집단으로, 퇴행적 정치를 행하는 부정적 이미지가 강하다. 하지만 붕당은 학문적 차이에 따른 학파로, 새로운 정치를 지향하는 긍정적 이미지가 강하다. 이 두 가지 중에서 오늘날 우리는 건전한 정치 이념을 공통으로 지향하면서 상호 간의 공존을 인정하는 붕당이란 개념으로 접근하고 있다. 이렇게 보든 저렇게 보든, 동인과 서인은 정권 창출을 위한 정치 집단인 것만은 부정할 수 없는 사실이고, 동서 분당 이후 수백 년간 지속된 당쟁의 출발점이 되었다는 점도 숨길 수 없는 아픈 과거이다. 이 원인을 선조의 무능함이나 무책임이 제공했다는 해석도 있지만, 역사적 책임을 어느 한쪽에 떠넘길 것이 아니라 선조를 포함한 당대의 모든 사람에게 물어야 할 것이다.

동인은 김효원(金孝元), 신진 사림관료, 영남지방, 이황·조식의 주리론을 중심으로 형성되었다. 김효원은 과거에 장원 급제하고 직무에 충실한 인물이다. 일찍이 경차관으로 경상도에 가서 조식·이황과 그 문하의 명사들을 두루 찾아 학문을 강론하고 사귐을 맺으니 사람들이 많이 칭찬했다고 한다. 동인의 대표적인 인물로는 기자헌, 김성일, 김시근, 김우옹, 남이공, 박근원, 백유양, 송응개, 심희수, 우성전, 유성룡, 유영경, 이발, 이산해, 이상의, 이성중, 이원익, 이홍노, 정개청, 정광적, 정구, 정언지, 정여립, 정온, 정유길, 정인홍, 정지연, 정창연, 정탁, 조대중, 최영경, 한준겸, 허균, 허봉, 허엽, 홍여순 등이 있었다.

반면에 서인은 심의겸(沈義謙), 기성 사림 관료, 기호지방, 이이의 주기론을 중심으로 형성되었다. 심의겸은 명종비 심씨의 동생으로, 척신정치를 자행하고 있던 윤원형과 이량을 몰아내고 사림을 부식시킨 인물이다. 서인의 대표적인 인물로는 구봉령, 구사맹, 구성, 김계휘, 남언경, 민인백, 박순, 백유함, 성혼, 송상현, 송익필, 신응시, 신잡, 안방준, 유희분, 윤근수, 윤두수, 윤섬, 이귀, 이산보, 이이, 이해수, 정엽, 정철, 조헌, 최황, 홍성민, 황신 등이 있었다.

이처럼 나이와 경륜이 무리를 짓는 기준이 되었다. 동인에는 후배 그룹이, 서인에는 선배 그룹이 각각 집결했다. 어느 쪽에서 퍼트렸는가 심증은 가지만 확인은 되지 않으나, 노성하고 둔한(老成遲鈍) 자는 서인이고, 연소하고 예리한(年少才銳) 자는 동인이라 했다. 그러기에 동인의 영수 김효원에 대해 "선배를 배척하니 연장자들이 노여움을 품지 않는 이가 없었다"는 비판이 돌아갈 수밖에 없었다. 이런 세대간 갈라치기는 조화와 균형을 바라는 보편적 가치관에 어긋나는 것이었다.

그리고 동인과 서인은 사상적 차이가 있는 만큼, 현실 정치에 대한 지향점도 서로 달랐다. 동인의 정책은 수기(修己)에 역점을 두어 통치자의 도덕적 자기 절제를 통해 부패를 막으려는 데 관심을 기울였다. 반면에 서인의 정책은 치인(治人)에 역점을 두어 제도 개혁을 통한 부국 안민에 치중했다. 바로 이 점이 동서 분당을 긍정적으로 보는 근거가 되면서도, 결과적으로 정치가 정상적으로 작동될 수 없는 원인을 제공했다.

다시 말하면 두 당은 사상과 지향점이 각기 달랐기 때문에, 분당 될 때부터 서로에 대한 공격을 서슴치 않았다는 것이다.

공격 수법은 대체로 세 가지 정도였다. 하나는 자신들은 군자당이라면서, 상대를 소인당으로 색칠하는 수법을 써먹었다. 본래 훈신과 사림 사이의 논쟁이었던 군자와 소인이, 사림 정권 수립 후 어느 당파가 군자당이고 소인당인가로 변질되어 버렸다. 또 하나는 집단 여론을 동원하여 분당의 책임을 일방적으로 상대에게 떠넘기는 것이었다. 마지막으로는 상대 당을 '사악한 무리'로 매도하는 것이었다. 그러면서 그쪽의 주요 인사를 부정부패로 고발하여 자기들이 수사하여 처분하는 행태를 써먹었다. 아직 '색깔 논쟁'이나 '이념적 대립'은 나타나지 않는 것은 다행이었다.

양당은 분당 이전부터 한쪽의 주장을 다른 한쪽은 무조건 반대하는 명분 없는 치졸한 정쟁을 일삼았다. 무조건 발목잡기였다. 분당 이후에는 근거 없는 뜬소문이 공론이라는 이름으로 사회를 혼란스럽게 만들었다. 조정을 조용하게 놔두지 않았다. 이러한 상황에서 새로운 정책이 시행될 수 없었다. 경연에 열의를 보이며 열심히 하고 있는 선조의 글공부가 개혁으로 연결되지 않았다. 몇몇 신료들이 국정 개혁을 촉구했다. 선조는 할 수 없고, 하기 어렵다고 토로했다.

「내 성품이 불민하여 감히 큰 일을 할 수가 없다.」

「망령되이 하다가 나라를 망하게 하는 것이, 예전대로 따라 하면서 과오를 적게 하는 것만 못하다.」

실망한 인사들은 보따리를 싸서 고향으로 내려가 버렸다. 이 상황을 한 학자는 "즉위 초에 표명했던 '새정치'는 1574년(선조 7)에 이르러 사실상 좌초되었다"고 선언했다. 그러면서 그는 "선조의 '새정치'가 종말을 고하는 시점에서, 동서분당이 시작되고 있었다"고 결론지었다.

국정 마비를 타개할 길은 붕당을 없애는 것이었다. 그러나 이는 사실상 불가능한 일이었다. 그러면 붕당 간의 과열 경쟁을 냉각시키는 방법밖에 없었다. 이와 관련하여 이이가 하나의 해결책을 국왕에게 건의했다.

「마땅히 두 사람을 모두 외직(外職)으로 내보내어 근거 없는 의논을 진정시켜야 할 것입니다.」

「한 조정에 있는 사람들은 서로 다 같이 공경하고 합심해야 하는데 서로 헐뜯는다 하니 매우 옳지 못하다. 두 사람을 모두 외직에 보임하라.」

양당 당수가 서울에 함께 있으면 그의 당원들이 계속 다툴 것이므로, 김효원은 부령부사로, 심의겸은 개성유수로 나가게 하자고 건의했다. 국왕도 그렇게 하라고 명했다. 그러자 반대 여론이 동인 쪽에서 흘러나왔다.

「심의겸은 좋은 지방을 제수받고 김효원은 나쁜 지방을 제수받았으니, 벌이 고르지 아니하여 불가하다.」

개성은 한양과 가까워 심의겸에게는 특혜이지만, 부령은 멀기도 하고 여진족의 위협이 상존하는 국경 지역이어서 김효원에게는 핍박이라는 것이다. 이때 김효원과 가까운 몇몇 인사들도 경직에서 외직으로 밀려났다.

분당 직후 서인의 정치적 승리가 눈앞에 다가온 듯했다. 하지만 동인의 거센 반발에 두 사람은 곧 외직에서 돌아오고 말았다. 이 제안을 한 이이만 비난을 받고, 은퇴를 결심하고 파주 율곡으로 돌아가 버렸다. 선조 즉위 직후 척신과의 투쟁이나 구신계와의 경쟁을 온갖 비난에도 불구하고 현장에서 앞장서 몸소 실천한 인물은 박순, 기대승, 이이, 심의겸, 정철 등 범서인계였다. 중간에 크고 작은 부침은 있었지만, 이

기세는 동서 분당 때까지 이어져서 당시 권력 구도는 범서인계 중심이었다.

그러나 동서 분당 이후 양 세력의 파쟁이 격화되면서, 무게 중심은 동인쪽으로 기울기 시작했다. 어떤 계기를 겪고 절차를 밟았는지를 하나씩 알아보겠다.

1575년(선조 8) 인순왕후가 사망했다. 그녀는 선조를 즉위하게 한 당사자이다. 그 후광으로 수렴청정을 하여 어린 국왕의 보호자 역할을 했고, 왕대비로 책봉되어 간접적인 형태로 국정에 간여했다. 그 결과 그녀는 정계에 상당한 영향력을 행사하여 사림파를 동반자로 여겨 그들의 정치 활동을 후원했고, 동생 심의겸의 역할이 확대되는데 일조했다. 그런 인순왕후가 사망함으로써, 서인계의 버팀목 하나가 사라져 버리게 되었다.

이후 동인의 정치 공세는 거세어졌다. 1578년(선조 11) 경연에 들어온 김성일이 도승지 윤두수, 그의 동생 경기감사 윤근수와 아들 이조좌랑 윤현이 지방관으로부터 뇌물을 받았다고 폭로했다. 서인의 중진인데다가 요직에 있는 사람이어서 파장이 컸다. 동인은 자파 출신의 언관을 동원하여 3윤에게 맹공을 가하여 자복하지 않았음에도 끝내 그들을 탄핵시켰다. 그들을 변호한 사람마저 낙마시켰다. "높은 직위에 있으면서 날마다 이익을 추구하고 악행만을 좋아하여 청탁이 끊이지 않는다"는 식으로 부정부패 혐의를 덮어씌워 상대를 탈탈 터는 먼지털기식 수사는, 동인과 서인을 가리지 않고 이후 단골로 등장하는 정치 보복 수법이었다. 그때 자파에게 벌벌 기는 봐주기식 비호는 병행하여 써먹은 패키지 수법이었다.

여세를 몰아 이듬해에는 심의겸을 소인(小人)으로, 정철을 사당(邪黨)으로 낙인찍으며 몰아붙였다. 동인은 바르고 서인은 나쁘다는 '동정

서사(東正 西邪)'를 부르짖었고, 이를 나라의 근본으로 삼아야 한다며 '국시(國是)' 논쟁을 불러일으켰다. 앞에서 말한 '사류'와 '속류', 여기에서 나오는 '군자'와 '소인'이나 '정'과 '사'는 2분법적 편 가르기이다. 당사자와는 아무런 상관없이 상대 쪽에서 일방적으로 덮어씌우는 구분이어서 경계해야 할 것이지만, 이후 조선왕조가 망할 때까지 예송이나 환국 등의 정쟁 때마다 또는 새로운 사상이 전파될 때마다 겉모습만 조금씩 바꿔며 등장하는 단골 수법이었다.

동인의 칼날은 서인의 영수 심의겸을 향하여 성큼성큼 다가가고 있었다. 1580년(선조 13) 사간원은 함경감사로 나가 있는 심의겸을 추고하라 했고, 이듬해 양사는 심의겸의 죄를 논하여 끝내 파직시키고 말았다. 이때 홍문관은 그 근거로 심의겸이 6~7년간 척족으로 권세를 부려 조정의 여론을 분열시키고 나라를 혼란 속에 빠뜨렸다고 했다. 그 말을 따른 선조는 파직 때 심의겸을 향해 독설을 퍼부었다. 나는 그 말을 구태여 옮기지 않겠다. 독설의 이면에는 과거 어릴 때 기억이 도사리고 있었다. 선조가 16세의 어린 나이로 왕위에 오르자, 심의겸이 누이 인순왕후에게 선조에 대한 통제를 종용한 일이 있었다.

심의겸을 파면에 이르게 한 논박을 주도한 이가 사헌부 장령 정인홍이다. 그는 본래 이이의 당여(黨與)로 서로 통하는 사이였지만 갑자기 동인으로 돌아서 심의겸을 그 누구보다 더 강력하게 공격했다. 전 권력기관과 심지어 전향자까지 동원하여 심의겸을 무너뜨리려는 목적은, 서인 나머지를 심의겸의 당으로 엮어 서인 전체를 궤멸시키려는 데에 있었다. 심의겸을 괴수로 정해놓고 나머지를 괴수의 당으로 몰아서 일망타진하려는 동인의 이 수법은, 몇 년 뒤 서인이 그대로 써먹어 서인에서 동인으로 전향한 정여립을 역적으로 만들어 놓고 수많은 사람을 정여립과 친하니, 정여립과 편지를 주고받았니, 정여립을 위해서 눈물을 흘렸니 따위로 엮어서 역적의 일원으로 몰아 동인의 씨를 말려버리려 했다.

누가 지었는지 알 수 없으나, 당시의 이런 사정을 잘 대변하는 시가 실록에 수록되어 있다.

> 동인은 요직을 모두 차지하고
> 서객은 영 밖의 고을로 좌천이 많구나.
> 성명하신 임금께서 진정시키지 않았으면
> 사림이 어육을 어이 면하였으랴.

분당 이후 동인과 서인은 5~7년 동안 선의의 경쟁을 통한 권력 쟁탈전을 펼쳤다. 그 과정에서 그들은 과거 한 몸이었던 사실을 잃어버리고 통합 불가능의 상황으로 치닫는 우를 범하고 말았다. 여기에 그치지 않고 그들은 이전과 다른 더 독한 방법을 찾아서 실행하기 시작했다.

배울 필요가 없는 새로운 악의적 공격의 시작은 1583년(선조 16)부터 비롯되었다. 이 해는 겉으로는 조용한 것 같지만, 속으로는 절대 그렇지 않았다. 계기는 외부 충격이었다. 새해 벽두 1월부터 초가을 7월까지 두만강 유역에서 여진인 이탕개(尼湯介)가 난을 일으켜 함경도 북부 지역을 긴장시켰다. 현지에 병마절도사가 둘이나 있음에도 중앙에서 도순찰사를 파견하여 난을 겨우 진압했다. 2월에 병조판서 이이는 위기를 돌파할 계책으로 현능(賢能), 군민(軍民), 재용(財用), 번병(藩屛), 전마(戰馬), 교화(教化) 등 여섯 가지를 건의했다. 4월에는 현재 민폐가 되는 공안(貢案), 군적(軍籍), 주현(州縣), 감사(監司) 등 네 가지 개혁안을 올렸다.

전란으로 정쟁이 잠시 멈추는 듯했지만, 곧이어 동인은 국정 개혁에 대해서는 일언반구도 안 하면서, 서인의 주요 인사에 대한 공세를 퍼부었다. 그 가운데 일 번 목표가 이이의 제거였다. 사헌부·사간원은 국정을 농단했다, 임금을 능멸했다, 나라를 병들게 했다 등을 거론하며 이이를 파직시키라며 포문을 열었다. 성혼이 "간사한 마음을 가진 무리들이 거리낌 없이 붕당을 삼고 권세를 독차지하여 세력을 가지고 충현(忠賢, 이이)을 공격"한다며 이이를 옹호했다. 그러자 이제는 홍문관까지 가세하여 이이·성혼은 물론이고 박순·정철까지 비판하며 걸고넘어졌다. 이이와 성혼은 서인계의 학문적 리더였다. 현실 정치에 깊숙이 들어온 이이가 공격을 받으면, 늘 성혼이 나서서 해명하는 등 방어막을 쳐주었다. 그러나 이이를 방어하는 일은 힘겨운 투쟁이었다. 거센 파도와 같은 보복이 뒤따랐다.

심지어 삼사는 이이가 뇌물을 받았고 사익을 취했다는 점까지 릴레이로 폭로했다. 이이마저 제거하려는 계획이었다. 이이는 못 버티고 사직을 청하고서 파주 율곡으로 돌아왔다. 그래도 공격이 이어지자 파주에서 더 먼 황해도 해주로 가고 말았다. 상황이 급하게 돌아가자, 성혼·이이를 두둔하고 변론하기 위해 성균관 생원 유공신 등 4백 62명이 상소하고 황해도 유생이 상소했다. 그러나 별 소용이 없었다.

이때 삼사의 언론을 뒤에서 조종하는 이가 있었다. 박근원, 송응개, 허봉 등 3인이었다. 이들을 당시 사람들은 '계미년(1583)에 간신으로 지목되어 처벌받은 세 사람'이라는 뜻의 '계미삼찬(癸未三竄)'이라 했다. 오늘날 한 학자는 '동인의 맹장'으로 평한 바 있다. 그런데 서인의 영수 이이를 제거하려던 동인의 작업에 제동이 걸리고 말았다. 정철이 '계미삼찬 너무 나간 것 아니야?'란 여론을 간파하고 수세에서 공세로 방향을 바꿨기 때문이다. 그는 "이런 사람은 그 죄를 분명히 밝혀서 시비를 정하지 않으면 안 됩니다"고 아뢰었다. 정철의 방향 전환은 주효했다. 이를 국왕이 받아들여 "대신을 모함하고 충현을 배척"했다며, 박근원은 강계로, 송응개는 회령으로, 허봉은 종성으로 귀양 가게 했다.

이로써 동인의 '서인 말살' 시도는 무산되고 말았다. 사실 국왕도 이들 3인의 간특함을 알고 있어 멀리 내쫓으려는 마음을 먹고 있었다. 이 일 후 사간원은 "정철은 못 할 짓이 없이 화를 만들어내고 있습니다. 유생들이 전후에 걸쳐 올린 상소도 모두 정철이 뒤에서 조종한 것이지 공론이 아닙니다"며 정철을 향한 독설을 퍼부었지만, 임금이 거들어주지 않아 사태는 진정되는 듯했다.

이 당시 정치 공세에서 자주 등장하는 것이 '배후 조종'이다. 조종하는 자와 조종당하는 자를 '일당'으로 엮어 일망타진하기 위해 과장한 면도 없지 않지만, 정치적 고비 때마다 어느 정도는 사실로 확인되었다. 그렇다면 먹거리를 쥐고 있는 조종하는 자가 있고, 먹을 것을 찾아다니는 굶주린 늑대 같은 조종당하는 자가 있었다는 전제가 성립하게 된다. 바로 이 누구나 쉽게 예비 관료군에 뛰어들어 '굶주린 조종당하는 자'를 양산하고, 그것을 해결하지 못하는 시스템이 지속되는 상황에서 예상되는 다음 수순은 없는 것을 만들어내는 '사건 조작'일 수밖에 없다. 제어하지 않으면 속도가 붙고, 굴리면 덩치가 커지는 법이다.

선조는 '계미삼찬'을 처벌하면서, 이이와 성혼의 편을 들어주었다. 당대 학자들이 추앙하는 주자의 이론을 인용하며 이이·성혼을 적극적으로 지지한다고 했다.

「지금 이후로는 나를 이이와 성혼의 당이라고 해도 좋다!」

「만일 이이와 성혼을 훼방하고 배척하는 자라면 반드시 죄 주고 용서하지 않을 것이다!」

그러면서 이이를 이조판서에, 성혼을 이조참의에 임명했다. 이게 선조의 진심일까? "선조는 두 당파를 저울질하면서 국왕의 권한을 강화하고자 했다"는 지적에 귀가 쫑긋하지 않을 수 없다.

이제 동인과 서인의 화합은 불가능한 상황에 이르렀다. 그런데 '조제보합'이나 '양시론'·'양비론'으로 그나마 중재자 역할을 하던 이이가 1584년(선조 17) 1월에 병환으로 죽고 말았다. 이제 동인 강경론자의 공격을 최전방에서 방어할 서인의 경계선이 사실상 없어지게 되었다. 마침내 그해 8월 양사는 최후통첩을 보냈다.

「박순, 정철, 이이, 박응남, 김계휘, 윤두수, 윤근수, 박점, 이해수, 신응시 등이 심의겸과 생사의 사귐을 맺고 서로 세력을 성원하여 조정을 탁란시켰으며, 성혼과 같은 사람도 그들의 농락을 받았습니다.」

「끝내 조정의 상하로 하여금 서로 다른 마음을 먹게 하여 안정되지 못하게 하였는데 모두 이들이 빚어낸 일이었습니다. 그의 죄를 빨리 정하소서.」

이때의 삼사는 동인 인사로 가득 차 있었다. 그들은 서인을 싹 쓸어버릴 심상으로, 서인의 주요 인사를 망라하여 제거 대상으로 발표했다. 특히 정철이 이이와 성혼의 심우(心友)로서 이들을 끌어들여 사당을 만든 수괴로 생각하고서, 정치적 리더십이 뛰어난 정철을 제거하여 아예 서인을 와해시키려는 계획을 품고 있었다. 정철은 절의를 숭상하면서도, 술을 즐기고 글짓기를 좋아하는 '방탕한 기질'이 있어 임금을 오만하게 대한 적이 있었다. 이 점도 상대가 파고드는 그의 개인적인 약점이었다. 결국 동인은 사당 수괴와 개인적 약점을 싸잡아서 전방위적으로 공격하여 정철을 제거하려고 했다.

군자들끼리의 붕당을 걱정할 것이 아니라 권장할 일이라면서 이이와 성혼을 지지하던 선조는, 언제 그랬냐는 듯이 이이가 죽자 안면을 싹 바꾸고 말았다. 1585년(선조 18) 2월에 그렇게 호통쳤던 '계미삼찬'을 슬그머니 유배에서 풀어주었다. 이어 9월에 그동안 미루었던 서인계 10인에 대한 처벌을 결정했다. 극형에 처해야 마땅하지만, 오늘은 말감

(末減)을 따라 파직만 한다고 했다. 이에 서인은 하나둘 쫓겨나기 시작했다. 박순과 정철은 지방으로 내려갔고, 윤두수·근수 형제도 수년간 관직에 들어오지 못했다. 성혼도 스스로 자신을 탄핵하는 자핵(自劾)을 하고서 파주 파산으로 돌아가 버렸다.

동인은 청류(淸流)로 자처하며, 관직에 오래 있어 이런저런 혐의가 있는 서인의 약점을 예리하게 파고들었다. 3윤 탄핵, 심의겸 시비, 정철 시비, 이이 시비 등 서인 영수를 차례로 공격하며 날로 기세를 올렸다. 신진사류의 여론도 대체로 효능감 있는 동인들에게 쏠리고 있었다. 조정 논의가 서인에 대한 공격을 하루도 거르는 날이 없었다. 동인이 옳고 서인은 그르다는 것이 국시(國是)로 정해질 정도였다.

그 결과 동인에 가담하는 자가 급증했다. 성혼·이이의 집 뜰에 조금이라도 가까이 한 자는 차례로 배척당하여 우율(牛栗, 성혼의 호 牛溪와 이이의 호 栗谷의 조합어)을 위하여 말하는 자가 없었고, 화를 두려워하여 모두 흩어지고 말았다. 심의겸 집에 출입하며 아침저녁으로 왕래하면서 종처럼 알랑거리던 무리도 동인에게 하나둘씩 항복했다. 이런 쏠림 현상을 이이가 말했다.

「명예를 구하는 자나 관작을 바라는 자가 동인에 붙었다.」

모두 관직 때문이었다. 관직을 얻기 위해 힘 있는 쪽으로 붙은 것이다. 서인계 인사들과 친했다가 동인으로 돌아선 사람으로 앞에서 말한 정인홍이 있고, 뒤에 말할 정개청이 있다. 그리고 정여립도 있다. 정여립은 이이의 추천으로 관직에 들어왔다가, 동인으로 전향하여 경연에서 이이·박순·정철까지 공격하자, 박순·정철이 자리에 있기가 미안하여 스스로 물러나 버렸다. 정여립만 그런 것이 아니라, 당시 전향자의 공격력은 이례적일 정도로 거세었다.

이이는 상황이 이렇게 된 데에 대해 또 말했다.

「지난날 서인에게 배척당한 속류 재상이 모두 이 틈을 타서 동인에 아첨하여 대부분 권력을 잡았다.」

당시 정국의 한계는 중립 세력이 없는 것이었다. 일부 인사들은 파당을 스스로 정하고, 일부 인사들은 본인의 의사와는 관련 없이 상대당에 의해 당색이 정해졌다. 자의 반 타의 반으로 어느 당이든 간에 가입해야 하는 상황이었다. 서인 출신 재상들도 하나둘 동인으로 전향하고 말았다. 심지어 동인의 기세에 눌려 동인의 잘못에 대해 한마디 말도 못하는 꿀 먹은 벙어리가 된 재상도 있었다. 좌의정 김귀영은 "누가 옳고 그르다고 말하기를 꺼려, 아부하며 구차스럽게 자기 위치를 보존하려는 태도를" 보인 인물로 지목되었다. 임금과 함께 나라를 다스리는 재상이 이런 수준이었다.

동인에 줄 대기와 동인으로 갈아타기는 어느덧 엄연한 정치 현실이었다. 동인의 압박도 나날이 거세어져, 서인의 해산이 눈앞에 다가오고 있었다. 배신감이나 위기감에 사로잡힌 서인의 향후 대응 논리는 '절의(節義)'를 강조하는 길밖에 없었다. 이 당시 조헌은 대표적인 '절의론' 주창자였다. 그 연장선에서 서인은 임진왜란 때 절의를 실천한 의병을 일으켰다. 전라도 지역을 사례로 한 연구이지만, 임진왜란 초기 창의한 의병장들은 이항, 기대승, 이이, 성혼, 박순, 정철 등과 관계를 맺은 서인계 인사들이 주축이었다. 반면에 동인계 인사들은 관군에 들어가거나 독자적인 군사 활동을 펼쳐 대조적인 모습을 보였다. 국란에 임하여 이 차이 나는 선택을 한 동기는 무엇일까?

상대를 무너트려야 하거나 우세 쪽을 기웃거리는 실태는 관료 지망자는 많은 데 비해 관직 수는 적은 데서 기본적으로 잉태되었다. 그러면 그렇지 않은 때가 동서고금에 없었던가? 그렇지 않고 늘 있었다. 그때마다 건강한 체제는 당파의 논리 말고 국가의 미래와 국민의 이익을 내다보았고, 아무리 상대 당이 미워도 공존했고, 그렇게 자리가 욕심나도 조금씩 나눠 먹었다. 이를 흔히 '협치'라고 한다. 그런데 이 시기 조선은 그 기능이 마비되어 재상이 배척받아 아침에 임명되었다가 저녁에 체직 되고, 젊은 관료가 대신이나 대간을 깔보아서 스스로 관직을 떠나도록 하고, 한쪽이 상대 당 관료를 비난해서 떼로 관직에서 추방당하도록 했다. 이 모든 것이 관직을 둘러싼 이해관계의 충돌에서 비롯되었고, 그 충돌에서 살아남는 길은 힘으로 상대를 무너트리고, 힘 있는 당으로 붙는 것이었다.

이리하여 동인 주도의 정국이 형성될 수 있었다. 동인은 대개 퇴계와 남명의 문인들로 구성되어 학연적 색채가 본래부터 강했다. 그러한 탄탄한 학연을 토대로 구체제나 척신정치에 대한 불만과 그에 따른 기성 관료에 대한 비판의식이 강렬했는데, 이는 심성을 앞세우는 퇴계학문의 영향을 받은 것이었다. 이러한 사상적 특성으로 인해 공세적 입장을 취하면서 정국을 주도했고, 정여립 사건으로 인하여 동인이 타격을 받았음에도 불구하고 계속 집권할 수 있었던 것이다.

이에 비하여 서인은 이이와 그 문인이 가담하기 전까지는 학연상의 공통점이 미약했다. 그러나 이이가 서인으로 스스로 정하면서 서인은 정파로서의 입장을 보다 확고히 하고, 그를 토대로 그동안 수세에 몰리던 형세를 극복하면서 동인에 대한 공세적 자세를 취하기 시작했다. 그러나 이이의 사망과 뒤이은 동인의 세력 확장으로 인해 서인은 구심점을 상실하고 정치적 열세에 처하게 되었다.

정국이 이런 상황까지 이르게 된 데에는 동인이 서인을 핍박하는 것을 방치한 선조의 책임이 가장 컸다. 이제 위기에 몰린 서인은 홀로서기에 나설 수밖에 없었다. 동인에 대한 결정적인 반격을 준비했다. 그러한 상황에서 1587년 정해왜란이 일어나 왜적이 손죽도를 침략하여 남해안을 휩쓴 사건이 발생했다. 서인은 위기를 강조하며 반전을 시도했지만, 정국은 동요 없이 그대로였다. 서인은 1589년 정여립 사건 때에 정철이 국문을 주관하고 동인에 대한 강경론을 주창하며 세력 만회의 계기로 삼고자 했다. 일본의 정치 변화와 통신사 요구에 임해서는 서인은 동인과 다른 강경론의 목소리를 냈다.

사림은 정권을 잡고서, 곧이어 이해관계에 따라 붕당을 조성하게 된다. 본래 유교 정치에서 당(黨)이란 금기시 되어 만들 수 없는 것이었다. 당이란 공평을 잃고 사리에 기울도록 하기 때문이다. 그러나 사대부 세력이 성장한 중국 송나라에서 당에 대한 관념이 달라지기 시작했다. 송의 구양수는「붕당론」에서 다음과 같이 말했다.

> 붕당이란 말은 자고로 있는데 군주가 그들이 군자(君子)인가 소인(小人)인가를 구별하면 그만이다. 군자끼리는 도(道)가 같으므로 붕(朋)이 되고 소인끼리는 이(利)가 같으므로 붕(朋)이 되는 것은 자연적인 이치이다. 그러나 나는 소인끼리는 붕이 될 수 없고 군자끼리 만이 붕이 될 수 있다고 본다. 왜나 하면 소인들이 좋아하는 것은 이록이며 탐하는 것은 재화다. 그들의 이익이 합치될 때에는 잠깐 서로 당을 짓지만, 서로 이익을 다투거나 이익이 다 되면 교분이 틀어져서 서로 중상하고 모해하여 비록 형제친척이라도 믿지 못한다. 그러므로 소인들은 붕이 있을 수 없고 잠깐 붕이 되었던 것은 거짓이다. 군자는 그와 달라서 지키는 것은 도의(道義)요, 행하는 것은 충신(忠信)이요, 아끼는 것은 명절(名節)이다. 몸을 닦는 데는 도가 같아 서로 이익을 주고, 국사를 하는 데는 동심으로 이룩하여 시종이 변함이 없는 것이니 이것은 군자의 붕이다. 군주는 소인의 위붕(僞朋)을 물리치고 군자의 진붕(眞朋)을 쓰면 나라가 잘 되는 것이다.

이익과 재화만을 좇는 소인당(小人黨)=위붕(僞朋)을 물리치고, 도의와 충신과 명절을 앞세우는 군자당(君子黨)=진붕(眞朋)으로 하여금 국정을 맡도록 하면 나라가 잘 된다는 것이다. 성리학의 대성자인 주희 역시 기본적으로 구양수와 견해를 같이하면서, 더 나아가 붕당이 있는 것을 염려할 것이 아니라, 군주까지도 '군자의 당'에 끌어들이도록 해야 한다는 적극적인 의견을 내놓았다.

조선에서도 당을 나쁜 것으로 이해하여 파당을 형성하는 것을 용인하지 않았을뿐더러, 그 조짐에 대하여 비판하기까지 했다. 그러나 사림 집권 이후 구양수의 붕당론을 받아들여 그들의 파당 형성을 합리화시키고, 자당을 군자당으로 자처하며 당을 위해서 죽는 것을 의리로 생각했다. 그리하여 처음에는 동인과 서인으로 나뉘어, 여론을 앞세운 붕당정치가 시작되었으나, 점차 붕당간의 대립이 심해져 정치기강이 흔들리게 되었다.

5. 10만 양병설

1555년 을묘왜란 이후 조선은 여러 무비(武備) 대책을 갖추었다. 그러나 그것도 선조 즉위 이후에는 거의 실행되지 않았다. 경상·전라도 해읍의 수령을 문관에서 무관으로 교체하고, 파직된 무신을 다시 기용하는 정도에 그쳤다. 변이 있으면 무신을 지방관으로 보냈다가, 좀 잔잔해지면 몽땅 문신이나 음관으로 교체했다. 침입한 왜구가 곧장 달아나는 것을 보고, 늘 있는 행위나 전쟁할 의사가 없는 행위로 간주한 채 특별한 대책을 세우지 않았다. 사림 세력은 적폐 청산으로 생긴 빈자리의 나눠먹기에 몰두한 채 새정치에 대한 청사진을 제시하지 못한 결과였다.

특히 왜구들이 툭하면 한반도 서남해안에 출몰하여 재물을 약탈하고 사람을 납치해 가는 일은 여전했다. 그런데도 조선 수군은 엉성하기 짝이 없어 쫓아가서 잡은 적이 없다는 지적이 한두 번 나온 것이 아니었다. 임진왜란 때의 사초 소실로 내용이 부실한 『선조실록』을 감안하면 속단할 수 없지만, 전라감사를 역임하고 막 대사헌으로 부임한 유희춘이 경연 자리에서 수군의 폐단을 아뢰었다.

「을묘왜란 이후로 적을 방어하는 데 쓰는 판옥선, 방배선, 협선 등이 매우 긴요한데도 군대도 없이 그대로 두고 있습니다.」

적을 방어하는 데에 판옥선, 방배선, 협선 등이 매우 긴요한데도 병사가 없어 포구에 그대로 방치되고 있다는 말이다. 운용할 인력이 없어 값비싼 무기가 썩고 있었던 것이다. 전라도 출신이면서, 7개월 재임 중 도내를 총 4회에 걸쳐 순행하며 현지에서 목도한 결과임을 감안하면 조선 수군의 부실이 상당히 심했음을 알 수 있다.

정원 5백 명 가운데 1백 명만 상주하고, 나머지는 돈만 내고 오지 않는 수군진이 있었다. 상비군 가운데 어린이도 있고, 심지어 어미가 병든 아이를 안고 대신 와 있는 수군진도 있었다. 이런 상태를 알게 된 한 관리가 걱정하며 말했다.

「전함이 아무리 갖추어졌더라도, 이와 같은 군졸로 어떻게 적을 막을 수 있겠습니까?」

어느 수군진의 진촌(鎭村)은 담이 무너지고 기둥이 쓰러진 빈집들만 있어도 진장은 시큰둥한 반응이었다. 군적 수포제도 문제였지만, 첨사나 만호의 수탈을 견디지 못하고 병사들이 도망간 결과였다.

이러한 상황에서 왜인들이 1571년(선조 4)에 금오도(현재 여수시)에 나타나 정박 중인 포작선(鮑作船) 10척과 복병선(伏兵船) 1척을 공격하여 사람들을 죽이고 다치게 했다. 『미암일기』에 등장하는 사건의 전말은 이렇다. 2월 말 순천 지굴포의 포작간(鮑作干) 김막손(金莫孫)·독돌이(禿乭伊)·정채이(丁蔡伊) 등이 배에다 남녀 가족을 태우고 조수에 맞춰 돌산도의 방답포 앞바다를 돌아다니며 종일 해산물을 채취했다. 포작간이란 바다 물속에 들어가서 전복·미역 등의 해산을 채취하는 어부이다. 날이 저물 무렵, 그들은 금오도에 이르러 장작구미로 갔는데, 어부들의 포작선 10여 척과 방답진의 복병선 1척이 있었다. 그들 모두는 한군데 모여서 정박하여 자고 있었다. 그런데 한밤중에 왜인들이 다가와 배를 부딪치고 배 가운데로 뛰어 들어와 우리 쪽 사람들은 물로 뛰어들기도 하고 칼날을 맞아 상하기도 하고 죽임을 당하기도 했다. 이 소식을 접한 좌수사 김오(金鋘)가 김막손 등을 잡아와 왜적에게 부상을 당한 원인을 추고해 보았다. 전부터 방답첨사(防踏僉使)로 있던 박충신(朴忠信)은 복병을 찾아내거나 동태를 살피는 일들을 소홀히 처리하여 변고가 생기게 했을 뿐 아니라, 변고를 들은 뒤에도 숨기고 알리지 않았다. 이것은 매우 해괴하고 놀라운 일이어서 사연을 갖춰 그를 추고하기 위해 순천부에 구금하고 관찰사에게 이첩했다. 관찰사로 부임해 오고 있는 유희춘이 이 소식을 조정에 올렸다. 조정의 신료들은 왜인들이 부산포 외에 제포를 개방해 주라고 하기 위해, 또는 대·중·소선으로 구성되어 있는 세견선을 모두 대선으로 해주라고 하기 위해 교활한 계책을 꾸며 무엇인가 트집을 만들려는 속셈이 아닌지 모르겠다는 의심의 눈초리를 보냈다. 일본에서 조총이 전투에 투입되고 전국 통일이 가시화되어, 이제 그런 세상이 아닌데 잘못 생각해도 한 참 잘못 짚은 것이다.

1573년(선조 6)에는 경상도 하동 사람 9명이 왜인에게 잡혀갔다. 적왜에 피로(被擄)된 사실을 숨기고 조정에 보고하지 않았다고 하여 현감, 우후, 수사에 대한 파직·추고의 명이 내려졌다. 이때 왜인이 금오도에 또 나타나자 그곳 수토장이 나가서 싸웠다.

1574년(선조 7)에는 배를 타고 조선을 거쳐 중국으로 향하는 왜인이 매우 많다는 사실이 전라감사에 의해 보고되었다.

1575년(선조 8)에는 금년 봄에 다수의 '적도'들이 배를 손질하는데 어느 나라를 침범할지 모른다는 정보가 대마도(對馬島)에서 들어왔다. 이 정보는 "만약 귀국을 침범하고자 한다면 즉시 보고하겠습니다"는 약속과 함께 세견선 제1선이 가지고 온 서계에 들어있었다.

1576년(선조 9)에는 방답첨사가 왜선을 포획하여 왜인의 귀를 베어 올려보냈다. 이때 방답진 군졸 1명이 전사하고 말았다. 그리고 강진 사람 10여 명이 왜적에게 사로잡혀 간 일이 발생했다. 이 시기에 왜적 출몰이 갑자기 빈번해졌고, 그 지역은 전라도에 집중되고 있었을 뿐만 아니라, 그들의 행동 양태도 납치가 노골화되고 있었다. 왜 납치가 빈번해지는지는 뒤에서 자세히 나온다.

상황이 이러한데도 조선 정부의 대일 외교 전략은 구태를 답습하고, 오히려 옛날만 못하는 수준이었다. 이와 관련하여 대마도가 제공하는 정보 가운데 '적도가 침범할 것이다'에 대한 진위를 판가름하거나 그에 대응할 의지가 절대 부족했던 점을 들 수 있다. 대마도가 막부 인장을 위조하여 가지고 있으면서 막부를 속이고 자기들 멋대로 가짜 국서를 만들어 가짜 국왕사를 보냈어도 속수무책으로 당하고만 있었던 점도 무시할 수 없다. 1441년을 마지막으로 일본 본토를 방문한 조선 사신이 없어 본토 정보를 직접 입수한 적이 없었던 점도 대일 외교 전략의 부재 원인으로 꼽을 수 있다.

이리하여 일본은 조총이 도입되어 새로운 전술 전략이 나타나고 있지만, 조선의 대응은 걸음마 수준이었다. 전국시대의 혼란이 수습 국면으로 나가면서, 일찍이 없었던 강력한 중앙집권적 권력이 탄생하고 있어도, 조선은 완전 깜깜이였다. 일본은 바뀌어도 한참 바뀌어 또다시 도발의 에너지를 축적하여 실행을 획책하고 있음에도, 조선 정부는 변화의 기미를 전혀 보이지 않았다. 이 점에 대해 한 일본 학자는 "대마도의 공작이 방해가 되었던 것은 사실이지만, 사신을 일본에 파견하여 정보를 얻으려는 시도는 조선 정부의 결심 여하에 따라 얼마든지 가능한 일이었다"고 분석했다. 조선 정부의 대책은 안이하다거나, 좀 신경 쓰다가 조용해지면 쏙 들어가는 모양새였다.

이러한 경향은 사림이 동인·서인으로 나누어지는 1575년 가까이에 이르면 더욱 심해지는 편이었다. 몇몇 신료들의 걱정 어린 푸념을 들어보자. 1573년 군인의 숫자가 부족한 점에 대해 노수신이 아뢰었다.

「모든 사람이 일의 폐단만을 말할 뿐 폐단을 바로 잡을 계책은 말하지 않으니, 무슨 도움이 되겠습니까?」

폐단만 늘어놓을 뿐, 꼭 집어 답을 내놓는 이는 거의 없었다. 이듬해 1574년 변방 방비를 어떻게 할 것인가에 대해 김우옹이 아뢰었다.

「장수를 가려 변방을 방비하는 일만 말할 뿐, 근본을 찾지 않으면 무슨 소용이 있겠습니까?」

근본책을 말하는 사람은 없고, 대부분 단지 적임자를 보내자는 상투적인 말만 되풀이했다. 노수신과 김우옹의 말을 종합하면, 실상만 늘어놓으며 실질적 대안은 내놓지 않다는 것이다. 사실 각종 개혁책을 내놓은 이이의 예에서 보듯이, 안 한 게 아니라 제시해도 상대 당에서 깔아뭉개거나 인신공격으로 실현되지 못하게 훼방을 놓았다. 과거에 급제한 엘리트 출신이 승승장구해 관료 체제의 일원이 되고 당파의 일원이 되어, 그들 관료·당파만의 가치와 이익을 위해 일반 백성을 계몽의 대상으로 삼거나 상대 당을 타도의 대상으로 보는 것이 당시 관계와 정계의 문제였다.

당시 하삼도의 토호들은 군인이 될 양인을 다수 은닉하고 있었다. 이때 각도에 군적 경차관을 보내어 군액을 채우는 작업을 하면서 은닉 양정을 찾아내어 새로이 군적에 넣었다. 그러자 토호들이 자기들에게 편하지 않으므로, 경차관이 뇌물을 받고 누구를 빼 주었다는 말을 만들어 훼방을 놓았다. 이 사례는 엘리트 관료들이 얼마나 기만적인지, 특정 정치세력의 권력이 얼마나 편파적인지를 똑똑히 보여준다. 토호들은 각 정치 세력의 '진성 당원'이기에, 중앙 관료들도 제어하기가 어려웠다. 1575년 동서분당 이후 조정은 정쟁에 몰두한 채 국정 전반에 거의 손을 놓고 있는 상태였다. 오직 인사 행정에만 집착하여 당색에 따라 인사를 단행했다.

이후 국방 문제는 정치인의 손에서 거의 떼어진 상태였다. 국방 문제의 방치는 시간이 흐를수록 쌓여만 가는 조선의 변수였다. 그러던 1583년(선조 16) 1월 말 여진인 이탕개(尼湯介)가 1만여 기(騎)의 규모로 함경도 두만강 유역의 경원진을 침입했다. 그들은 경원진성 안으로 들어와서 백성들을 죽이고 식량을 약탈하며, 감옥에 갇혀 있던 여진인을 풀어주었다. 경원부사 김수와 온성부사 신립의 활약, 조정의 경군 지휘관 파견, 병조판서 이이의 병력·군량 지원으로 이탕개의 침입을 격퇴했다. 이수광의 『지봉유설』에 그때 여진과 싸운 지수(池壽)란 사람이 나온다. 그는 그곳의 화포장(火砲匠)으로, 전투 중에 포로가 되어 여진 진영으로 끌려갔다고 기록되어 있다. 여진인들이 지수에게 화포를 쏘게 하고 보고 있었다. 지수가 화포를 보고 있는 그들을 한쪽에 모이게 하고 그들을 향해 포를 쏴서 한꺼번에 모두를 맞춰 죽였다. 그랬더니 그들이 화를 내어 4지를 자르는 혹형을 가하여 그를 죽였다는 내용이다.

그 후 5월 초 이탕개는 다시 2만여 기를 동원하여 종성진을 침입했다. 한때 그들의 수는 3만기에 이를 정도로 불어났다. 종성진성 안의 군사들이 승자총통과 화살을 난사했다. 이탕개는 군대를 철수하여 두만강을 건너 퇴각했다. 이탕개는 자신을 도적으로 몰지 말라며 조선 정부에 타협안을 제시했는데, 도순찰사로 파견된 정언신은 이탕개의 진의를 믿을 수 없다는 이유로 거절했다. 이러한 상황에서 이탕개와 함께 난을 일으킨 여진인이 조산만호 이순신의 방책으로 사로잡혀 동소문의 성문 밖에서 7월에 효수되었다. 이후 이탕개는 전의를 상실하여 더 이상 두만강의 변경을 침입하지 않았고, '이탕개의 난'은 종식되었다.

7개월간 진행된 '이탕개의 난'은 국초 이래 여진족과 치른 최대의 전투였다. 그러므로 이 사건은 북방 여진족에 대한 방어책을 둔전 설치나 군사력 증강 등으로 강화하게 했다. 특히 토병(土兵)과 부방군(赴防軍)으로 구성된 적은 수의 현지 병사만으로는 여진족을 방어하기가 어렵다고 판단하여, 예전에 보지 못한 방법으로 군병을 충원했다. 그 방법이란 군졸을 지휘하는 군관을 확보하고자 무과를 대량 실시하여 무려 9백명을 선발하고, 서얼이나 공사천 가운데 6진 군인으로 입대하면 허통이나 면천을 허용하게 한 것이었다.

그리고 국방정책 전반에 대한 전환을 여러 각도에서 모색하게 했는데, 두 가지가 주목된다. 하나는 남방 왜인에 대한 것이다. 이탕개의 침략이 있자, 비변사의 요청에 의해 선조는 곧바로 양남 연해 고을의 문관 수령을 모두 체임하여 무신으로 대체 임용했고, 무신으로서 영불서용·삭거사판·탈고신·파직 등에 처해 있는 사람들을 모두 다시 서용하기로 했다. 이어서 선조는 남쪽에 사변이라도 있게 되면 누구를 원수로 시키고, 누구를 방어사로 삼아야 할지를 아뢰라고 하자, 비변사가 답변했다.

「경상감사 유훈과 전라감사 김명원이 무재가 있는 데다 변방 사정을 잘 알고 있으니, 만약에 사변이 있을 때는 그들에게 순찰사를 겸직시키면 매우 편리할 것입니다.」

「방어사에 있어서는 호남이라면 장흥부사 임진이나 순천부사 신익이 적임자입니다.」

「서울에 있는 원수 적임자로는 이이·강섬·이양원·이준민·유홍·구봉령·홍연 등이 있고, 방어사 적임자로는 곽흘·이진·이윤덕·최원·신각 등이 있습니다.」

또 하나는 1583년 4월 무렵에 건의했다는 이이의 '10만 양병설'이다. 10만 양병설에 대한 기록은 이이의 문인인 김장생이 1597년 찬술한 「율곡행장」에 최초로 등장한다.

> 일찍이 경연에서 "미리 10만 명의 군사를 양성하여 위급할 때를 대비하소서. 그렇지 않으면 10년이 못 되어 흙이 무너지는 듯한 화가 있을 것입니다" 하니, 정승 유성룡이 말하기를, "아무 일이 없는데 군대를 양성하는 것은 화근을 만드는 것입니다" 하였다. 당시는 난리가 없는 지가 오래되어 안일한 것만을 좋아하여 경연에 있던 신하들이 모두 선생의 말을 잘못되었다고 하였다. 선생은 나와서 유성룡에게 말하기를, "나라의 형편이 위태롭기가 달걀을 쌓아 놓은 것과 같은데, 시속의 선비는 시무(時務)를 모르니 다른 사람이야 진실로 기대할 것이 없거니와 그대도 이런 말을 하는가" 하였다. 임진왜란이 난 뒤 유 정승이 조정에서 언젠가 어떤 사람에게 말하기를, "지금 와서 보면 이문정(李文靖)은 참으로 성인이다. 만일 그의 말대로

하였으면 나랏일이 어찌 이 지경에 이르렀겠는가. 또 그가 전후로 계획한 정책을 혹자들은 비난하였지만 지금 모두 꼭꼭 들어맞으니, 참으로 따라갈 수 없다. 율곡이 만일 살아 있다면 오늘날 반드시 타개할 방법이 있었을 것이다" 하였으니, 참으로 이른바 100년을 기다리지 않고도 안다는 것이다.

김장생의 말을 요약하면, 이이가 경연 자리에서 국왕에게 10만 양병을 건의하자, 유성룡이 지금은 그럴 상황이 아니라면서 거절하여 채택되지 않았다는 것이다. 비슷한 내용은 이후 이정구·이항복·안방준·송시열 등 서인계의 저술에도 나온다. 그 가운데 안방준의 저술은 좀 더 구체적인데, 10만 명의 병사를 양성하여 도성에 2만 명, 8도 각 도에 1만 명씩 두어 위급한 일에 대비하도록 했다는 것이다.

그런데 선조 사후 동인계의 주도로 편찬된『선조실록』에는 10만 양병설이 보이지 않는다. 하지만 인조반정 이후 서인계의 주도로 편찬된『선조수정실록』에는 나타난다.

「이이가 일찍이 경연에서 "미리 10만의 군사를 양성하여 앞으로 뜻하지 않은 변란에 대비해야 한다."고 말하자, 유성룡은 "군사를 양성하는 것은 화단을 키우는 것이다."라고 하며 매우 강력히 논변하였다.」

이러한 상이점을 들어 이이의 10만 양병설을 부정하는 논저가 여러 편 나왔고, 여기에 당시 조선의 인구 규모나 미곡 생산이 10만 명을 양성할 수준이 못 되었다는 의견이 제시되었다. 결론적으로 '10만 양병설'의 원작이 된 김장생의「율곡행장」은 부정되어, 이이가 '10만 양병설'을 말한 적도 없는데 그의 후학들이 당파적 시각에서 날조했다는 것이다.

그러면 진실은 어디에 더 가까울까? '이탕개의 난'이 일어난 1583년 1~2월『선조실록』에 선조가 이이에게 그대가 '양병의 계획'을 세우면 국가에 다행한 일일 것이라고 했고, 명을 받든 이이가 선조에게 '시무 6조'의 개요를 올리며 양병의 필요성을 말하며 자세한 내용은 면전에서 보고하겠다고 했다. 이를 종합하면, 이이가 양병 계책을 제기한 시점이 국초 이래 최대 규모의 여진 침략인 이탕개의 난과 연관이 있음을 알 수 있다. 즉, 이이의 양병 계책은 선조가 병조판서 이이에게 양병의 계획을 세우라고 한 상황에서, 이탕개의 난이 발발한 후 보름이 지난 후에 건의한 것이었다. 이에 이이의 양병 계책은 난 진압과 앞으로의 환란 대비 및 국방 강화를 위한 것이었다. 그러므로 그 양병 계책에 '10만 양병설'이 들어갈 자리는 충분하고 그럴 수 있다고 생각한다. 이 대목에서 당파적 역사 인식을 타파해야 한다는 원로 국사학자의 글을 눈여겨보면 '10만 양병설'의 진실에 한걸음 바짝 더 다가설 수 있을 것이다.

「율곡 이이의 '10만 양병'은 단순히 개인적으로 허물어진 군사제도를 개탄하여 우국충정에서 나온 주장이 아니었다. 병조판서로서 이탕개의 난 극복의 임무를 부여받아 수행하면서 국왕의 의중에 공감하면서 구체적인 대책을 세워나가는 가운데 나온 목표치 발언이었다. 거기에는 융정(戎政)의 개선에 큰 관심을 가진 군주 선조의 뜻이 담겨 있는 것이었다.」

있는 사료를 비판하는 것은 응당 해야 할 역사가의 책무이지만, 해석이라는 이름으로 아예 없애고 그 빈자리에 있지도 사실을 집어넣는 것은 절대 자연스럽지 못하고 '역사적 상상력'이라고 말할 수 없을뿐더러 정파에 빠져 역사를 왜곡한다는 비난을 받을 수밖에 없다.

2장

조총의 습격

1. 녹도진 수군

풍신수길이 조선 침략을 준비하라는 명령을 구주의 오도 도주에게 내린 시기는 1586년(선조 19) 12월 무렵이다. '풍신'이라는 성을 천황으로부터 부여받고, 천하 통일을 눈앞에 두고서 해외 정복 계획을 기정사실처럼 발표한 직후였다. 명령이 떨어지자마자 준비하여, 이듬해 1587년(선조 20) 정해년 음력 1월 16일 전라도 홍양현 녹도진(鹿島鎭) 앞바다에 왜선이 나타났다. 정해왜란(丁亥倭亂)이 발발했다.

정해처럼 '丁'자가 들어간 해는 안 좋은 일만 터졌다. 1550년부터 1634년까지 산 이유간(李惟侃)이 그런 일을 평생 일곱 번 겪었다고 자신의 일기『우곡일기』에 남겼다. 첫째 번은 정축년(1577)에 우역(牛疫)이 온 나라에 번져 소의 종자가 거의 남지 않을 지경이었고, 둘째 번은 정해년(1587)에 왜적이 국경을 침범하여 녹도만호 이대원이 손죽도에서 패전해 죽어 나라가 크게 소란스러웠고, 셋째 번은 정유년(1597)에 남원성 함락 등으로 말을 하면 기가 막히니 입에 담을 필요도 없고, 넷째 번은

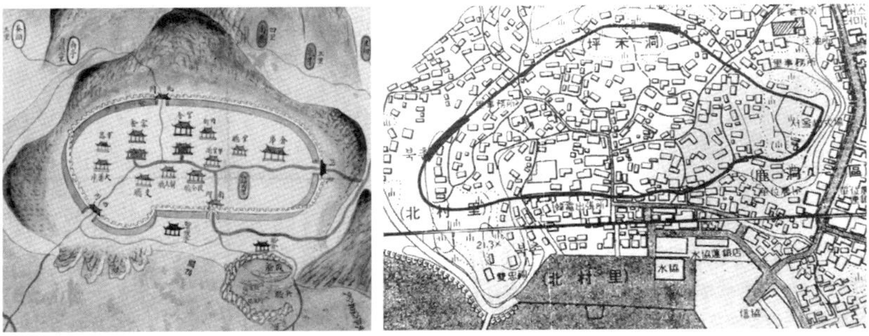

녹도진성. 왼쪽은 1872년 「녹도진 지도」, 오른쪽은 2002년 『임진왜란과 고흥』

정미년(1607)에 신하가 배척하는 상소를 해서 임금이 편하지 않은 마음을 가졌고, 다섯째 번은 정사년(1617)에 간흉이 독기를 부려 날마다 폐모살제를 주창했고, 여섯째 번은 정묘년(1627)에 여진족의 침략으로 북쪽이 짓밟히고 임금이 파천했고, 일곱째 번은 정축년(1637)에 여진족의 침략으로 인조가 남한산성에서 치욕을 당했다는 것이다. 이를 나열한 후 이유간은 "다가오는 정년(丁年)에는 또 어떠한 사변이 있으려는가? 저 하늘의 변화하는 이치는 실로 알기 어렵다."고 말했다.

을묘왜란 이후 33년 만에 또다시 왜인에 의한 대규모의 조선 침략이 개시되었다. 정쟁에 휘말려 있는 조선은 이보다 더 약해진 적은 없었다. 조총을 확보한 오도·평호도의 침략군은 이보다 더 준비가 잘된 적이 없었다. 왜인에게 이 시점은 조선 침략에 최상의 적기였다. 예측을 불문하고 전례를 뛰어넘는 기습 공격이 감행되었다.

고려는 왜구 침입을 막기 위해 수군을 창설하고 바닷가 포구에 바둑판처럼 촘촘하게 수군진을 설치했다. 그에 따라 흥양현 남쪽 45리 도양면 녹도(鹿島)에 수군진이 설치되었다. 녹도진이 사서에 처음 나타난 시기는 1406년(태종 6)이다. 고흥반도 서쪽의 끝자락에 있는 녹도는 바로 앞에 한센병 환자를 위한 '국립소록도병원'이 있는 소록도가 있어 천혜의 항구이면서, 손죽도·거문도로 나가는 창구 역할을 하는 곳이다. 현재 행정구역은 전라남도 고흥군 도양읍 녹동이다. 국가 어항으로 지정된 녹동항은 각종 어획물이 유통되고 연안과 제주도를 왕래하는 여객선이 왕래하는 곳이다.

시기	풍고기 (9~2월)	풍화기 (3~8월)
명수	40명	95명
합계	240명	570명
도합	810명	

조선후기 녹도진 입방군

홍양현은 전라도의 좌도와 우도 가운데 좌도에 속한다. 그러므로 녹도진은 전라좌도 수군에 편제되었다. 19세기 중반에 작성된 「홍양현 녹도진 지도」에 의하면, '창설사적'이 있었는데 '정해왜란' 때 바다 한가운데로 떠밀려가서 잃어버렸다고 적혀 있다. 근거가 사라져 진이 언제 어떻게 창설되었는지에 대해서 알 수 없다는 말이다. 바로 여기에 정해왜란이란 단어가 등장한 것을 주목할 필요가 있다. 녹도진의 역사에서 정해년의 사건은 한시도 잊을 수 없는 중대사였던 것이다.

녹도진에는 종4품 만호(萬戶)가 진장으로 파견되었다. 적선의 침입이 있을 때 적침을 직접 당한 곳의 만호뿐만 아니라, 적선이 지나가는 길목에 있는 만호도 적극적으로 나서서 적선을 요격하여 섬멸해야 했다. 이를 위해 15세기 전반 세종대에 녹도진에는 중선 6척과 별선 2척의 전함, 4백 83명의 군인이 배치되었다. 이들 전함이나 군인에게 필요한 무기나 식량 등을 녹도진은 항상 정비·비축해 두어야 했다.

본래 수군은 전함에 승선한 상태로 복무해야 했다. 그러다가 복무지침이 바뀌어 선창을 만들고 그곳에 전함을 정박해 두었다가, 사태가 발생하면 출동하도록 했다. 그에 따라 주둔할 수 있는 기지가 필요하여 성곽을 쌓게 되었다. 녹도진성은 성종 대 축조되었다. 모양은 반월형이다. 둘레는 2천 20척(6백 12미터)이나 되어 다른 곳에 비하여 큰 규모였다. 최근 조사한 결과 북벽과 서벽의 성벽 일부가 남아 있다.

녹도진은 긴급 소식을 전하는 봉수도 진성 북쪽 10리 지점의 장기산에 있다. 이는 서쪽의 장흥 전일산, 동쪽의 흥양 천등산, 북쪽의 흥양 수덕산과 연락을 주고받는 봉수이다.

19세기 말에 편찬된 「녹도진지」에 의하면, 진의 경내에 있는 마을 가운데 신정리, 차경리, 용정리, 남암리 등 네 마을은 주사군병(舟師軍兵)이 거주하는 곳이었다. 그곳 사람들은 한 번의 호출에 전함에 오르는 막중한 책임을 지고 있었다. 그러므로 이 마을 사람들에게는 다른 기관의 세금이 부과되지 않았다. 입방군(入防軍)은 풍고기 때에는 매달 40명, 풍화기 때에는 매달 95명이었다. 바람이 잔잔한 풍화기에 풍고기보다 배 이상 투입되었다. 열두 달 통틀어 도합 810명이 녹도진 수군으로 투입되었다. 이는 조선후기 사실이지만, 그 이전에도 이와 비슷했을 것이다.

또한 녹도진은 일본에서 다가오는 왜적을 사전에 관찰하거나 격퇴하기 위해 대양 가운데 있는 섬에 수토군(搜討軍)과 복병선(伏兵船)을 두었다. '수토'란 섬을 수색해서 왜적을 토벌하는 활동이다. 이는 본래 수영의 군인이 관할 섬으로 정기적으로나 유사시에 배 타고 나가서 해왔다. 그런데 삼포왜란과 을묘왜란을 겪고 나서는 군현이나 진 단위로 소속 섬을 수토하도록 했다. 그러기에 수토를 게을리한 수령은 수군절도사로부터 문책을 받았다. 실례로 좌수사가 수토하러 바다에 나갔는데 약속한 일시에 도착하지 않은 순천, 보성, 낙안, 흥양, 광양 등 5읍 수령을 장형으로 다스린 적이 있었다. 이에 따라 녹도진은 시산도, 손죽도, 초도, 거문도를 소속 섬으로 삼아서 이들 네 섬에 수토군을 두고 비상

소식을 주고받았다. 수토를 위해 섬에 숨겨 둔 선박을 복병선이라고 하는데, 수군의 전함을 두기도 하지만 민간의 선박을 차출하여 두기도 했다.

녹도진은 순천만과 보성만을 왼쪽과 오른쪽에 두고 있는 고흥반도의 최남단에 위치하여 바다에서 육지로 올라오는 길목에 있는 곳이다. 이러한 지리적 환경으로 여러 번 왜구의 침략을 받았다. 연산군 때에는 왜선 4척이 비가 갠 틈을 타서 갑자기 녹도로 들어와서 만호, 군관 2명, 진무 5명, 군사 20명을 죽인 적이 있었다. 조정은 부친 상중이던 이량(李良)을 전라좌수사로 임명하여 긴급히 파견했고, 이계동을 전라도 순변사로 내려보내어 녹도 왜변을 수습하게 했다. 이량은 전라좌수사로 내려와서 전라우수사 이영산, 병사 원중거 등과 함께 전라좌수영 관할 지역에 잔존해 있던 왜적을 수색·토벌하여 큰 전과를 올렸다. 이 사건을 계기로 고흥지역 수군은 평상시에도 수군과 군비 확충에 힘을 쏟았으며, 그러한 노력으로 을묘왜란 때에는 바다에서 녹도진성을 에워싸고 공격한 50척 정도의 왜선을 녹도진 군인이 격퇴했던 것이다.

그동안 조선 침략으로 왜구에게 돌아간 이익은 아무것도 없었다. 침략은 강경 대응이나 군비 증강의 필요성만을 조선에 일깨워 주었고, 왜인에게는 기존 조건을 박탈하거나 제한하는 불이익만 돌아갔다. 양쪽 간의 해묵은 적대감만 강해졌다. 그런데 이번의 정해왜란은 그런 것을 전혀 개의치 않았다. 그러므로 이상해도 보통 이상한 것이 아니었다.

몇 가지 특이점이 발견된다. 하나는 보통 때 같으면 남풍이 부는 3월이 되어야 왜선이 침략하는데, 이번에는 예상을 깨고 그보다 두어 달 이전인 1월 16일에 나타났다. 또 하나는 그들은 침략하자마자 싸울 의지는 그다지 나타내지 않은 채, 인근의 섬과 바닷가를 돌아다니며 사람들을 붙잡아 배에 싣고 수군의 전함을 빼앗아 끌고 가는 일에 치중했다. 선조 임금도 이 상황을 이상하다는 듯이 말했다.

「날카로운 기세를 타고 바로 변경의 성을 침범하기는 그 형세가 매우 용이하다. 그런데도 바깥 바다에 계속 체류하고 여러 섬에 나누어 정박하면서 오래도록 쳐들어오지 않아 그 실정을 측량하기가 어렵다.」

그들의 침략 목적은 무엇일까? 중앙의 관료들은 모두 궁금해할 따름이었다. 하지만 침략을 자주 받아본 전라도의 바닷가 사람들은 예전과는 달리 심각하게 여기기 시작했고, 양반들은 경계심을 늦추지 않았다.

왜선이 홍양현 경내의 녹도 앞 바다에 나타났다. 홍양에는 사도 첨사진과 여도·발포·녹도 만호진이 있다. 이들 진은 나타난 왜선을 보고 무서워 벌벌 떨고만 있었다. 그때 녹도진의 진장 이대원(李大源)만이 홀로 격퇴에 나섰다. 그는 조선의 국토를 지키는 진정한 장수였다. 이대원은 본관이 함풍(현 전남 함평)이다. 경기도에서 1566년에 태어났다. 1583년 십 대 후반 나이로 무과에 급제하여, 선전관으로 있었다. 1586년 왜란 전년에 녹도진에 부임해 왔다.

부임 당시 이대원의 직책은 무엇이었을까? 두 가지가 보인다. 하나는『선조실록』에 '녹도권관(鹿島權管)'으로,『선조수정실록』에는 '녹도보장(鹿島堡將)'으로 나온다. 같은 뜻으로 보인다. 품계와 직급을 일치시켜 보임하는 것이 인사 원칙이지만, 그렇지 않고 높은 품계자가 그보다 낮은 직급의 관직[행직]을 받거나, 반대로 낮은 품계자가 높은 관직[수직]을 받는 경우도 있었다. 이와 달리 권관은 종9품자(또는 낮은 관품자)를 종4품 만호 자리(또는 그 사람의 관품보다 높은 직급의 자리)에 보낼 때 붙여주는 호칭이다.

또 하나는 10년 이상 지난 후대의 실록 기사에 '녹도만호(鹿島萬戶)'로 나온다. 이후의 문집 기사나 문중의 자료에 죄다 만호로 나온다. 만호는 품계와 직급이 어느 정도 일치한 정식 지휘관이다. 이순신은 무과 합격 후 권관·봉사·군관을 거쳐 동인 영수 유성룡의 추천으로 만 4년 만에 발포만호가 되었지만, 정운은 무과 합격 후 봉사·권관·찰방·현감을 거쳐 만 21년 만에 녹도만호가 되었고, 김인영은 무과 합격 후 10년이 지났어도 여도권관에 머물고 있었다. 무과 합격 후 최말단 지휘관인 만호 자리에 보임되는데, 특별한 경우를 제외하고는 적지 않은 시간이 필요했다.

그러면 권관과 만호 이 두 가지 중에서, 이대원은 어떤 직책으로 녹도에 갔을까? 이대원은 무과 급제 후 권관이나 훈련원 봉사를 거치지 않고 3년 만에 녹도진장에 임명되었다. 무과 급제 후 경력이나 세력가의 추천 운운이 보이지 않은 것으로 보아, 부임 당시 직책은 권관이 맞을 것 같다. 그런데 왜구가 녹도와 손죽도를 침략했다는 장계가 올라왔다. 조정은 그 소식을 듣자마자 이대원을 특진시켜 만호로 임명하여 왜적을 막게 했다. 그런데 그 특명 교지가 전달되기 전에 이대원은 전사하고 말았다. 그러니까 이대원은 죽기 직전 직급은 '녹도만호'였던 것이다.

왜인이 탄 선박이 녹도진 앞바다를 침범하자, 22세 이대원은 다급한 나머지 상관인 사도첨사와 전라 좌수사에게 보고도 하지 못한 채, 배를 정돈하여 수하 병졸을 이끌고 독자적으로 출동했다. 왜선을 추격하여 그들의 선단 한가운데로 뚫고 들어가 2척을 침몰시켰다. 어떤 기록은 20여 척을 침몰시켰다고 하는데, 20여 척이 침범하여 2척을 격파하고 나머지 18척은 퇴각한 것으로 보인다.

시절은 정월이다. 날자는 대보름이 하루 지난 날이다. 1월 16일

날씨는 한겨울처럼 눈이 펑펑 내렸다. 따뜻한 남도 땅에서 1월 중순치고는 너무 추웠다. 손가락이 얼어 터지는 듯이 추웠다. 이런 날씨에도 불구하고 병사들은 차가운 손을 입김으로 불어가며 활을 당겼다. 과거 을묘왜란 후 봉인된 그곳 군민(軍民)의 기억을 밑바닥까지 카발라 버렸다. 그들은 왜인의 목을 풀 베듯이 잘랐다. 남은 적들은 도망가고 말았다. 녹도진 군사들은 사망하거나 실종된 이가 하나 없이 본진으로 돌아왔다. 대승리였다. 이때 송강 정철은 동인의 공세에 밀려 낙향하여 형이 있는 순천까지 내려와 있었다. 아버지와 함께 순천 백부 집에 머물며 이 상황을 전해 들은 아들 정기명(鄭起溟)은 「녹도가(鹿島歌)」를 지어서 읊었다.

만력 정해년 우리 임금 20년이라
이해 정월 열엿새 날에
왜구가 우리 변경을 침입해서
백성들을 붙잡아 배에 싣고
아무 거리낌 없이 휭 하고 돌아갔더라네.

녹도만호 이대원 장군 이 사실을 보고받고
즉시 칼을 뽑아 들고 일어서니
계절은 한겨울이라 눈이 펑펑 쏟아져서
해상의 병사들은 온통 손가락이 얼어 터지더라.

장군은 각궁(角弓)을 울리고
일엽편주로 만 길 파도 속을 헤치며
수백수천 명의 적진을 뚫고 들어가
왜놈들을 쫓고 무찔러 풀을 베듯 자르고는
아군은 한 명도 잃지 않고 무사 귀환을 하였더라.

이대원은 진으로 돌아와서 전라 좌수사 심암(沈巖)에게 결과를 보고하면서 수급을 올렸다. 그런데 심암은 허락 없이 독자적으로 출동하여 홀로 전과를 거둔 이대원에 대해 원한을 품고 있었다. 그리고 이대원의 공로를 빼앗아 자기 것으로 삼으려고 이대원을 앞으로 오라고 불러서 귓속말로 이리이리 말했다. 이대원은 모골이 송연하여 따르지 않고 정중하게 거절하자, 심암은 부끄러워하고 격노했다.

그리고 이대원은 전라감사에게 승첩 보장(報狀)을 올렸다. 이 사실을 전라감사는 장계(狀啓)로 임금에게 올렸다. 선조는 이대원에게 6품 품계를 내리고 임시 장수인 권관에서 정식 장수인 만호로 임명했다.

이 대목에서 착오가 있다. 영조 대 쌍충사 지원을 요청한 글에 "이대원은 녹도만호로 있으면서 정해년에 왜구가 침범했을 때, 적은 병력으로 많은 적병과 맞서 싸워 누차 큰 공훈을 세웠습니다. 이로 인하여 그때 특별히 좌수사로 승진되었으나, 교지가 미처 내려오기 전에 이대원이 손죽도에서 왜구와 싸우다가 죽었습니다."는 기사가 들어 있다(『서원등록』). 이를 토대로 관계자들은 이대원이 녹도만호에서 전라좌수사로 특진했다고 말한다.

임금의 특명에 의해, 이대원은 6품으로 특진하여 종4품직인 '녹도만호'가 되었다. 다시 「녹도가」로 돌아가 보자.

> 수급을 바치고 주수(主帥)께 아뢰자
> 주수는 불러서 무어라고 귓속말
> 장군이 절하고 공손히 대답하자
> 주수는 눈을 내리깔고 속으로 악감을 품었네.
>
> 변방의 승전보 올라오매
> 임금님 감탄하사 육품 벼슬 내리시고
> 그 공로를 크게 포상하였네.

선조에게 승전보가 올라왔다. 그것을 본 선조는 기쁜 나머지 6품 품계를 내려 이대원의 공을 포상했다. 이리하여 이대원은 녹도권관에서 녹도만호로 특진했다. 그때까지 좌수사는 심암이 지키고 있었다.

녹도진 수군의 녹도 앞바다에서의 승리는 두고두고 회자 되었다. 1636년(인조 14년) 흥양현의 여러 폐단에 대한 상소가 『승정원일기』에 실려 있다. 그 가운데 을묘왜란 때 적병이 수일 동안 녹도진을 포위했으나 진병이 저항하자 감히 접전하지 못하고 병력을 철수시켜 퇴각했고, 또 정해왜란 때 녹도만호 이대원이 충성을 다하다가 사절했는데 진병이 전선을 이끌고 일시에 추격하기에 적들이 감히 싸우지 못하고 즉시 꽁무니를 뺐다고 했다. 녹도진을 침략한 왜적을 그곳 군인이 연거푸 물리쳤다는 말이다. 이 연승의 기억은 임진왜란 때 발현되었다.

2. 1587년 정해왜란

녹도진에서 쫓겨난 왜선은 대양으로 나갔다. 얼마 지나지 않아 녹도진에서 가까운 손죽도를 점령했다. 선조가 즉위한 지 20년째 되는 1587년 봄, 정해왜란(丁亥倭亂)이 정점에 이르렀다. '정해왜란'이란 정해년에 왜인이 일으킨 전란이라는 말이다. 손죽도에서 일어난 사건이라는 뜻으로 '손죽도 사건'이라고도 한다. 이 외에 '정해왜변', '손죽도 해전', '손죽도 왜변' 등으로도 불린다. 이 중에서 사건의 성격으로 보아 '정해왜란'으로 불리어야 한다.

정해왜란은 당시 사람들에게 우리 민족의 대외 항쟁사 가운데 대표적인 전란으로 인식되고 있었다. 임진왜란 때 통제사 이순신의 종사관으로 있던 정경달이 통제사에게 보낸 글 속에 들어있는 구절, 그리고 임진왜란 때 의병을 일으켰던 유팽로가 대원들에게 왜노가 우리 왕조에 들어와서 세 번이나 침입했다면서 했던 말 두 가지를 들어보면 다음과 같다.

> 20만 홍건적은 여성(女聖)에서 섬멸되고
> 3천 발도 군사 파량(坡良)에서 죽었다오
> 달량(達梁)의 좀도적들 칼끝에 피가 되고
> 손죽도(損竹島) 남은 도적 한 화살에 쓰러졌고

> 정덕 임오년에 3포의 왜인이 반란하여 병조판서 유담년이 토평을 했고, 가정 을묘년에 호남을 침입하여 방어사 남치근이 격파를 했고, 만력 정해년에 또 호남을 침입하여 만호 이대원이 전사했다.

정경달은 고려말에 있었던 홍건적 침략과 왜구 아기발도 침략, 조선 시대에 있었던 왜구의 달량 침략과 손죽도 침략을 민족의 대외 승전사로 열거했다. 그리고 유팽로는 조선 시대 3대 왜란으로 삼포왜란, 을묘왜란, 정해왜란을 들었다.

그런데 이 전쟁은 단기간에 소규모로 끝나서 그런지, 오늘날 사람들에게 연구나 관심이 높지 않았다. 그러나 을묘왜란(1555) 이후 최대의 외침으로, 호남 지역사회와 조선 국정운영은 물론이고 조일 외교와 임진왜란에까지 큰 영향을 미쳤다. 이후 펼쳐진 기축옥사(1589), 통신사 파견(1590), 이순신의 전라 좌수사 임명(1591), 임진왜란(1592) 등 한국사상의 굵직한 사건이 모두 이와 연관되었기 때문이다.

따라서 1587년(선조 20) 전라도 남쪽 해안 지역에서 벌어진 이 왜란은 이전에 보지 못한 새로운 성격으로, 단순한 침략 수준을 넘어 전면전 양상을 띠며 동서분당과 북로남왜로 혼미를 거듭하던 16세기 말기 조선 사회 전반에 엄청난 파장을 끼쳤다. 그러므로 이 사건은 그동안 수백 년간 개별 단위로 침략하여 약탈과 납치를 자행해 온 왜구의 마지막 모습이자, 국가 대 국가의 최초의 전면전이자 민족사의 최대 비극인 임진왜란의 서곡이었다. 그 결과 우리 역사에 깊이 새겨야 할 교훈을 남겨주었다. 이러함에도 불구하고 이에 대한 연구가 없어 그 실체를 자세히 알 수 없는 실정이다.

이제 이 전쟁의 성격을 탐색하기 전에 두 사람의 진단부터 살펴보자. 16~17세기 서인계 인사 안방준은 풍신수길이 '임금'을 죽여 '왕위'를 빼앗고, 그 위세를 타서 우리나라의 길을 취하여 명나라를 침범하고자 했는데, 먼저 사화동을 길잡이로 삼아 약간의 배를 보내어 우리나라 병력의 강약을 시험했다고 했다. 그는 이 사건을 일본이 임진왜란 일으키기 이전에 조선에 대한 정보를 수집하고 조선의 군사력을 파악하기 위해 도발한 탐색전으로 보았다. 안방준은 임진왜란 때 갓 스무 살의 나이로 스승의 의병 활동에 참여했고, 당쟁 역사와 임진왜란 역사를 서술한 인물이다.

20세기 민족주의자 안재홍은 잡지『개벽』에 투고한 글에서 다음과 같이 말했다. 1587년 2월에 왜구가 호남의 흥양을 침입하여 손죽도에서 만호 이대원의 전사를 보게 되었다. 이는 비록 한쪽 변경에서 일어난 작은 사변이었지만, 일면으로 조선측의 군기 문란이 도리어 무용한 병력의 이동과 인심의 소요함을 이루게 되었다. 외환이 바야흐로 임박할 때에 나라 사정이 매우 안심치 못할 바 많은 것을 예고한 것 같다. 그는 '이탕개의 난'이나 정해왜란을 통해 허약하고 불안한 국내 사정이 드러났음에도 불구하고, 양병방란(養兵防亂)을 주장한 선견자의 충언이 용납되지 못하고 끝내 임진왜란을 맞게 되었다고 했다.

위 두 사람의 말은 일본의 전력 탐색이나 조선의 부실 대응을 꼬집은 것이다. 이제 정해왜란의 성격을 알아보기 위해, 허균의「학산초담」에 소개된 전라도 좌수영 수군 김개동(金介同, 金介東)과 이언세(李彦世)의 인생 역정을 살펴보자. 이 두 사람은 전라좌수영에서 장교층에 해당되는 진무(鎭撫)로 복무하고 있었다. 왜적이 침략하자 출동하여 손죽도에서 싸우다 왜적에게 잡혀서 구주 서쪽의 오도로 끌려갔다. 오도에는 중국인 왕직(王直)이 와서 거주하며 무역을 하고, 포르투갈 사람들도 왕래하고 있었다. 이들 중국이나 포르투갈 상인에 의해 김개동 등은 동남아시아 남번국(南蕃國, 현 필리핀 루손 섬)으로 팔려나갔다. 그는 일행과 함께 남번에서 탈출하여 배를 타고 주야 40일을 가서 중국의 광서 향산현 땅에 닿았다. 그는 한배에 탄 중국 상인에게 물어서 그곳이 명나라 지방인 것을 알았다. 전라도 장흥 출신의 이언세가 그곳 관리에게 호소하니, 그 관리는 처음에는 남만인이 올린 고소장으로 치부하고서 팽개쳐 버리고 거들떠보지도 않았다. 그러자 며칠을 울부짖으니 그제야 심문했다. 이언세는 글을 좀 알아서 "조선국의 장흥 사는 사람으로, 해전을 하다가 왜적에게 사로잡혀 오랑캐 배에 넘겨졌다"고 썼다. 그것을 본 관리는 이들을 남웅부에 압송하니, 그곳 조사관의 문초에 의거해 북경으로 이송했다. 그때 마침 사은사(謝恩使) 유전(柳㙉)이 북경에 도착했으므로, 그 일행과 같이 이듬해 1588년 11월 돌아오게 되었다. 서울로 돌아온 이언세 등이 다음과 같이 말했다.

> 사화동(沙火同)이란 자는 우리나라 진도 사람으로 왜노에게 잡혀가 온갖 충성을 다한 자인데 저에게 이르기를, "이곳은 풍속과 인심이 매우 좋아서 거주할 만하니, 너희는 두려워하지 말라. 조선은 부역이 매우 고되고, 크고 작은 전복을 한정 없이 징수하여 감당할 길이 없으니, 이곳에 그대로 거주하라. 지난 연초에 마도와 가리포를 침범하려다가 바람이 불순하여 손죽도에 정박하였는데, 이는 내가 인도해 준 것이다"고 했습니다. 그가 거주하는 섬 이름은 오도(五島)로 둘레가 며칠 길이 되고 인구가 꽉 들어차 하나의 큰 고을과 같았습니다. 우리나라 사람으로 생포된 자들이 많았고, 배 5백여 척이 있었는데 전라우도의 복병선(伏兵船) 전부를 나포했기 때문에 궁전(弓箭)과 총통(銃筒)까지 다 가져갔으나 쌓아 두기만 하고 사용할 줄을 알지 못하여 아이들의 장난감이 될 뿐이었습니다.

구주 서쪽의 오도 왜인들이 잡아간 바닷가 출신의 사화동이란 사람을 앞세워 강진의 마도(현 마량)와 가리포(현 완도)를 목적지로 정해놓고 조선을 침략해 왔다. 마도와 가리포는 바다에서 육지로 올라오는 요충지여서, 그것을 막기 위해 수군진이 설치되어 있는 곳이다. 그런데 그들은 바람이 고르지 않아 목표 지점을 벗어나 녹도·손죽도에 이르렀다. 그곳에서 다시 선산도(현 청산도)와 가리포까지 침범했다. 녹도·가리포는 이전부터 오도 쪽 사람들이 자주 침략했던 곳이다. 선산도 역시 그러한 곳인데, 임진왜란 직후 전라우수사 김억추의 장계에 다음과 같은 곳으로 소개되어 있다.

「선산도는 진(陣)의 남쪽에 솟아 있어 외양(外洋)으로 통하는 요충지로, 지난 을묘년과 정해년 변란 때 적들이 모두 이 섬을 경유하

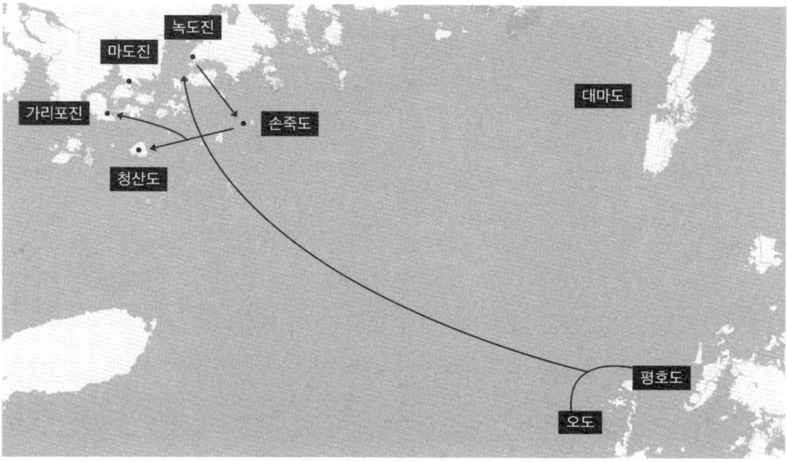

정해왜란 때 왜적의 경유지

여 침략하였을 뿐 아니라, 태평 시대에도 소수의 적들이 기회를 엿보기에 모든 주사(舟師)들이 합력하여 수색하고 토벌하였습니다.」

이런 점으로 선산도에도 나중에 수군진이 설치되었다. 전라도 남해안 지역을 침략한 왜적들은 가는 곳마다 많은 사람을 잡아가고 선박·무기를 약탈해 갔다. 잡아간 사람은 나중 침략 때 써먹고 해외로 팔아먹기 위한 것이었고, 약탈한 선박·무기는 모르긴 몰라도 성능 파악을 위한 것이었다.

침략군은 오도에서 왔다. 오도의 왜인은 그동안 해적이 되어 노략질을 일삼아 온 사람들이다. 그들은 바닷길이 전라도와 가까워 전라도를 전문으로 침범해왔다. 그래서 과거의 을묘왜란은 물론이고, 이번의 정해왜란 모두 오도 왜인의 소행이었다. 여기에 평호도 왜인들도 합세했다. 오도와 평호도는 가까이서 서로 마주 보고 있고, 함께 서양 세력을 받아들여 대외 활동을 하는 동맹 지역이다. 그들에 의한 이 정해왜란은 뒤에서 자세히 나오겠지만, 단순 폭동이 아니라 계획된 전란이었다.

손죽도를 침범한 시기와 척수에 대해 여러 기록이 보인다. 정해왜란의 기점을 녹도진으로 보았는가, 아니면 손죽도로 보았는가에 따른 결과이다. 여러 기록을 열거하면 다음과 같다.

우선 당시 순천에 있던 정기명은 왜선이 1월 16일 녹도에 처음 나타났고, 뒤에 손죽도에 30척 있었던 것으로 파악했다.

그리고 2월 침략 기록이 있다. 나주 출신 나사침은 2월 왜구가 좌도 연변읍을 내침하고 녹도만호 이대원이 패사했다고 했다. 남원 출신의 조경남은 자신의 일기 『난중잡록』에서 왜적이 흥양 경내에 있는 손죽도를 2월에 침범했다고 적어 놓았다. 고부 출신 이정암의 연보에는 2월에 왜적이 호남을 침범하여 만호 이대원이 전사했다고 적혀 있다. 실록에는 왜선 18척이 흥양 경계를 침범하여 녹도권관 이대원이 전몰했다는 전라감사의 치계가 2월 26일자로 입계(入啓)되어 있다.

그런가 하면 보성 출신의 안방준은 「임진기사」에서 3월에 적병을 실은 배 16척이 손죽도에 이르렀다고 적어 놓았다. 나주 출신 양산숙의 행장에도 3월에 왜가 흥양을 침범하여 녹도만호 이대원이 전사했다고 적혀 있다.

이처럼 기록이 상반되기 때문에 사실 관계를 가리기가 쉽지는 않지만, 그중에서 『실록』 기록을 따르는 것이 가장 합리적이리라 생각한다. 그렇게 보면, 왜선은 녹도 앞 바다에 1월 16일 30척 규모로 나타났다가, 녹도진 수군의 공격을 받고 퇴각했다. 그들은 2월에 18척 규모로 손죽도 해상에 나타났다. 이대원이 출동하여 그곳에서 3일간 전투를 치르다 2월 20일 전사했다. 이 날이 문중에서 매년 지내는 이대원 기일이다. 관련 사실을 전라감사는 급히 장계로 갖추어 올렸는데, 엿새 지난

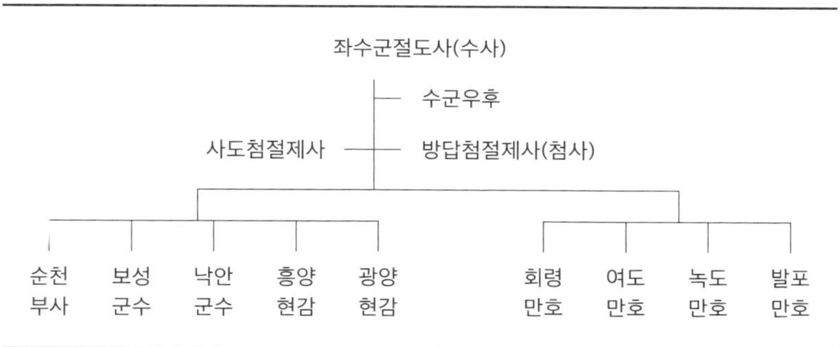

전라 좌수군 편제

26일 조정에 도착했다. 조정은 우참찬 김명원(金命元)을 도순무사로 삼아 녹도를 침범한 적을 치게 했는데 적은 이미 물러간 뒤였다. 그리고 신립(申砬)과 변협(邊協)을 전라도 좌방어사와 우방어사로 각각 삼았다. 신립은 군관을 거느리고 그날로 밤을 틈타서 달려갔다. 전라감사는 각 고을에 전령을 내려 군사를 일으켜 적을 막게 했다. 그러나 5·6일이 지나도 해변에 적의 기척이 없어 각각 진(陣)을 파했다. 왜적들은 손죽도에서 서쪽으로 향하여 청산도와 완도에 쳐들어가서 출동한 전라 우수군을 격파하고 노략질을 하고서 3월에 돌아갔다. 이렇게 정리될 수 있다.

손죽도는 전라좌수군 관할 구역이다. 『경국대전』에 따르면 전라좌수군은 1영(좌수영), 8포(사도, 회령포, 달량, 여도, 마도, 녹도, 발포, 돌산포)로 구성되었다. 중간에 방답진이 신설되면서 돌산진은 폐지되고, 달량진이 폐지되고, 마도진은 우도로 넘어갔다. 여기에 5관(순천, 보성, 낙안, 흥양, 광양)이 추가되어 이들 군현의 수령도 수군 장수였다. 이리하여 정해왜란 당시 전라좌수군은 1영 휘하에 5관, 6포(사도, 방답, 회령포, 여도, 녹도, 발포)로 구성되었다.

손죽도 해상에 왜선이 출몰했다는 소식이 전해지자, 좌수사 심암(沈巖)의 명에 의해 좌수군이 일제히 출동했다. 심암은 자신은 후방에 서겠다고 하면서, 이대원을 척후(斥候)로 삼고서 최전방에 서서 출동할 것을 재촉했다. 이때 이대원은 지금 날이 저물었고 또 군사들도 적어 덮어놓고 출전하는 것은 무모할 따름이니, 군사를 더 많이 모으고 선단을 크게 지어 내일 아침 날이 밝은 다음에 효과 있게 치자고 했다. 그러면서 심암에게 "해가 이미 저물었고 병력이 또 적으니, 병력을 규합하고 예기(銳氣)를 모아 날이 밝기를 기다려 싸우겠습니다"고 진언했다. 그러나 심암은 허락하지 않고 즉각 출동하라고 위엄을 내세워 협박했다. 이대원은 심암이 자신을 죽음의 땅으로 몬다고 여기면서도 하는 수 없이 출동하면서 심암에게 "힘을 합쳐야 이깁니다. 뒤따라 와 주시오"라고 청했다. 이대원은 후원군을 거느리고 뒤따라 와 주기를 바란다고 심암에게 말했다. 심암은 시큰둥할 따름이었다. 이 과정을 정기명은 다음과 같이 읊었다.

얼마 후 적군이 다시 몰려와서
출몰하는 적선이 무려 삼십 척이나
날이 저물고 아군은 병력도 적어 출전하고 싶지 않았지만
장군의 평소 생각 오직 국사에 있는 터요

기어이 적을 추격하여 위세를 보이라 하는데
주수의 속셈은 달라서 사지로 몰아넣고 싶어서였네.
장군은 출정하면서 주수에게 고하기를
"합세해야 이깁니다. 대장께서 곧이어 나오소서!"

장군은 돌격해 쳐들어가니 질풍에 벼락이 치는 듯
왜놈들 기가 질려서 서로 바라보며 울부짖더라.

3. 고립무원

왜적 격퇴를 향한 이대원의 의지는 강렬했다. 이대원은 수일 전 전투로 피로에 지친 병졸 1백여 명을 거느리고 나가 손죽도 바다에서 왜적과 맞부딪혔다. 이 대목에서 이대원에게 드리는 정협(鄭協)의 애도사를 살펴보자.

> 이 왕대에 태어나서 국사를 몸소 맡아
> 국방이 급무라 하고 앞서 준비 하더니만
> 손에 침 뱉고 군문에 서서
> 군사들에게 의기를 격려하고
> 바다 섬에서 힘써 싸워
> 승첩 보고 대궐에 아뢰어서
> 높은 이름 초목을 떨게 하고
> 장한 공로 바닷가에 드러났건만
> 어찌 알았으랴 개선가 부르고 돌아오자마자
> 또다시 적선들이 닥쳐올 줄을

이대원은 권관이란 직책으로 녹도진장에 임명되었다. 부임하자마자 무기를 갖추고 군사를 훈련했다. 녹도진 앞바다에 왜적이 나타나자 출동하여 바다에서 힘껏 싸워 승첩을 거두었다. 대궐에 보고하니 공[만호 제수]이 내려왔다. 개선가 부르고 돌아오자마자 손죽도 해상에 적선이 나타났다.

그래서 녹도진 군인을 이끌고 외로이 출동했다. 가서 보니 적군은 많고 아군은 적어서 대적이 되지 않은 형세였다. 조총을 쏘아 대는 그들과 3일 동안 격투를 벌였다. 온다는 구원병도 끝내 오지 않았다. 죽기를 각오하고 사력을 다해 싸울 수밖에 없었다. 이 상태를 예조의 업무 편람인 『춘관지』는 '고군역전(孤軍逆戰)'과 '원절사지(援絶死之)'로 표현했다. '홀로 힘을 다해 싸웠다', '구원이 없어 죽었다'는 말이다. 그리고 이 상황을 정협의 애도사가 매우 생생하게 전한다.

한 부대 외로운 군사 이끌고
겹겹이 둘러싼 적선 속으로 들어갈 제
의분의 화살 쏘아 대며
적의 머리 벨 것을 맹세했는데
그 누가 이르던고 외로운 군사들 적진 속에 떨어졌다고!
구원병은 아니 오고 포화는 터져날 제
적들은 많고 우리는 적어
강약이 이미 대적하기 어려웠고
화살조차 동이나니
승패는 분명히 끝이 났건만
붉은 충성 못 고치니 흰 칼날을 피하리요
죽을 곳을 얻은 곳은 하늘 땅이 알 뿐이네.

적이 사방에서 몰려와서 겹겹이 에워싸니 중과부적이었다. 적의 포화[조총]는 쏟아지는데, 구원병은 오지 않고 화살도 다 떨어지고 칼조차 부러졌다. 맨손에 빈 주먹뿐이었다. 대적하기 어려웠고, 승패는 이미 결정 났다. 그래도 충성심 포기하지 않고 끝까지 싸워 적을 죽이고 부상을 입인 것이 적지 않았다. 이제 운명은 정해졌다. 최후의 순간을 알아보기 위해 다시 정기명의 「녹도가」로 돌아가자.

전세가 힘차게 뻗어 바야흐로 파죽지세 이루더니
적군이 갑자기 몰려와 우리 배를 에워싸니
죽고 상한 병사들 무너져 어지러이 도망치네.

안타깝다 장군이여!
바다 가운데 고립무원.

화살도 쇠뇌도 다 떨어졌거늘
맨주먹 들고 어떻게 해보랴!

치고 박고 혈전을 벌였으되
적의 기세 주춤했다가 다시 또 밀려드는데
이때 주수는 가까이에 있으면서도
바라만 보고 고소히 여기다니 의리는 어디 갔나?

장군은 진작 힘이 다해서
고개 돌려 자신의 시종에게 묻자
"주수는 벌써 퇴각했습니다."
망망창해에 해가 지는구나.

장군은 병부를 품에 안고
북쪽 하늘 바라보고 세 번 탄식하였네.
드디어 순식간에 몸이 적군에 붙잡히는 꼴이 되다니
너무도 참담하여 자세히 말하기 어려워라.

무기가 다 떨어지고 힘도 다하자, 이대원은 가동(家僮)에게 물었다. 좌수사는 벌써 물러갔다고 가동이 답했다. 심암은 지척에 있으면서 앉아서 보기만 하더니, 끝내 불 품는 지원 사격을 포기한 채 구원해 주지 않고 퇴각해 버렸다. 이대원은 중과부적과 고립무원 및 화력열세 상태에서 군사를 모두 잃어버리고 배조차 다 깨지고 말았다. 수졸(水卒) 손대남(孫大男)만이 겨우 살아남았다. 손대남이 없었으면 그 누가 있는 힘을 다하여 싸운 이대원의 역전(力戰)을 증언해주었을까?

이대원은 이길 수 없음을 알고 칼을 들어 자기 손가락을 잘랐다. 속저고리를 벗어서 그곳에 뚝뚝 떨어지는 손가락 피로 시 한 수를 써서 가동에게 주며 "이것을 가지고 고향에 돌아가 장례하라"고 말했다. 절명시는 다음과 같다.

해 저무는 군문에 바다를 건너오니(日暮轅門渡海來)
군사는 적고 형세는 끊겨 이 인생 가련하네(兵孤勢乏此生哀).
군주와 어버이께 은혜와 의리 모두 보답하지 못하니(君親恩義俱無報)
원한이 시름겨운 구름 속에 맺혀 풀리지 않으리라(恨入愁雲結不開).

절명시는 네 구절당 일곱 자로, 모두 28자로 구성되었다. 이대원은 군대 동원 표지인 병부(兵符)를 찬 채 북쪽을 향해 세 번 절을 했다. 3배는 군주에 대한 의리와 부모님에 대한 은혜의 마지막 의례였다. 해는 뉘엿뉘엿 저물어 가고 있었다. 이대원은 마침내 적에게 사로잡혔다. 항복하라는 위협을 받았으나 끝내 굴복하지 않았다. 왜적들은 그를 배의 돛대에 묶어 놓고 사정없이 때렸다. 그들에게 우호적 제스처는 눈 씻고 봐도 없었다. 그러나 이대원은 죽을 때까지 꾸짖는 소리가 입에서 끊이지 않았다. 마침내 이대원은 손죽도 뭍으로 끌려 나와 수하 장병들과 함께 '똑바골'에서 죽임을 당했다. 왜적들은 이대원을 "너무도 참담"하게 죽였다. 너무나 참담하여 정기명은 들은 바를 그대로 말할 수 없었다. 이대원의 막하로서 장군과 함께 희생된 박면(朴勉), 유언수(兪彦水)를 문중은 기억하고 있다. 이리하여 촉망받는 22세의 청년 장군은 목숨을 잃었다.

전투의 시간은 짧았지만, 역사의 기억은 길다. 그들이 만행을 저지른 곳을 현재 현지인들은 '무구장터'라고 한다. 그곳에 손죽도 사람들은 당시 이대원 시신을 거두어 묻고서 지금까지 묘를 관리하고 있다. 옛사람들은 혼을 불러 장례하는 것을 예가 아니라고 했지만, 이대원 집안사람들은 유명을 받들어 혈서로 쓴 옷을 가져다가 경기도 양성현 대덕산 아래(현재 경기 평택 포승읍)에 장례했다. 그리고 묘 앞에 남구만이 비문을 지은 신도비(경기도 기념물 제56호)를 1백 년 이상 지나서 세웠다. 비문에 다음이 적혀 있다.

양성현의
대덕산에
혈서가 있어
이 사이에 묻혀 있네

이리하여 이대원 묘는 현재 두 군데 있게 되었다. 하나는 순국지 손죽도에, 또 하나는 그의 고향 평택에 있다. 그러나 두 묘 모두 시신은 안장되어 있지 않다. 백골조차 못 거두었기 때문이다. 이런 경우를 필자를 본 적이 없다. 혹시나 하여 찾아보았으나 아직 발견되지 않는다. 시신도 없이 두 군데 묘를 쓴 케이스는 유일무이하다.

그의 가족 관계가 「조사(弔詞)」에 나와 있다.

젊은이로 몸을 죽여 백골조차 못 거뒀네
아름다운 젊은 아내 늙으신 저 어머님
외롭고 의지할 곳 없어 쓸쓸하다 뉘 돌보리
문에 서서 기다리심 인제는 쓸데없고
어린 자식 안고 앉아 슬픈 호소뿐이오라
먼 하늘 바라보고 울 제 바닷가 눈만 차갑네
푸른 바다 늠실늠실 님의 영혼 아득아득
참아 어찌 안 슬프랴 어허! 슬픈지고.

그에게는 젊은 아내와 늙으신 어머님이 계셨다. 그리고 이대원은 어린 자식을 두었다. 유복자를 두었다는 기록도 있다. 그 유복자는 또 다시 유복자를 두었다. 두 번째 유복자의 아들 이석(李錫)은 무과에 합격하여 부산진 첨사에 임명되었다. 부산진은 왜관이 있는 곳이어서 첨사는 왜인과 마주칠 수밖에 없다. 그래서 그는 스스로 말했다.

「국가를 위해 죽은 사람의 후손이니 차마 왜적과 접견할 수가 없다.」

증조부를 죽인 왜인과 접할 수 없다면서 부산첨사 자리를 사양했다. 조정은 개인의 감정과 국정의 수행은 다르다며 강제로 부임하게 했다. 이석은 부득이 진에 이르렀으나 끝내 왜국 사신을 만나지 아니했다. 벌도 달게 받겠다고 했다. 이 때문에 파직되고 말았다. 그러나 사람들은 그를 훌륭하게 여겼다.

이대원 사후 그에 대한 남도 사람들의 추앙과 염원을 「녹도가」는 작품의 마지막에서 다음과 같이 묘사했다.

> 그 충성 이제껏 밝혀지지 못하고
> 악인은 벌도 받지 않고 버젓이 살아 있다니.
> 구중궁궐의 우리 임금님 명철하신데
> 아래에 누가 있어 빗장을 틀어막나.
>
> 아아! 장군의 죽음을 애도하는 사람들
> 변경의 남녀노소 만 입에 한목소리.
> 장군이 돌아오길 애타게 기다리오
> 서울 성남에 아내와 자식들.
>
> 장군이여 장군이여 지금 어디 계시오
> 나는 장군께 바라노니
> 장군의 육신은 고래가 되어 바다에 숨었다가
> 왜놈들 혹시라도 우리 강토 침범하거든
> 성남 수염 무서운 이빨로 잡아 삼키소서.

이대원이 죽은 원인이나 좌수군이 무너진 원인이 밝혀지지 않고 있었다. 악인은 벌도 받지 않고 버젓이 살아 있었다. '악인'은 도망가고 출동하지 않은 장수들이다. 이는 누군가 임금의 눈과 귀를 막고 있어서였다. 죄인은 버티며 실토하지 않았다. 최고 권력 기구 비변사는 사실대로 말하지 않았으니 형을 집행할 수 없다며 딴지를 걸었다. 비변사의 배후에 집권 정치세력 동인의 입김이 있었던 것으로 알려졌다. 서인과 유생의 견제가 없었다면 유야무야 될 뻔했다.

전투 현장을 멀리서 바라본 녹도 사람들은 이대원이 살아 돌아오기를 애타게 기다렸다. 애타는 기다림은 입소문 타고 전라도 바닷가로 퍼져나갔다. 그렇지만 하늘은 기다림을 저버리고 비보를 전해주었다. 믿기 힘든 소식에 하늘이 무너진 것 같아 등골이 서늘했다. 남녀노소 모두 장군의 죽음을 애도했다. 죽은 영혼에 왜적을 막아서 국토를 지켜달라고 기원했다. 커다란 고래가 되어 바다에 숨어 있다가, 왜적이 나타나면 무서운 이빨로 물어뜯고 큰 입으로 집어삼키라고 했다. 왜적의 침략이 이들에게 얼마나 얼마나 심각한지를 단적으로 보여주는 장면이다.

4. 반민 사화동

전통 시대에 한국과 일본의 대표적인 외교 문제로 한국인 납일(拉日)이 있다. 납일이란 한국인이 일본인에 의해 납치되어 일본으로 끌려가서 일본인 노예나 해외 판매 및 침략 길잡이 용도로 활용되었던 것을 말한다. 일본인에 의한 한국인 납치는 고려 후기에 본격적으로 자행되어 조선왕조에 들어와서도 그치지 않았다. 이에 고려 정부나 조선 정부는 납치 행위를 근절해달라고 기회 있을 때마다 일본 측에 요구했지만, 납치는 근절되지 않고 반복되었다. 그리고 납치자에 대한 공식적인 통계는 제시하지 않았지만, 외교 채널을 통해 송환을 요구했고 그에 부응하여 일본이 납치자를 돌려보낸 적도 있었다. 하지만 납치가 근절되지 않고, 납치자 송환도 완료되지도 않아서 '납일'은 한국과 일본 양국 사이의 주요 갈등 요소 가운데 하나였다.

일본인에 의해 일본으로 끌려간 한국인을 '피로인(被擄人)'이라고 했고, 그들을 본국으로 데려오는 일을 '쇄환(刷還)'이라고 했다. 응당 당시 용어이자 학문적 개념을 사용해야 하지만, 이해의 편의를 위해 요즘 널리 사용하여 친숙해져 있는 '납치'와 '송환'으로 대신하고자 한다. 일본인의 한국인 납치는 일상적인 일이어서, 일본인은 농사를 짓거나 어로 작업을 하거나 배를 타고 지나가는 한국 민간인을 붙잡아 갔다. 특히 일본인이 일으킨 대규모 변란이나 전란 때에 한국인 납치가 조직적이면서 대규모로 이루어져, 민족적 비극이 빚어졌다.

납치자 속에는 내투자(來投者)들도 섞여 있었다. 내투란 제 발로 온 것을 말한다. 일본인은 한국인의 내투를 특별한 이유가 없다면 반기는 모양새였다. 나중에 한국을 침략할 때 그들을 길잡이로 투입할 수 있기 때문이었다. 그런데 '납치'와 '내투'를 명확하게 구분하는 작업이 쉽지 않다. 여기에 해상에서 사고를 당하여 떠밀려간 '표류'도 가세하여 구분

작업을 더욱 어렵게 했다. 당사자이건 관계자이건 간에 세 사유를 필요한 대로 사용했기 때문이다. 이쪽에는 납치당했다고 하고, 저쪽에는 내투했다고 하고, 어떤 쪽에는 표류했다고 한다는 것이다.

이러한 복잡한 관계는 1587년 정해왜란에서도 예외가 아니었다. 이때 왜적들은 일본에 거주하고 있는 조선인을 앞세워 침략했다. 그들은 전라도 해안에 대한 지리정보에 정통한 인물이다. 이들을 길 안내자로 삼아 왜적들은 흥양에서 강진에 이르는 도서와 수군진 및 연해 지역을 마음대로 돌아다니며 닥치는 대로 약탈하고 사람을 납치하며 군선을 나포한 후 이를 끌고 침략한 지 수일 만에 돌아갔다. 예년 같으면 상륙하여 곡물과 같은 재물을 약탈하는 것이 일반적이었다. 그런데 이번에는 쳐들어와서 곧바로 올라오는 데 아무런 어려움이 없었음에도 도서·연해 지역에 대한 기습 공격으로 사람을 납치하고 군선을 나포하는 선에서 자진 퇴각했다. 뒤에서 상술되겠지만, 바로 여기에 이번 그들의 침략 목적이 있었다.

그들은 많은 조선인 길잡이를 앞세워 침략했다. 그 가운데 사화동이 있었다. 붙잡혀갔다가 적지에서 탈출하여 돌아온 이언세가 사화동의 가증스러운 맨얼굴을 폭로했다. 사화동은 구주 오도로 붙잡혀 와서 그곳에서 살면서 일본 의복을 입고, 그곳에서 성대한 영화를 누리고 있었다. 그가 새로이 납치되어 오도로 온 동족에게 얼른 다가와 옆에 앉고서 말을 걸었다.

「이곳은 풍속과 인심이 매우 좋아서 거주할 만하니, 너희는 두려워하지 말라.」

사화동의 말은 먼저 온 사람으로서 새로이 온 동족들을 안정시키려고 내뱉은 것이었다. 하지만 납치자 가운데 좌수영 군인이었던 김개동과 이언세는 자신들의 장래가 어떻게 될지 몰라 두려움을 떨치지 못하고 있었다. 그러자 사화동이 그들을 향해 이어서 말했다.

「조선은 부역이 매우 고되고 대소 전복을 한정 없이 징수하여 감당할 길이 없으니, 이곳에 그대로 거주하라.」

여기는 살만한 곳이니, 세금이 무거운 고국으로 돌아가지 말고 여기에서 같이 살자는 것이다. 그 말에 김개동과 이언세는 경악할 수밖에 없었다. 나는 나 자신이기 전에 우리 가족의 부모 형제이고 생계를 책임지는 가장인데, 여기에 거주하라고? 반발하자 사화동은 곧바로 충격적인 발언을 내뱉었다.

「지난 연초에 마도와 가리포를 침범하려다가 바람이 불순하여 손죽도에 정박하였는데, 이는 내가 인도해 준 것이다.」

그가 침략을 인도한 것은 사실이다. 굳이 안 해도 될 말을 했다. 동족을 주저앉히기 위한 협박용 발언이자 자기 과시용 발언이었다. 김개동과 이언세는 입을 다물고 말문을 막았다. 앞날이 막막하기도 했지만, 억울해서도 슬퍼서도 아니었다. 사화동을 죽이겠다는 주먹이 불끈 쥐어지고 말이 튀어나올까 봐서였다. 그러나 그들은 그곳에서 영화를 누리고 있는 사화동에게 밉보여 필리핀 루손 섬으로 팔려가는 신세를 면치 못했다. 하지만 고향으로 가고 싶은 마음을 잃지 않고 섬에서 탈출하여 중국을 거쳐 돌아왔다.

사화동은 기록에 따라 사화동(沙火同), 사을화동(沙乙火同), 살화동(乷火同), 사을포동(沙乙蒲同), 사을배동(沙乙背同) 등으로 불리었다. 여기서는 사화동으로 통일하겠다. 그리고 사화동의 출신지와 도일 계기에 대해서도 자료가 엇갈린다.

첫째 남번에 팔려 갔다가 도망쳐 중국을 거쳐 돌아온 좌수영 수군 김개동·이언세는 사화동이 진도 출신으로 왜노에게 잡혀갔다고 했고, 추고경차관으로 전라도에 내려와서 옥사를 처리했다가 동래부사로 간

이정암 역시 보성 포작인(鮑作人)으로 왜국에 잡혀갔다고 했다.

둘째 보성 출신의 안방준은 강진 출신으로 도망자이고, 조헌 역시 도망자라고 했다.

셋째 이덕형의 연보, 조경남의 『난중잡록』, 이긍익의 『연려실기실』은 사화동을 바닷가 사람으로서 표류인이라고 했다.

이처럼 사화동의 출신지에 대해 진도, 보성, 강진 등이 거론된 것으로 보아, 전라도 해변인이 분명하다. 그리고 그의 직업에 대해 포작인이 나온 것으로 보아, 바닷가에서 어업에 종사한 인물일 것이다. 또한 도일 계기에 대해 납치, 도망, 표류 등이 거론되지만 모두 가능성은 있어 보인다.

이 가운데 가장 민감한 사안이 그의 도일 계기에 관한 것이다. 먼저 납치는 왜인들의 오랜 만행 가운데 하나이고, 당시에도 빈번하게 자행되고 있었다. 특히 "왜적들이 영남·호남 지방에 계속 출현하여 여러 도서를 두루 돌아다니면서 허실(虛實)을 정탐하고, 심지어 백성을 잡아가기까지 합니다"고 하여 도서 지역에서 횡행했다. 비변사는 이를 장차 크게 쳐들어와서 흉악한 짓을 하려는 계획인지 예측할 수 없는 일로 여기고서, 봉서(封書, 임금의 사적 편지)를 만들어 8도의 감사·병사·수사에게 비밀리에 하달했다. 그럼에도 불구하고 납치 사실을 숨기거나 납치한 왜적을 추격하지 않은 장수들이 한둘이 아니었다. 그것을 알고 있는 조정도 그들이 침입하고서 공격할 의사 없이 노략질만 하고 곧 달아나는 모습만 보고서 보통 일로 여겨 그다지 근심하지 않았다. 그러므로 사화동이 바닷가에서 어로 활동을 하다가 왜인들에게 붙잡혀 일본으로 끌려갔을 가능성이 있다.

이어 도망은 동서 분당 이후 격렬한 정쟁 때문에 8도의 인심이 크게 이반되고, 민원이 극에 달한 상태에서 경상도와 전라도 연해의 포작인들이 고을 수령의 침탈을 이기지 못하고 일본으로 도망을 가고 있었다. 심지어 수군진의 군인들도 변장의 침탈을 모면하고자 일본으로 도망갔다. 그러므로 어업 종사자인 사화동이 침탈을 피하는 방법으로 왜국에 들어갔을 가능성 또한 배제할 수 없다.

마지막으로 표류는 어업이나 해상상업으로 생계를 꾸려가고 있는 도서인이나 연해인에게 바람과 해류에 의해 흔히 일어날 수 있는 일이다. 1599~1872년 일본에 표착한 조선인의 해난사고를 분석한 연구에 의하면, 전체 규모의 50.9%는 경상도이고, 38.0%는 전라도이다. 전라도 사람들의 출신지로는 강진·해남·영암 순으로 가장 많았고, 표착 지역으로는 오도(五島)의 비중이 압도적으로 높았다. 그러므로 전라도 바닷가 사람 사화동이 표류하여 오도에 도착했을 가능성을 배제할 수 없다. 참고로 조선에 표착한 일본인의 해난사고를 살펴보면, 표착한 지역으로는 경상도와 전라도의 비중이 가장 높고, 전라도에 표착한 일본인의 출신지로는 살마(현재 가고시마)의 비중이 가장 높다는 연구 결과가 나왔다.

결국 어떤 방법이든 간에 왜적들은 납치자를 앞세워 정해왜란을 일으켜 서남해를 안방 드나들 듯 돌아다녔다. 그 가운데 사화동이 대표적인 인물로 드러났다. 사화동이 길잡이였다는 사실은 납치 → 전매 → 탈출 → 송환으로 돌아온 김개동·이언세의 말을 통해 알게 되었다. 그리고 손죽도 해전에서 붙잡은 왜인을 심문할 때 그가 한 "우리나라 변방 백성 사화동이란 자가 배반하여 왜국에 들어가서 왜인을 인도하여 침구한 것이다"는 말을 통해서도 알게 되었다.

이 말에 분개하지 않은 사람이 없었다. 사화동은 역적 가운데 역적이었다. 조선의 지명수배 제1호에 해당되는 인물이 되었다. 주인의 발을 물어뜯은 것과 같아서였다. 그러기에 "침구한 적괴와 향도자(嚮導

者)를 잡아 보내어 국법을 밝게 보임으로써 우리 장수와 군사의 수치를 씻게" 해야 한다고 상소를 올린 이가 있었다. 향도자에 대한 자비는 사라진 지 오래였다. 이를 토대로 왜란 2년 뒤 1백 50년 만에 재개될 통신사 파견 문제를 협상할 때, 사화동을 반민(叛民)으로 지목하며 그의 송환을 요구 조건으로 일본에 내걸었다. 조선의 협상단 가운데 약속 이행을 전제 조건으로 통신사를 파견할지 말지를 결정하자는 온건론을 펼친 이가 있었는가 하면, 반민을 송환해 오면 그 다음에 통신사 파견 여부를 의논하자는 강경론을 펼친 이도 있었다.

「마땅히 일본으로 하여금 반민을 쇄환하게 한 다음 통신을 허락하는 것에 대해 의논해서 성의가 있는지를 보아야 합니다.」

송환 이행을 논의의 선결 조건으로 내건 조선 협상단의 안을 일본도 수용했다. 일본 협상단은 곧바로 송환해 착수하여 직접 데리고 왔다. 그들은 데리고 와서 지난번 손죽도 침략은 자신들은 모르는 일이라고 발뺌했다. 그러면서 사화동을 넘겨주었다.

「귀국의 반민 사화동이 오도의 왜인을 유인하여 변보(邊堡)를 약탈한 것이므로 지금 잡아 보내어 귀국의 처치를 기다립니다.」

일본 협상단은 사화동을 넘겨주면서 통신사를 보내주기를 간절하게 청한다고 했다. 사화동이 서울에 왔다는 사실 외에 알려진 것이 없어 부산에서 서울까지 어떻게 왔는지는 전혀 알 수 없다. 이 대목에서 두 가지 추측이 가능하다. 하나는 연도 사람들이 알아차릴 수 없도록 은폐했을 것 같고, 또 하는 저주할 수 있도록 공개적으로 연행했을 것 같다. 넘겨받은 조선은 그를 국가의식을 거행하는 창덕궁 인정전(仁政殿) 앞으로 끌고 왔다. 선조가 군사를 도열시키고서 사화동을 크게 꾸짖었다. 관계자가 끌고 나가서, 도성 밖에서 목을 베었다. 선조는 다시는 이런 일이 발생해서는 안 된다는 담화문을 전국에 발표했다. 이를 본 조정과 백성 모두가 축하를 올렸다. 그때에야 비로소 사신을 보내어 통신하는 것을 선조는 허락했다. 일본 협상단도 돌아갔다.

이처럼 왜적들은 사화동이란 사람을 길잡이로 앞세워 정해왜란을 일으켰다. 그렇기 때문에 그들은 왜란 중에 제2, 제3의 '사화동'을 확보하기 위해 많은 사람을 납치해 갔다. 이 점에 대해 손죽도를 침략한 왜적이 물러난 뒤, 전 공주교수 조헌이 상소에서 다음과 같이 말했다.

「올봄에 또 큰 도적이 흥양 여러 섬에 와서 정박하고서 우리의 방비가 없는 틈을 타고 살상하고 사로잡아 간 것이 매우 많으므로 과부와 고아의 원한이 하늘에 사무쳤다.」

많은 사람을 죽였다. 납치해 간 사람도 많았다. 특히 성인 남성을 납치해 갔다. 그래서 남편을 잃은 과부와 부모를 잃은 고아가 많을 수밖에 없었다. 지난번 을묘왜란 때에는 종으로 부려 먹을 어린이나 부녀자를 대거 납치했다. 그래서 을묘왜란은 양반 주거 지역의 여성과 어린이를 표적 삼아 공격한 최악의 '전쟁 범죄'가 자행된 전쟁이었다. 그런데 이번 정해왜란 때에는 성인 남자가 주 대상이 되었다. 사화동이나 김개동처럼 침략에 당장 써먹을 지리 정보원이나 군사적 요원이 필요해서였다.

이런 점에서 이번 왜란은 조만간 다가올 또 다른 충격을 한시라도 잊어서는 안 되는 사건이었다. 그런데 당시 국왕을 포함하여 현장을 경험하지 못한 정치인들은 일본에 대해 '배은망덕'이나 '나쁜 놈들' 같은 구태의연한 증오의 수준을 벗어나지 못했다. 현실과 미래에 대한 맥락적 관점이 부족했다. '맥락적 관점'이란 나무와 함께 숲을 보는 것을 잃지 않는 눈을 말한다. 사실상 정해왜란은 예비전이어서, 전면전을 감행하기 위한 준비 단계였다. 그런데 조정은 당리당략에 눈이 어두워 숲을 보지 않고 나무만을 뚫어지게 보는 납득할 수 없는 판단을 내렸다.

전면전을 치르기 위해, 일본이 조선에서 얻고자 한 것은 통역이나 안내를 할 인적 자원이었다. 이를 확보하기 위해 그들은 전라도 남해 도서를 기습적으로 공격하여 단기간에 성인 남자를 대거 잡아갔다. 순간 숫자 15만 명이 동원된 임진왜란 7년 동안 10만여 명의 조선인이 납치되어 일본으로 끌려갔고, 그중 상당수가 포르투갈 상인에게 팔려 나갔기 때문에 임진왜란을 '노예 무역 전쟁'이라고 평가하기도 한다. 그런데 기껏해야 오도·평호도의 몇천 명이 수일 동안 동원된 이번 정해왜란 때에 적어도 수백 명의 조선인을 납치하여 데리고 갔다.

이처럼 사상 유례없는 대량 납치가 짧은 기간의 정해왜란 과정에서 발생했다. 이 사건이 우발적인 행위인가, 아니면 침략전쟁이나 노예무역을 위한 계산된 행위인가가 궁금하다. 침략전쟁을 위한 납치에 대해서는 뒤에서 천천히 알아보고, 여기에서는 노예무역 문제만 잠깐 언급하겠다.

사실 일본인의 조선인 납치 행위는 어제 오늘의 일이 아니기 때문에 새삼스럽지는 않다. 멀리는 신라와 고려 때부터 있었고, 조선시대에도 마찬가지였다. 1429년(세종 11)에 통신사로 일본에 다녀온 박서생은 왜적들이 일찍이 우리나라를 침략하여 우리 인민을 붙잡아 노비로 삼고 혹은 먼 나라에 전매(轉賣)하기도 했을 뿐만 아니라, 사행 길에 정박하는 곳마다 잡혀 간 사람들이 다투어 도망해 오려고 해도 그 주인이 가쇄(枷鎖)를 하고 굳게 가두어서 뜻을 이루지 못한다고 보고했다. 이후에도 납치 행위가 끊이지 않았다. 정해왜란 임박한 1573년에 하동 사람 9명이, 1576년에 강진 사람 10명이 왜적에게 잡혀갔다. 이들 가운데 교역하고 있는 포르투갈 상인에게 팔려 나간 자도 있었다.

그런데 손죽도 침략 때에는 10여 명 규모로 납치하던 이전과 달리 수백 명을 납치했을 뿐만 아니라, 그중에 상당수가 동남아시아에 팔려

나갔다. 이러한 행위에 적극 가담한 지역은 구주의 평호도와 그 인근 오도였다. 이들이 적극적으로 납치에 나선 데에는 조선과 거리가 가장 가깝다는 지리적인 요인과 서양과 통교를 하고 있다는 현실적인 요인이 작용했다. 따라서 구주의 해상 세력가는 임진왜란 이전부터 조선인을 납치하여 노예무역을 진행했고 그 사실은 조선 인사들에게도 공공연하게 알려져 있었다. 임진왜란 때에도 대규모 납치 행위가 자행되었던 것으로 보아, 정해왜란과 임진왜란의 전개 양상 상당 부분이 구주 세력가의 이해관계를 반영한 것이었음을 알 수 있다.

5. 비변사가 전면에

침입한 왜적에 의해 손죽도에서 녹도만호 이대원이 전몰했다는 사실은 전라감사의 치계에 의해 2월 26일에야 조정에 들어왔다. 선조는 즉각 3공과 비변사 당상 및 병조 당상을 소집하여 변방의 일을 논의했다. 비변사의 논의에 의해 한성우윤 신립을 우도방어사로 삼아 군관 30명을 거느리고 그날로 내려가게 했다. 신립은 여진족 격퇴에 공을 세운 인물이다. 그리고 28일 변협을 좌도방어사로 삼아 밤을 새워 남쪽 지방으로 출정하게 했다. 변협은 을묘왜란 때 해남읍성을 지킨 공을 세운 인물이고 십여 년 전에 전라병사를 역임한 바 있다. 또한 전라감사를 역임한 바 있는 우참찬 김명원을 전라도 순찰사로 삼아 총괄 지휘하게 했다. 이미 경험을 쌓은 사람을 중심으로 남정군(南征軍) 사령부를 조직했다. 이 외에 전라도와 인접해 있는 충청도의 감사를 재능이 부족하다는 이유로 교체했고, 신각을 경상도 방어사로 삼아 내려보냈다.

전라감사 한준(韓準)은 도내 군현에 명령을 내려 군대를 동원해서 전쟁터로 나가 적을 막으라고 했다. 이에 따라 5개 진관 가운데 좌도의 남원진관의 군대는 순천으로 나아가 진을 쳤고, 전주진관의 군대는 낙안으로 나아가 진을 쳤다. 그리고 우도의 각 군현은 모두 바다 연변으로 나아가 진을 쳤다. 그런데 5·6일이 지나도 바다에 왜적이 있다는 경보가 없어서 각 진의 군사들은 해산하고서 고향으로 돌아왔다. 도내의 군사를 모두 출동시켜 바닷가에 주둔했으나, 왜적은 별다른 전투 의사 없이 몇몇 섬에 조용히 머물러 있다가 돌아갔고, 가면서 납치한 사람을 데리고 갔고 약탈한 병장기와 전함을 가지고 갔다. 이때 한준은 이대원이 패하여 죽을 당시 순천에 도착하여 적의 형세가 왕성하다는 말을 듣고 내지로 급히 돌아가려 하자, 노약자들이 길을 막고 붙들면서 호소했지만 돌아보지도 않고 벌벌 떨며 물러가 웅크렸기에 남쪽 백성들에게 욕을 먹었다. 이를 안 사헌부가 파직을 청하자, 선조가 해임시키고 윤두수를 후임으로 임명했다. 이후 한준은 호조참판과 우참찬을 거쳐 황해도 관찰사가 되어 정여립 사건을 최초로 고변했으니, 전라도와 남다른 인연을 맺은 인물임에 분명하다.

풍전등화의 상황인데도 당파간의 이전투구는 그치지 않았다. 방어사는 수사의 장수이니, 수사는 마땅히 고개를 숙여 방어사의 명령을 들어야 함에도 그렇지 않았다면서, 심암 후임의 좌수사(누구인지 확인되지 않음)를 처벌해야 한다고 했다. 방어사의 종사관이 내려갈 때 그 일행이 음란한 놀이를 했으니, 종사관을 파직해야 한다고 했다. 전쟁 상황에서 군인들 하는 일이 이런 수준이었다.

조선왕조의 최고 통치기관은 의정부이며, 그 밑에 6조와 그 밖의 중앙관청들이 있었다. 이들 기관은 '의정부 서사제'와 '6조 직계제' 두 가지 체제로 운영되었다. '의정부 서사제'는 의정부의 3정승이 6조의 업무를 심의한 후 임금에게 보고하는 제도이고, '6조 직계제'는 6조에서 의정부를 거치지 않고 임금에게 업무를 직접 보고하는 제도이다. 왕권과 신권의 관계 속에서 채택되었던 체제이지만, 태종과 세조 때를 제외하고는 의정부 3정승의 합의에 의해 국정이 운영되었다. 그런데 이번 정해왜란 때에도 이전의 을묘왜란 때와 같이 어김없이 비변사(備邊司)가 국정의 중심에 섰다. 따라서 비변사 이야기를 하고 넘어갈 수밖에 없다.

군사 행정을 총괄하는 관서는 6조 가운데 병조이다. 그런데 16세기에 비변사가 등장한다. 그 시기에 대해 여러 견해가 있다. 크게 1510년, 1517년, 1555년이 있다. 다음과 같이 정리하면 될성싶다.

비변사는 1510년(중종 5) 삼포왜란 때 군정을 행사하는 또 다른 기관으로 등장했다. 왜란 발발 소식을 접하고 대책을 논의하는 자리에서 영의정 김수동이 품계가 높은 문신을 비변사의 종사관으로 임명할 것을 청하여 국왕의 재가를 얻어 낸 결과였다. 비변사에 관한 최초의 기록이다. 변방에서 빈번하게 발생하고 있는 국방 관계 일을 처리하기 위한 전담 기관의 필요성에서 비변사가 설립되었다. 그러나 이때의 비변사는 상설기관이 아니라 비상사태가 발생했을 때만 설치되는 임시기관이었다.

비변사 설치의 또 다른 배경으로 중종반정 이후의 정치적 상황을 거론하는 연구자도 있다. 비변사의 설치·운영이 왕권을 강화하려는 의도와 관련되어 있고, 나아가 비변사를 통해 신진 사림세력을 견제하려는 뜻도 있다는 것이다. 이는 경국대전 체제를 토대로 비변사 폐지를 고집하는 원칙주의자의 주장에 맞서, 기묘사화의 주동자로 알려진 남곤·심정 등이 왕에 동조하며 끝까지 비변사 폐지를 반대하고 나선 점에 유의한 결과이다. 하지만 이는 어디까지나 정치 운영상의 문제와 관련된 것으로 비변사 설치에 있어서 본질적인 점이 아니라 부수적인 사안이라고 볼 수 있다.

이후 정승이 겸하는 도제조(都提調) 아래에 제조와 당상·낭관을 두는 비변사의 직제가 갖추어졌다. 특히 병무를 아는 재상이나 용력이 있는 무신 중에서 당상(堂上)을 차출하여 비변사의 국방 대응력을 높였고, 신진 기예의 문신·무신 중에서 낭관(郞官)을 선발하여 비변사의 군국 처리 능력을 고양시켰다. 그리고 비변사로 하여금 변방의 일 뿐만 아니라 중앙의 병무(兵務)를 병조와 함께 의논하여 처리하도록 했고, 병조 관료들이 문신이어서 변방 일을 모른다면서 병조에서 해야 할 일도 비변사로 이송하게 했다. 심지어 갑작스럽게 준비해야 하는 군량 조달도 호조가 해야 하는데 비변사와 의논하도록 했다. 군정 외의 국정의 여러 사안이 비변사를 거치고 있었다.

1522년(중종 17)에 이르면 남쪽과 북쪽 변경에서 끊임없이 비상사태가 발생했다. 특히 왜선 12척이 깃발을 세우고 징·북을 치면서 전라도 달량포를 침범한 사건을 계기로 비변사는 변방 대책기구로 국정의 중심에 서게 되었다. 그러니 정통 문신 관료들의 불만이 나오지 않을 수 없었다.

「지금 나라의 국경에 변이 있는데 의정부가 그 책임을 맡지 않고 따로 비변사를 설치하고 또 도제조를 두어서 정부와 대항하고 병조는 도리어 뒷전으로 밀려나게 하니, 이것은 군국(軍國)의 중요한 일이 임시로 설치하는 기관에 맡겨지고 정부와 병조는 도리어 전제권을 가지지 못하는 것입니다.」

의정부에서 영의정·좌의정·우의정 등 3정승의 합의로 정책이 결정되고, 그것이 6조에 하달되어 집행되는 국초 이래의 시스템이 비변사의 설치로 무너졌다는 말이다. 심지어 병조가 있으니 비변사는 없어도 된다는 극단적 발언을 한 이도 있었다. 이런 문제 제기에도 불구하고 "요사이 남쪽 지방의 왜변을 보면, 왜인은 좀도둑 수준을 넘고 왜선은 점점 많이 나타나"서 지극히 우려스럽다는 국왕의 반론으로, 비변사의 권한은 위축될 수가 없는 상황이었다. 대신 비변사에 3정승을 동참하게 하여 그들과 함께 국정을 의논하도록 하는 보완책이 하달되었다. 그렇지만 여전히 파워 게임에서 의정부가 비변사에 밀리고, 비변사가 의정부 위의 의정부로 군림하는 형국이었다. 비변사 제조와 당상이 국정의 중심에 서 있었다. 심지어 변방 장수에 합당한 인물의 추천도 인사권을 가지고 있는 병조를 제치고 비변사에서 하도록 했다.

이제 변방에 급한 일이 발생하면, 의정부와 병조와 비변사가 합동으로 대책을 의논하는 형태가 관행처럼 되어 갔다. 1555년(명종 10) 5월 16일 을묘왜란의 발발 소식을 수록한 전라도 관찰사 김주의 치계가 도착한 날에도 대신들은 이미 비변사에 모여 있었다. 즉각 왕명에 의해 3

정승, 찬성, 6조판서가 비변사 당상과 함께 빈청(賓廳)에 모여 전란 대책을 논의하기 시작했다. 이 자리에서 도순찰사와 방어사의 차출이 의논되어 국왕에게 보고되고, 국왕의 전면 수용으로 원안대로 결정·실행되었다. 이런 형태의 비변사 회의는 왜란 내내 날마다 계속되었다. 그래서 비변사의 기획과 조치는 참으로 이르지 않는 곳이 없다고 할 정도로 확대되었다.

을묘왜란 이후 조선 정부는 왜구와 여진에 대한 대비책을 강화하는 방향으로 국정을 운영했다. 그 가운데 급선무가 군정과 군령을 아우르는 국방 컨트롤 타워의 구축이었다. 이 필요성에 의해 비변사의 기능이 더욱 강화되어 국방정책을 수립하는 주요한 기관으로 떠오르게 되었다. 이는 세 가지 측면에서 시도되었다. 하나는 3정승으로 하여금 비변사 당상을 겸하게 하고 당상에 3정승 외에 영중추부사와 좌찬성을 참여하게 했고, 당상 아래에 여러 명의 제조를 두어 재상으로 하여금 맡게 했다. 또 하나는 임시적인 성격을 띠었던 비변사가 상설로 바뀌어 독립된 청사를 중부 징청방에 갖는 기관으로 발전했다. 마지막으로 제조 가운데 한 사람을 유사(有司)로 임명하여 그로 하여금 비변사의 각종 업무와 여러 장부를 전적으로 주간하도록 했다.

을묘왜란 이후 비변사 시스템, 즉 3정승과 병조와 일부 고위 관료가 비변사에서 군정을 합의하는 체제가 구축되었다. 이 체제는 1583년(선조 16) 여진인 이탕개(尼湯介)가 함경도에서 난을 일으킬 때, 1587년 왜인이 전라도 손죽도를 침략할 때, 1592년 임진왜란이 일어날 때까지 지속되었다. 이 체제하에서 실권은 전략을 세우고 인물을 추천하는 당상들에게 있었다. 그래서 그들은 임명되면 계를 결성했다. 계안을 만들어 서로를 확인하고 계회를 열어 시를 짓거나 친목을 다졌다. 정유길이 비변사 당상이 되어 지은 「비변사 계축」이란 시가 남아 있다.

삼면에서 대적을 갖추는 것 예로부터 위태로워
여러 변방 계책으로 비변사를 세웠네.
자리에서는 공경대부들의 원대한 전략을 거두고
군막에서는 문무에 뛰어난 인물을 선별하네.

다행히 봉화 끊어진 편안한 날은
바로 호산에서 잔치에 모일 때라네.
군공이 뛰어나다고 기뻐하지 말지니
계를 이루어 앞으로 태평한 기틀이 만들리라.

그러나 임진왜란을 계기로 비변사의 기능이 강화되어 전임과 현임 대신이 감독하고, 6조당상과 재신이 국가의 중요정책과 6조의 사안까지를 협의하는 소위 '비변사 체제'가 성립되었다. 비변사 체제가 성립하게 된 가장 중요한 배경은 임진왜란을 시작으로 북방 야인과의 지속적인 긴장 관계, 두 차례의 호란 등 대외 위기를 극복하는 과정에서 비변사의 기능이 강화되면서 그 운영의 관행이 축적된 데 있다. 이리하여 비변사는 남과 북 국경 문제에 대처하기 위한 국방 관계 기관으로 설립되었으나, 차츰 정치적 기능이 작용되면서 군국 기무를 총괄하는 국정 최고 기관으로 위치하게 되었다. 그 결과 소수의 비변사 제조당상(提調堂上)이 인사권을 장악하고 병무와 군정뿐만 아니라 외교·재정·지방행정 등 국가의 중요한 공사를 처리하는 정치 운영의 주도 세력이 되었다.

당연히 비변사에 대한 비판도 나올 수밖에 없었다. 법제상의 최고 권력기구인 의정부를 허구화시켰고, 국가 권력을 한 곳에 지나치게 집중시켜 견제와 균형을 상실하게 했고, 집중된 권력이 특정 세력(붕당이나 문벌)과 유착되어 정국을 경색시켰다는 점이 주요 비판 대상이었다. 이러한 비판은 비변사를 정부의 왕 노릇을 하는 기관으로 여기게 하여 종국적으로 왕권을 제약하는 요소로 이어져, 마침내 비변사는 흥선대원군의 정책에 의해 1865년에 혁파되고 말았다.

다시 본론으로 돌아와서, 선조가 정해왜란 발발 소식을 접한 시기는 2월 26일이다. 비변사가 대책을 논의했다. 선조는 그 결과를 수용하여 전라도에 순찰사와 방어사가 거느리는 중앙군을 내려보냈다. 남정군이 도착한 때는 적선이 이미 물러간 뒤였다.

3월 2일 선조는 아군이 적과 맞서 대응할 방안과 적군이 움직이고 있는 형세를 비변사와 병조로 하여금 보고하라고 명했다. 이에 대해 비변사가 다음과 같이 대답했다.

「지금의 왜란은 우연히 변경을 침범한 것에 비할 바가 아닙니다. 전선을 넉넉히 준비하여 대거 침입했습니다. 고풍손(高風孫)이 전한 대로 사을화동(沙乙火同)의 소행이란 것이 이미 빈말이 아닙니다.」

「한 번 교전하고서 선박을 불태우고 장수를 죽였으니 곧바로 침범하는 데 아무런 어려움이 없었습니다. 그런데 여러 날을 지체하면서 진격도 후퇴도 않기 때문에 그 실정을 가늠하지 못할 듯하지만 어찌 심원(深遠)하여 알기 어려운 계책이야 있겠습니까.」

「전선을 나누어 정박시켜 의심스럽게 만들어서 우리 측이 한 곳에 병력을 집중토록 한 다음 가만히 다른 변경을 치려는 것이 하나요, 원도(遠島)로 물러나 숨었다가 본처(本處)에서 원병을 계속 보내는 것을 기다려 일시에 거사하며 멀리 떨어진 변경에 출몰하면서 진보(鎭堡)의 형세를 살펴 허술한 틈을 타 갑자기 공격하려는 것이 그 하나입니다.」

「신들의 생각으로는 적과 대응하는 곳은 방어가 그다지 허술하지는 않은데 본도(本道)에서 우려할 만한 곳은 가리포·진도·제주 등 3읍과 법성창·군산창입니다. 그러나 본도의 방책(方策)에 진작 정해진 규칙이 있으니, 반드시 이미 조치하였을 것입니다.」

「정병은 현재 당상·당하의 무신, 녹명인(錄名人), 잡류(雜類), 공사천(公私賤)으로 활쏘기에 능한 사람을 벌써 선발해서 대오를 나누고 짐을 꾸려 명을 기다리게 하였으며, 궁시와 총통도 있습니다. 그 가운데에 부족한 것은 철갑과 철환이나 현재 만들고 있습니다.」

비변사는 짧은 시간이지만, 적군의 움직임과 아군의 대응 방안을 잘 파악하여 보고했다. 보고에 따르면, 사화동의 소행임이 밝혀졌고, 적군이 한곳에 머물러 있으면서 진격도 후퇴도 하지 않고 있고, 전라도의 거점 기지 3곳과 조창 2곳에 대한 방어 계책도 세워져 있고, 능사군 모집과 무기 조달이 어느 정도 완료되었으나 철갑과 철환이 부족한 상황이었다.

선조는 3월 7일 비변사에 또 다른 사안을 지시했다. 호남의 전몰자들에게 제사를 지내게 하는 것이 좋겠다고 했다. 사람들이 목숨을 잃은 나머지라 인심이 매우 비통해하고 있으니, 마땅히 시종신을 보내 조정의 뜻으로 죽은 이를 조문하고 생존자를 찾아 위로할 것이며, 그 전몰자의 집은 잡역을 면제해 주도록 명했다. 그리고 수령에게 전몰자를 힘써 구휼하라고 엄하게 말했다. 이어 목숨을 잃은 연유와 죽이고 살육당한 수 및 적의 형세와 장졸(將卒)들의 용맹·비겁함 등을 널리 탐문하여 죄다 보고할 것을 비변사에 명했다. 전후 처리의 책임이 전적으로 의정부가 아니라 비변사에 내려졌던 것이다.

비변사는 왜란과 관련된 사람에 대한 수사와 재판에까지 개입했다. 3월 10일 비변사가 아뢰었다.

「좌수사 심암(沈巖)은 이대원 등이 전몰할 때 관망하며 진격하지 않아 모두 함몰되어 군사를 잃어 나라를 수치스럽게 만들었고, 우수사 원호(元壕)는 복병선 5척이 피침했으나 따라가 잡지 않았습니다. 모두 잡아들여 국문하소서.」

선조는 윤허한다고 했다. 그런데 심암과 원호는 전지(傳旨) 안의 내용을 승복하지 않았다. 이에 의금부는 형추(刑推)하여 사실을 밝히게 하라고 하자, 국왕도 그에 따랐다. 두 수사가 버티고 있는 데에는 비변사 당상의 엄호가 있었다. 이 무렵 군자감정 김천일이 '정여립 사건' 관련으로 상소문을 올려 비변사를 거론했다.

「비변사가 공론을 빙자하여 나라를 망치려는 속셈을 이루려고 합니다.」

특정 당파가 비변사를 장악하고 있고, 비변사를 통해 국정을 농단한다는 말이다. 김천일은 서인이니, 당시 비변사를 장악한 당은 동인이었다. 심암 역시 동인의 추천으로 수사 자리에 올랐다.

6. 더 세진 조총

전라 좌수사 심암(沈巖)에게 씌워진 범죄 혐의는 여럿 지적되었다. 첫째는 녹도만호 이대원 등이 전몰할 때 관망하며 진격하지 않아 녹도진 군병이 모두 함몰되어 나라를 수치스럽게 만들었다는 점이다. 둘째는 적과 싸웠으면서도 적의 용병, 형세, 깃발, 금고 등을 모두 갖추어 보고하지 않고 누락시켰다는 점이다. 셋째는 군법을 어겼음을 스스로 알고, 왜적의 세력이 치열하게 뻗어나므로 내지의 군사를 징발해야 한다고 거짓 장계를 올렸다는 점이다.

이러한 세 가지 혐의로 인해 의금부는 심암을 체포하여 서울로 압송하여 감옥에 가두고서 국문을 가했다. 심암은 취복(取服)하지 않았다. 실토하지 않고, 도리어 억울하다는 진정서까지 제출했다. 어디서 그런 용맹함이 나왔을까? 화가 치밀어 오른 선조는 쏘아붙였다.

「임금의 명령은 지엄하다!」

「나약하고 비겁했던 그 꼴을 다시 들을 필요도 없다!」

이어 선조는 부실 수사로 허술한 공초(供招)를 받은 의금부 수사관을 즉각 파직하라고 명했다. 그리고 전교를 내렸다.

「적과 만나 대전하면서 장사(將士)를 천여 명이나 잃었건만 왜적의 머리 하나 참획하지 못했으니 다시 힐문할 것도 없고 또한 어떻게 할 것도 없다. 의당 형구(刑具)에 채워 본도로 이송한 뒤, 원문(轅門)에서 참수하여 여러 열진(列鎭)에 조리를 돌려야 된다. 변방의 백성들에게 사죄하고 장사들을 북돋우는 것이 이 한 일에 달렸으니, 의논하여 아뢸 것을 비변사에 이르라.」

아군 장수와 병사는 1천여 명을 잃었으나, 적군은 1명도 참획하지 못했다는 것이다. 이 죄를 물어 변방의 백성들에게 사죄하고 장사들의 사기를 북돋우기 위해 형구를 씌어 서울에서 전라좌수영으로 이송하여 그곳 군문에서 참수하여 목을 관할 진에 돌리도록 비변사에 명했다. 심암에게 사형 선고가 내려졌다.

그런데 비변사는 늦추거나 서둘거나 간에 죽음을 피하기는 어렵지만, 자신이 지은 죄를 사실대로 말하지 않은 상태로 형을 집행하면 정부의 체면에 방해가 된다면서 사리에 맞게 처리해야 한다며 제동을 걸었다. 이에 대해 선조는 기율이 없어서 남쪽의 왜인이나 북쪽의 여진이 침범하고 있으니, 그에게 사형을 선고한 것은 당연한 판결이라며 집행을 재촉했다. 형 집행이 지연되고 있자, 의금부는 심암이 계속 승복하지 않고 있으니 형추(刑推)를 가하여 사실을 밝히게 해주라고 선조에게 청했다. 곤장이나 고문 등의 형을 가하여 추가 신문을 하자는 의금부의 청에 동의한 사헌부는 별달리 힐문할 일이 없으니 군율에 따라 바로 집행하고 심암을 비호한 비변사의 유사당상을 추고하라고 청했다. 그 무렵 양산룡 등 전라도 유생들도 심암의 죄를 논하고 처형을 주장하자, 임금은 참으로 가상하다고 답변했다. 결국 심암은 4월 4일 서울 당고개에서 사형을 당했다.

사실 양산룡처럼, 죄를 지은 자를 처벌해야 한다는 주장이 쉬운 일은 아니었다. 당시 언론 상황이 "나라에 변란이 있어도 항상 사당(私黨)만을 생각하여, 충의(忠義)에 항쟁하는 선비가 있으면 기어이 논척(論斥)하게 합니다"는 수준이었다. 그 어떤 좋은 말을 하여도 자기 당이 아니면 배척당하거나 끝까지 추적하여 처벌을 가했기 때문이다. 그러니 점차 말을 조심하여 아무리 급한 일이 있어도 감히 직언하는 이가 없게 되었다. 허풍과 공갈만 난무하여 여론을 어지럽힐 뿐, 세상을 바로 잡는 선비의 바른 기풍은 설 땅을 잃게 되었다. 언론도 마찬가지였고, 사법기관도 한통속이었다.

그러면 왜 이렇게 심암에 대한 수사가 미진하고 사형이 지연되고 있었을까? 당색(黨色)이 작용하여 집권당 동인이 그를 엄호하고 있었기 때문이다. 동인의 비변사 유사당상과 서인의 양산룡이 이미 대척점에서 있음은 확인된 바다. 이 상황을 서인계 정치인 조헌이 장문의 상소에서 실명을 들어가며 폭로했다.

「서인원(徐仁元)과 심대(沈岱)는 지금 동인(東人) 중의 거벽(巨擘)이다. 심암이 죽음을 모면한 것은 심대가 그 아우인 때문이오, 서예원(徐禮元)이 형을 바로 받지 않은 것은 서인원이 그 형인 때문이다. 심암을 추천한 자는 유전(柳琠)이오, 서예원을 기용한 자는 이산해(李山海)이다. 이로써 말한다면 심암의 패군은 곧 유전의 패군이오, 서예원의 패사는 곧 이산해의 패사이다. 심암이 비록 죽었으나 두 사람이 오히려 살아 있으니, 남쪽과 북쪽 사람들 중에 어느 누가 명령을 달게 받으려 하겠는가. 우선 이 두 사람부터 파출시키고 급히 사신을 보내 박순과 정철을 소환하여 조권을 위임하고 세자 책봉을 의논해야 한다.」

조헌의 폭로는 두 가지로 이루어져 있다. 하나는 심암은 동인의 거두 심대의 형이고, 우의정 유전의 추천을 받아서 좌수사로 나가서 그들의 비호 아래 죽음을 모면하려 시도했다는 것이다. 또 하나는 의금부 관원 서예원은 동인의 거두 서인원의 동생이고, 동인에 속한 이조판서 이산해의 추천을 받아서 의금부로 나가서 심암에 대한 형을 바로 집행하지 않고 머뭇거렸다는 것이다. 결론적으로 야당인 서인계의 조헌은 여당인 동인계의 거두와 재상이 심암을 비호하여 그에 대한 철저한 수사와 신속한 사형 집행을 가로막았다는 것이다. 그러므로 그는 심암이 패군 했고 그 죄로 사형이 집행되었으니, 그 책임으로 심암과 서예원을 추천한 유전과 이산해는 물러나야 하고 그 자리에 서인계의 박순과 정철을 앉혀야 한다고 했다. 그래야만 여진과 대치하고 있는 북쪽 사람들과 왜구와 대치하고 있는 남쪽 사람들이 조정의 명령을 달게 받을 것이라는 말이다.

심암은 동인이 미는 상사였지만, 이대원은 서인이 미는 부하였다. 당색의 차이는 재판에만 적용되는 것이 아니라 군사 작전에서도 나타나, 상사 심암은 자당 부하만 챙기고 타당 부하 이대원을 방치하고 말았다. 그 결과 이대원은 억울하게 죽었다. 이 억울하게 죽은 이를 챙겨준 이는 정기명·안방준 등 서인이었다.

이제 정치 이야기는 그만하고, 왜적들이 무장한 조총으로 화제를 넘겨보자. 심암은 10여 년 전에 영암군수를 맡으면서 주민들로부터 잘 다스린다는 호평을 받았고, 이 점에 대해 유희춘으로부터 인정까지 받은 인물이다. 그런 심암이 휘하 장수가 죽어가고 있는 것을 먼발치에서 보고만 있었던 이유는 무엇일까? 붕당 간의 정쟁으로만 볼 수 없는 사정이 있어서 가져 본 의문이다. 그것은 다름 아닌 듣기는 했지만, 생전 경험하지 못한 철환(鐵丸)의 위력 때문이었다.

임진왜란 발발 직후에 나온 말인데, 적의 장기(長技)는 단병과 철환이었다. 단병(短兵)은 접근전에서 쓰는 창과 칼을 말한다. 철환은 멀리서 탄환을 날려 보내는 화약 무기이다. 철환은 생 소가죽으로 방패를 만들면 피할 수 있고, 이순신의 왼쪽 어깨를 맞추어 최후를 맞게 한 것이다. 등장 초기부터 철환이라 하다가, 임진왜란 초기부터 조총(鳥銃)이라 했다. 조선은 조총을 어떻게 알고 있었을까? 이수광의 말이다.

> 「조총은 서역에서 나온 것이다. 그것을 가지고 참새를 잡는다. 그런데 왜노(倭奴)가 그 제도를 여송(呂宋)에서 배워서, 임진왜란 때 처음으로 병기로 삼았다. 우리나라 사람들이 별안간에 보았으며, 만나면 당장에 죽으니, 어찌 놀라 달아나지 않았겠는가. 왜노가 비록 전투에 익숙하고 진군이 가볍고 빠르다고 하나, 그들이 승리를

얻은 것은 실로 이것 때문인 것이다.」

새를 잡는다고 조총이라고 했고, 조총을 일본인이 임진왜란 때 처음 병기로 삼았고 그때 우리나라 사람이 처음 보았다는 것이다. 이는 틀린 말이고, 모르고 한 말이다. 일본은 임진왜란 20·30년 전부터 조총을 상용화했고, 우리나라 사람이 조총을 본 것은 임진왜란 훨씬 이전이다.

우리에게 조총(철환)은 흑역사의 산증인이다. 왜구들은 1555년 을묘왜란 전후에 철환을 가지고 간간이 침략했다. 이후 왜구들은 줄기차게 철환으로 무장하고 조선을 침략했다. 『미암일기』 1574년(선조 7) 4월 5일자에 의하면, 왜선 1척이 전라도 낙안에 이르렀다. 낙안군수 박세현이 힘써 싸워 왜적 13명의 수급을 베었다. 박세현은 이황의 조카사위로, 을묘왜란 때 선전관으로서 국왕의 특명을 받고 전라도에 파견되었던 인물이다. 그리고 힘을 합쳐 싸운 순천의 대장군관 김수억이 화살을 쏘아서 맞혀 8명의 수급을 베었다. 김수억은 순천부사 대신 승선하여 전함을 지휘한 군관이다. 이들은 왜의 총통, 화살, 철환을 획득하여 국왕에게 올려보냈다. 박세현 등이 획득한 철환은 조총이다. 1575년 무렵이 되면 일본에서 조총은 일반화되어 있었다.

1587년 정해왜란에 이르러서, 오도와 평호도 왜인은 철환을 대대적으로 무장하여 손죽도를 침략했다. 이때 그들이 가지고 온 철환은 이전 것과 비교가 안 될 정도로 성능이 향상되어, "모든 진의 배들이 적의 철환을 두려워하여 모두 후퇴"할 정도로 위력을 과시했다. 가등청정(加籐清正)이 임진왜란 때 조선으로 출병하기 이전에 조총 부대원이 2천 명이 있어도 부족하다고 하여, 더 많은 조총을 확보하기 위해 구주의 평호도와 유마(有馬) 등지의 조총 기술자를 고용하여 제조시킨 적이 있다. 이는 일본에서 가장 먼저 조총을 받아들인 오도와 평호도의 조총 제조 기술이 발달해 있었음을 알려주는 증거이다.

조총으로 무장한 오도·평호도의 침략군에게, 전라 좌수군이 전력 방어한 것은 아니었지만 참패하고 말았다. 나머지 우수군도 철환이 무서워 모두 퇴주하고 말았다. 이 점에 대해 전라도사에서 물러나 고향 고부에서 사건을 접한 김제민은 이대원이 노를 저어 먼저 나갔으나 나머지 장수들은 철환이 무서워 모두 퇴주했다고 실토했다. 김제민의 「이대원을 애통해하다」란 시를 보면, 이대원은 1587년 2월 21일 녹도만호로서 왜적을 손죽도에서 만나 싸울 때 전선을 독려하여 앞장서서 돌격했다. 모든 진의 배들이 적의 철환을 두려워하여 모두 후퇴했지만, 이대원은 죽을 힘을 다해 싸우다가 전사했다. 김제민은 "내가 그의 충절을 슬퍼하며 이로 인하여 시를 지어 조문을 표한다"며 다음의 시를 남겼다.

> 큰 배로 적선을 가로 부딪쳐 침략의 무리 놀라게 하고
> 화살이 다하고 지원도 끊어져 죽임을 당하였네.
> 호국영령 원통한 한을 다 풀지 못하여
> 곧바로 큰 무지개 되어 바다 구름 관통하고 있네.

오도와 평호도 사람들은 30여 년 전에 수십 척의 선박을 이끌고 을묘왜란을 일으킨 장본인이다. 그런데 이번 침략은 그 목적이나 무장력 및 침략 방법에 있어서 이전과 완전히 달랐다. 특히 조총의 성능은 그때와 비교할 수 없을 지경이었다. 한마디로 국가적 위기 상황이었지만, 당시 조정은 은폐하기에 급급했고 그것을 『실록』은 그대로 수용하는 수준이었다. 조총의 경우만 보더라도 여러 개인 일기에 수록된 사실을 당시 당국자나 『실록』 편찬자는 흔적마저 남기지 않았으니, 정권 안보가 국가 안보보다 앞선 일이었다는 의혹을 벗어나기 어렵다.

왜적들의 철환 위력을 안 비변사도 전란 중에 지금 부족한 것은 철갑(鐵甲)과 철환(鐵丸)이어서 현재 만들고 있다고 국왕에게 보고했다. 철

갑은 적의 철환 탄환을 막을 방탄조끼를 말한다. 조선은 왜의 철환 탄환을 막을 방패를 단단한 참나무나 소가죽으로 만들었다. 그리고 비변사가 말한 철환은 우리 병사들이 각기 휴대하는 '소승자총통'을 지칭한다. 위력적인 철환에 1:1로 맞설 무기를 만들고 있었다.

한편, 일본에 조총이 처음 전래된 때는 1543년이다. 구주 살마(薩摩)의 남쪽 섬 종자도(種子島)에 배 한 척이 표류하여 나타났다. 그 배에는 포르투갈 사람과 중국인 해상왕 왕직(王直)이 타고 있었다. 종자도 도주는 거금을 주고 포르투갈 사람에게서 1m 정도 길이의 조총 두 자루를 사서 대장장이에게 시켜서 제작을 시도했지만 기술 부족으로 실패하고 말았다. 이듬해 도착한 포르투갈 선박의 조총 기술자로부터 예쁜 딸을 바친 대가로 제작법을 배운 후, 그 이듬해 1545년에 이르러서야 수십 자루의 조총을 제작하기에 이르렀다. 왕직은 구주 서쪽의 오도·평호도의 영주 우구씨·송포씨와 결탁하여 그곳을 활동 근거지로 삼았다. 이리하여 오도·평호도에도 조총이 전래되었지만 1555년 을묘왜란 당시에는 수량 측면에서 많지 않았을 뿐만 아니라, 성능도 초보적 수준을 벗어나지 못하고 있다.

당시 일본은 전국시대의 혼란기여서 새로운 무기인 조총의 수요가 높았다. 종자도의 조총은 빠른 속도로 일본 곳곳으로 보급되었다. 자체 생산도 이루어지고 성능도 향상되기 시작하여 기이(紀伊)의 근래(根來), 화천(和泉)의 계(堺), 근강(近江)의 국우(國友) 등 세 곳이 조총의 3대 생산지가 되었다. 그곳에 조총 1백 정을 판매하는 상점도 있었다. 조총의 전국적인 보급과 꾸준한 성능 향상 및 광범위한 유통은 전국시대의 판도를 바꾸는 데에까지 이르렀다. 조총의 위력을 간파한 직전신장(織田信長)은 1575년 장소(長篠) 전투에서 수백 정의 조총부대를 편성하여 상대의 기마병과 격돌하여 대승을 거두었다. 직전신장의 명을 받은 풍신수길은 1581년 라이벌 관계의 모리 부대를 공격할 때 수천 정의 조총을 투입했다.

조총은 한번 쏘고 나면 다음 발사까지 시간이 걸리고, 비가 오면 화승이 젖어 사용할 수 없는 불편한 점이 있어서 전투의 주된 무기가 못 되었다. 그들은 이런 약점을 보완하기 위해 적과의 대치 상태에서 먼저 조총병이 사격하고 난 후 2선에 물러나서 재장전을 하면, 이어서 궁병이 활을 쏘아 조총병의 화약·탄알 장전 시간을 메웠고, 그 후 조총병이 계속 사격하여 적의 전열을 흩트리어 놓으면 기마병이 돌격하고, 그 뒤를 창병이 따라붙어 백병전을 벌임으로써 승패를 결정짓는 전법을 구사했다. 그러므로 조총 전래 후 일본군의 주력부대는 조총병이었고, 그 조총의 위력을 믿고 임진왜란을 일으켜 조선으로 침략해왔다.

왜적의 철환은 이미 을묘왜란 이전부터 참나무 방패를 뚫은 적이 있고, 철환을 맞은 병사가 그 자리에서 죽을 정도로 위력을 과시한 바 있다. 을묘왜란 때 이를 확실히 알게 된 조선 정부도, 그 당시부터 맞대응을 위해 총통 개발에 주력했다. 개발한 총통을 판옥선에 장착하는 작업도 이어 나갔다. 그 결과 판옥선의 전후좌우의 네 군데에 천자·지자·현자 총통을 설치했고, 승선원은 적의 철환을 피하도록 판옥 밑에 숨어 몸을 노출시키지 않도록 했다.

이때 개발된 총통은 근래 곳곳에서 발굴되고 있다. 1950년대 이후 수중에서 발견되어 신고되었거나 수중 발굴을 통해 해저에서 인양된 총통은 35점에 이른 것으로 집계되었다. 그 가운데 대부분은 을묘왜란(1555)부터 임진왜란(1592)까지의 사이에 주조된 것이다. 이를 통해 을묘왜란 이후 조선 정부가 총통 개발에 주력했음을 알 수 있다. 적을 막아 이기는 데 가장 필요한 무기가 총통이라고 여긴 결과였다.

총통 가운데 해상전투에서 많이 쓰인 것은 천자, 지자, 현자 등 3

종의 대형 총통이었다. 이들 총통은 근접 거리에서 선박을 맞히면 선체가 부수어질 정도로 파괴력을 지녔다. 현존하는 천자총통(千字銃筒)은 을묘왜란 종전 직후 1555년 10월에 주조된 것으로, 청동을 재료로 하여 화포 길이가 1.31m에 이른다. 지자총통(地字銃筒)은 천자총통 다음의 위력을 지닌 것으로, '1555년' 주조된 것과 '1555년 10월' 주조된 것이 현존하고 있다. 현자총통(玄字銃筒)은 국내 잔존 수량이 가장 많은 것으로, 임진왜란 해전 지역에서 발견되는 특징이 있다.

이와는 달리 소형 총통인 승자총통(勝子銃筒)이 새로이 개발되어 육상 전투에 투입되었다. 이는 1583년(선조 16) 함경도 북부 두만강 지역에서 여진족이 일으킨 '이탕개의 난'을 진압하는 데 사용되었다. 현존하는 '승자총통'으로는 1581년 주조된 것이 있다. 1회 발사에 철환 15개를 발사하며 사거리가 600보에 도달하는 신무기였다.

승자총통을 더 작게 개량하여 개인 화기로 만든 것이 소승자총통(小勝子銃筒)이다. 현존하는 가장 이른 시기의 '소승자총통'으로 1575년 주조된 것이 있다. '이탕개의 난' 때 조선군이 성을 포위하고 있는 여진인을 향해 총통과 철환을 비 오듯이 쏘자 그들이 모두 퇴주했다. 이때의 '철환'이 바로 '소승자총통'이다. 『화기도감의궤』에 들어있는 도면을 토대로 복원해 보면, 가늠자와 가늠쇠가 있어 형태가 조총과 비슷하다고 한다. 이러한 점으로 인해 조선이 조총을 받아들이고 제작하는 과정에서 기술 발전의 밑거름이 되었을 것으로 보고 있다.

이처럼 조선은 을묘왜란 이후 총통 개발에 주력했다. 이를 뒷받침하기 위해 「총통식(銃筒式)」이라는 총통의 사용법과 주조법에 관한 교범을 발간했다. 총통 제조 기술자를 '총통감조관'이라 이름하여 군수공장에 배치했고, 왜인 가운데 구리나 쇠를 제련할 줄 아는 자가 있으면 망명을 유도했다. 그런데 총통을 주조하고, 전선을 건조하여 총통을 장착하는 데 비용이 많이 들었다. 비용 절감을 위해 국내 동광을 개발하여 수입을 대체하는 노력을 기울였고, 광석에서 구리를 추출하는 제련법 개발에도 나섰다.

그런데 조선은 개인용 총통은 개발하면서도, 그에 맞대응할 일본의 조총에 대해서는 별다른 관심을 갖지 않는 이중성을 내보였다. 1590년 3월, 대마도의 도주 종의지가 사신으로 와서 통신사 황윤길, 김성일과 함께 일본으로 떠나면서 선조에게 공작 두 마리와 조총, 창, 칼 등을 바쳤다. 도성의 내외 사람들이 한 쌍의 공작을 보려고 모두 나왔다. 도성에서 한강까지 인파가 몰려 떠들썩하여 마을과 골목의 사람들이 거의 비게 되었다. 정부는 공작을 경기도 남양의 외딴 섬으로 날려 보내게 했다. 특별한 이유는 나와 있지 않다.

그리고 조총을 군기시에 두게 했다. 조선 정부는 끝내 조총을 무시하고 방치하는 정책을 선택했다. 멀리 날아가기는 하지만, 가까운 거리가 아니면 치명상을 가하지 못한다며 조총을 저평가했다. 비 오는 날이나 습도가 높으면 화약의 조합이 어렵고, 장전하여 발사까지 이르는 시간이 너무 소요된다는 약점만 지적했다. 그러면서 우리의 활보다 못하다는 편협한 생각에 사로잡혀 있었다.

이러한 정부 수뇌부의 판단과는 달리, 시간이 지나면서 알 만한 사람들은 조총의 위력을 알게 되었다. 1591년 2월 병조는 이렇게 말했다.

「전투용 무기로는 철환만 한 것이 없습니다.」

이 '철환'이 조선이 개발한 '소승자총통'을 말하는지, 아니면 일본이 보유한 '조총'을 말하는지 알 수 없지만, 전후 맥락으로 보아 일본식 조총을 말한 것이 분명하다. 문제는 조총을 다룰 줄 아는 사람이 극소수라는 점이었다.

「철환을 익히는 자들이라고는 화포장(火砲匠) 몇 사람에 불과하여 급한 일이 생길 경우 응하여 대적할 자가 매우 적습니다.」

「의자(議者)들은 철환은 쏘기를 연습한다면 누구나 할 수 있다고들 합니다.」

그렇다고 배우는 것이 어려운 것도 아니었다. 군사들에게 연습만 시키면 될 일이었다. 더 큰 문제는 조선의 국방 지휘부가 여전히 조총을 경시하고 있다는 점이었다. 임진왜란 발발 10여 일 전에 유성룡이 신립에게 멀지 않아 전쟁이 일어날 것 같으니 왜인의 조총을 가벼이 볼 수 없을 것이라 했다. 그러자 신립이 대답했다.

「비록 조총이 있다고 하더라도 어찌 쏠 때마다 다 맞힐 수가 있겠습니까?」

신립은 임진왜란 때 북상하는 왜군을 험준한 조령 대신 강가 충주 탄금대에서 저지하다가, 왜군의 조총에 대오가 무너지면서 대패하고 자신은 투신 순절했다. 조총을 무시하다 조총에 목숨을 잃은 장수이다.

3장

이대원 전사

1. 국가의 추증

조총을 앞세운 왜적들은 흥양 해역의 손죽도에서 전라좌수군의 선봉대를 격퇴했다. 이어 그들은 강진 해역으로 넘어가서 선산도(仙山島)를 침범했다. 선산도는 청산도로 흔히 불린다. 해로의 요충지여서 뒤에 수군진이 설치되었고, 면적도 넓어 인구도 꽤 많은 편이다. 왜적이 침략할 때 선산도 복병장(伏兵將)은 노래를 즐기고 술에 취하여 방비하는 데에 마음을 쓰지 않고 있었다. 왜적에게 기습을 당한 그는 화살을 맞고 먼저 달아나 버렸다. 이후 몇백 명의 백성들이 왜적의 칼날 아래에서 목숨을 잃었고, 그곳의 재물을 왜적들은 약탈해갔다.

왜적들은 선산도에서 서쪽으로 더 전진하여 가리포(加里浦) 앞바다에 이르렀다. 가리포는 현 완도항이다. 왜구 침략을 자주 받은 곳이어서, 첨사가 파견되는 가리포진이라는 수군진이 설치되었다. 그때 첨사 이필(李趯)이 출동했으나, 병선 4척만 빼앗긴 채 달아나 버렸다. 이때 그는 왼쪽 눈을 잃었는데, 실명의 원인으로 화살을 맞았다거나 철환을 맞았다는 말이 전한다. 도망간 죄로 이필은 나중에 수사기관에 붙잡혀와서 조사를 받았다.

가리포진은 전라우수군 관할 구역이다. 그래서 우수사 원호(元壕, 또는 元豪)가 가리포진을 구원하기 위해 출동했으나, 복병선 5척을 왜적에게 잃고 말았다. 그럼에도 그는 추격하지 않았고 그로 인하여 한 명도 잡지 못했다. 김육이 지은 그의 「시호 하사 문서」에 의하면, 원호는 어려서 윤두수 형제 및 이해수와 친하게 지냈다. 친구들은 문과에 급제하여 청현직을 두루 역임했으나, 원호는 무과에 급제하여 경원부사를 지내며 '이탕개의 난' 진압에 공을 세웠다. 몇 년 뒤 전라우수사에 임명되어 왜적이 침략했을 때 구원하지 못했다.

왜적들이 전라도의 좌수군은 물론이고 우수군까지 능멸했다. 당시 전라도 수군의 피해는 막대했고, 전투 결과는 참혹한 패배였다. 적과 만나 대전하면서 이대원을 포함하여 장졸을 천여 명이나 잃었고, 수많은 양민이 죽거나 납치되었고, 군선이 약탈당했다. 전라우도의 복병선(伏兵船)으로 투입된 5백 척에 이르는 민간 선박도 나포당했다.

그러나 결과는 왜적의 머리 하나 참하지 못하고 적병 한 사람 붙잡지 못할 정도로 대참패였다. 전라도 수군의 최고 사령관 심암이나 원호가 관망하거나 추격하지 않았기 때문이다. 이 죄를 물어 비변사는 좌수사 심암과 함께 우수사 원호를 잡아들여 국문하게 했다. 선조도 즉각 수용했다.

좌수사 심암은 부하 장수가 무원고립으로 싸우다 죽게 방치했다. 병력, 무기, 전술, 기세 등 적의 전력을 소상히 보고하지도 않았다. 스스로 군율을 어긴 것을 알고 살아남기 위해 허위 보고를 하여 정부의 대응 전략 수립에 차질을 빚게 하기도 했다. 선조는 패전과 군율 미준수 책임을 물어 심암을 조사할 것도 없이 처형하라고 하여, 심암은 당고개에서 효수되었다.

반면에 우수사 원호 역시 추국을 받았으나 끝내 승복하지 않았다. 그렇지만 '달려가서 구원하지 않은' 죄에 연좌되어 옥에 갇혔다가, 강진으로 유배되었다. 강진은 선산도와 가리포가 소속되어 있는 군현이다. 조금 있다가 방환되어, 만포첨사와 평안우후를 역임했다. 주진 장수 절도사에서 거진 장수 첨사로 강등되었음을 알 수 있다. 임진왜란이 발발하자 강원도 조방장으로 기용되었고, 방어사가 되어 김화에서 왜군과 싸우다 목숨을 잃고 말았다.

심암·원호의 예하 장수들도 앞다투어 도망갔다. 좌수군 산하 5관 가운데, 중위장으로 출전한 순천부사 변기(邊璣)는 처음부터 힘써 싸우지 않았고 마지막에는 달아나 숨으려다 적의 화살을 어깨에 맞았다. 이후 변기는 강화부사를 거쳐 임진왜란에 참전했다. 홍양현감 성천지(成天祉)는 달아나기에 급급한 장수였지만, 왜선의 요구금(要鉤金)을 탈취했다는 이유로 감옥에 수감되는 도형을 입고 파직만 되었다. 성천지는 이후 불차(不次) 무인의 대상자로 추천되었다. 보성군수 유춘발(柳春發)은 이대원을 구원하지 않았다는 군민의 피소로 함경도 경원으로 유배 가는 처벌을 받았다.

그리고 박인봉(朴仁鳳)은 힘껏 싸우지 않고 병선 지키기만 급급했다. 이 일로 그는 멀리 떨어진 변방에 충군되었다. 신영(申榮)은 병선이 느리다는 핑계로 즉시 나가지 않았고, 외양에 나가서는 화살 하나 쏘지 않고 가버렸다. 그러므로 신영에 대해서도 잡아들여 처벌하는 것이 합당하다고 선조가 말했다. 이홍명(李弘明)도 달아나기에 급급한 장수여서, 최저 형량으로 처벌하면 인심이 불복할 것이라고 했다. 이들 박인봉, 신영, 이홍명 등이 당시에 어느 군현이나 수군진의 수장인지에 대해서는 확인되지 않는다.

이처럼 조총의 위력 앞에 조선 수군의 장수는 전사하고, 도망가고, 주춤거리기만 했다. 이 가운데 심암 한 사람만 사형에 처해졌고, 나머지는 도형이나 유형 및 종군형을 받았다. 많은 인명과 재산 피해를 입었음에도 불구하고 전체적으로 솜방망이 처벌이었다. 을묘왜란 때에는 척신에 기대서 목숨을 건졌지만, 이번에는 당파의 지원으로 감형을 받았다. 그래서 정철의 아들 정기명은 "악인은 벌도 받지 않고 버젓이 살아 있다"며 벌을 받아야 할 사람이 버젓이 살아 있다고 했다. 이는 누군가가 임금의 눈과 귀를 가린 소치라며 "(임금) 아래에 누가 있어 빗장을 틀어막나"로 읊었다. 동인을 향한 질타였을 것 같다.

군법을 어긴 자에 대한 처벌도 중요하지만, 억울하게 죽은 자에 대한 위무와 파괴된 시설이나 생산 기반에 대한 복구도 중요하다. 그래서 선조는 손죽도 해상에서 아군이 대거 목숨을 잃었다는 소식을 접하고서 가장 먼저 다음의 명령을 내렸다.

「호남의 전몰자(戰沒者)들에게 제사를 지내게 하는 것이 좋겠다.」

이때가 3월 7일이다. 많은 사람들이 목숨을 잃어 인심이 매우 비통해하고 있었다. 마땅히 임금을 가까이서 모시는 시종신을 보내어 "죽은 이를 조문하고 생존자를 찾아 위로해 주라"는 정부의 뜻을 전하게 했다. 그리고 선조는 전몰자의 집은 각종 세금을 면제해 주고, 수령은 그들을 힘써 구휼하도록 했다. 이때 초봄의 가뭄으로 파종 시기를 놓쳐 전라도 밭농사가 이미 흉작이었고, 늦게서야 모내기한 논농사도 희망이 없다고 했다.

이어서 선조는 패전 원인과 피해 상황 등을 파악하기 위해 비변사로 하여금 다음을 의논하게 했다.

「목숨을 잃은 연유, 죽고 납치당한 수, 적의 형세, 장졸들의 용맹과 비겁함 등을 널리 탐문하여 죄다 위에 아뢰시오.」

이를 하명 받은 비변사가 어떤 논의를 하여 해당 지역에 무엇을 하달했는지에 대해서는 현재 그 어떤 단서도 찾아지지 않는다. 다만 직제학 조인후가 선유어사로 임명되어 오랫동안 전라도에 머물다가 올라와서 선조에게 올린 복명서와 선조와 나눈 대화가 참고될 따름이다. 선조가 여러 장수들이 패전한 절차를 묻자, 조인후는 장수 한 사람 한 사람에 대한 실책을 나열하며 답했다. 복명서를 보고 대화를 들은 대소 신료들은 패전의 혐의가 있는 장수들에 대한 강력한 처벌을 주장했다. 선조는 보고한 내용을 참작하여 이미 말감(末減)으로 처리했는데, 사람들의 말에 의해 다시 추국한 다음 가죄(加罪)를 한다면, 진실로 일의 이치에 어긋날 것이라며 손사래를 쳤다. 난처한 상황에 빠진 선조는 이 사태를 진정시키고자 중재안을 제시했다.

> 「이제 마땅히 방백(方伯)에게 글을 내려 소상하게 심문하고 널리 공론을 수집한 뒤 사실대로 치계토록 하라. 그 말이 과연 어사의 말과 서로 부합된다면 다시 추국하여 그 죄를 정할 것이니, 일의 이치 역시 마땅함을 얻을 것이다.」

전라감사에게 재조사를 성실하게 하도록 하고, 그 조사서와 선유어사의 말이 부합되면 다시 의금부에서 심문하여 처리하겠다는 말이다. 이후 전라감사의 조사서가 올라왔는지에 대해서는 알 수 없지만, 올라왔다고 하더라도 한준 후임의 윤두수의 원만한 성격에 비추어 추가 처벌까지는 가지 않았을 것이다. 결국 선조의 조치대로 심암을 제외한 관련 장수들은 죄가 경감되어 사형 대신 변방의 군인으로 복무하여 실전 경험을 쌓게 되었다.

1587년 왜구의 손죽도 침략은 칼·창 중심의 재래식 무기로 재물이나 사람 몇 명을 약탈·납치하던 이전과는 달리, 조총이라는 신무기를 사용하여 짧은 기간에 대규모 인명을 납치했기 때문에 더더욱 큰 충격을 남겼다. 그래서 이 사건의 끝이 어디까지 갈 것인가에 대한 우려의 목소리가 사건 직후 여기저기서 나오기 시작했다. 우선 전란의 현장에서 터져 나온 목소리에 귀 기울여 보자.

나주에 머물고 있던 나사침은 화창한 초봄을 만끽하고 있었다. 나주읍성 안의 매화는 봉우리를 터뜨리고 버드나무는 누런빛을 내고 있었다. 가까이로는 산의 푸른빛을 맞이하고, 멀리는 하늘의 파란빛이 뒤섞여 아름다운 형상을 이루었다. 그런데 왜구가 좌도와 우도에 이르렀고 가리포 첨사가 눈에 철환을 맞고 퇴각했다는 말을 들었다. 이를 실로 심대한 변이라고 판단하고 사태가 어디까지 갈지 우려된다고 걱정했다. 평화의 날이 오래되어 문무 관리가 편안히 놀고, 잦은 흉년으로 국가 저축이 없고, 조정에는 좋은 장수가 없는데, 북란(北亂)이 진정되지 않은 상태에서 남이(南夷)가 또 일어나니 걱정이라며 개탄해 마지않았다. 그의 걱정은 여기에 그치지 않고, 근원적인 데에까지 이르렀다.

「조정에는 훌륭한 신하가 없고 백성들은 임금을 위해 죽을 마음이 없으니, 저 왜적들이 우리나라의 이러한 상황을 자세히 살펴 전쟁을 일으켰을 것이다.」

"백성들은 임금을 위해 죽을 마음이 없다"는 말에 주목할 필요가 있다. 국민의 재산과 생명을 지켜주지 않을 정부에 대한 저항의 예상으로 읽혀질 수 있는 대목이다. 문제는 이런 현상이 지속되면 적을 위해 투항하거나 적 앞에서 모반하는 상황까지 치닫는다는 점에 유의할 필요가 있다. 실제 임진왜란 초기에 투항과 모반이 적지 않게 일어났다.

왜적이 손죽도와 선산도를 침범했다는 소식에 전라도 민간에서 소동이 일어났다. '소동'의 실체는 알 수 없지만, 어떻게 할 줄 몰라 우왕좌왕하고 대놓고 말할 수 없는 무엇인가를 수군거렸을 것 같다. 전해 연말에 큰바람이 불어 관아 뜰의 대나무가 쓰러지고 한밤중에 새들이 놀라서 우는 일이 발생했다. 이를 전라도사로서 집무실 전주에서 접한 김제민은 사람과 새가 같은 정을 가지고 있다고 읊었다. 직감적으로 잡히는 불안한 마음을 표현한 것으로 해석하면 좋을 성싶다.

전라도 출신의 지식인이나 전라도에서 복무한 관료들은 이 상황을 심각한 수준으로 파악했다. 그러므로 정해왜란은 이전의 왜인 침략과 비교해 볼 때 질적으로 차이가 난 것으로 이해했다. 차이점은 이대원을 제외한 조선 장수들이 모두 도망쳤다는 것인데, 일부는 도망가지만, 나머지 대다수는 종군했던 선례를 감안하면 좀체 보기 드문 현상이다. 이는 난생 처음 접한 '고성능' 조총의 위력 앞에 겁을 먹은 결과였다. 임진왜란 개전 초기에 왜군 소리만 들으면 조선 군민 가운데 열에 아홉은 도망갔다고 하는데, 이 역시 손죽도 사건 때에 경험한 왜군들의 조총 때문이었을 것이다. 이러한 점에서 이대원의 용전은 단연 돋보였다.

왜구가 침략하자, 젊은 나이와 아주 짧은 기간에 매우 강렬하게 자신의 목숨을 내던져버린 장수가 나타났다. 을묘왜란 때의 달량권관 조현(曺顯)과 정해왜란 때의 녹호만호 이대원이 대표적인 인물이다. 조현은 주둔지 달량성에서 힘이 다할 때까지 싸우다 장렬하게 전사했지만, 이대원은 홀로 적을 추격하여 손죽도 해상에서 무원고립 상태로 장렬하게 전사했다. 이대원의 장렬한 전사는 후대에까지 강한 인상을 남겼다. 이순신이 해상에서 적을 만나자 휘하 장수들을 앞으로 나오게 하고서 명령을 내렸다.

「정해년 손죽도 싸움에서 수군절도사 심암이 군율을 어기고 뒤로 빠져 이대원으로 하여금 혼자 싸우다가 죽게 함으로써 세상의 비웃음거리가 되었었다. 지금 우리도 곧 전투를 할 것이니, 그대들은 진퇴를 실수 없이 하고 심력을 한 곳으로 쏟아 각각 공을 이룩하라!」

심암처럼 뒤로 빠지지 말고, 이대원처럼 앞으로 나가 싸우라는 명령이다. 이순신의 명령에 여러 장수들이 모두 그렇게 하겠다고 대답했다.

그러므로 이대원에 대한 애도와 추모 열기는 남다를 수밖에 없었다. 당연히 이대원에 대한 선양 작업이 정부에 의해 이루어졌다. 충신열사에 대한 현창은 제일 먼저 그의 가족들을 돌보는 일로 시작하고, 그 다음으로 관직을 추증(追贈)하고 정려(旌閭)를 내리는 일로 이어졌다.

이에 따라 선조는 이대원 사후 한 달여 지나서, 그에게 부모가 있는지, 있다면 나이가 얼마인지, 장성한 자식이 몇이고 큰아들의 나이는 얼마인지를 살펴서 아뢰라고 명했다. 그리고 특별한 은혜가 없을 수 없다면서 쌀 20석을 내려주고, 그의 어머니에게는 매달 술과 고기를 보내주고 봄가을에는 쌀을 지급하여 여생을 마치도록 하라고 지시했다.

또한 목숨으로 나라를 위한 충성을 바쳤기에 증직(贈職)을 내리지 않을 수 없으니 의논하여 보고하라고 의정부에 명했다. 증직이란 국가에 공이 있는 인물의 관직과 관계를 죽기 이전보다 높게 해주는 것이다. 이대원에게 증직을 하사하는 일은 신료들 사이의 엇갈린 의견으로 결정이 미루어지고 있었다. 이유는 알 수 없지만 임진왜란 발발 이후까지 지연되었다. 그래서 성혼은 전란 중에 「시무편의15조」를 올리면서, 제8조에서 이대원에 대한 추증을 강력하게 촉구했다.

「우리나라는 충절을 표창하는 법이 진실로 신라에 비하여 부끄럽습니다. 이대원이 녹도에서 전사하였는데 의론이 분분하여 포증(褒贈)이 뒤늦었으니, 충성을 권면할 수가 없습니다.」

국가에서는 마땅히 분부를 내려 표창하고 선양하여 높은 관직을 추증하며 그 자손들에게 관직을 내리고 과부가 된 그의 아내에게 녹봉을 주어서 국가를 위해 죽은 신하들로 하여금 그 공을 분명히 보답받도록 하여야 할 것이라고 했다.

이후 시기와 품계는 알 수 없지만, 선조 대에 이대원에 대한 추증이 이루어졌다. 이 점에 대해 안방준이 말했다.

「정해년 왜구의 변란에 녹도만호 이대원이 전사하자 우리 선왕은 넉넉하게 포상하는 은전을 내리셨고, 이어 관계자에게 말하여 조현의 집을 두텁게 구휼하도록 했으며 그의 아들 민수(敏修)를 찾아 태릉참봉을 제수하였으니 조현 또한 일찍이 을묘년에 왜적에게 죽었기 때문입니다.」

1555년 을묘왜란 때 전사한 조현과 1587년 정해왜란 때 전사한 이대원에 대해 선조가 넉넉한 포상을 했다는 말이다. 이 포상은 헛되지 않고 큰 반향을 일으켰다. 이 점에 대해 안방준은 이귀(李貴)에게 보낸 편지에서 말했다.

「이 때문에 임진년 난리에 사람들이 모두 감격하여 충신(忠臣)과 열사(烈士)가 잇달아 일어났습니다.」

임진왜란 위기 때 충신·열사의 거의로 종묘사직을 보존할 수 있었으니, 이는 선조 임금께서 절의(節義)를 앞서 붙잡아 세운 명확한 효험이라고 했다. 그는 절의란 국가에 필요한 것으로, 사람에게 필요한 원기와 같다고 했다. 그러므로 원기가 있으면 비록 모진 병에 걸리더라도 죽음에 이르지 않듯이, 국가에 절의가 있으면 비록 큰 난리가 일어나더라도 멸망에 이르지 않다는 것이다. 그러므로 국가의 존망은 오직 절의를 붙잡아 세우는 여부에 달려 있다고 했다.

광해군 재위 기간에 임진왜란 당시 삼강 행실에서 탁월한 모범을 보였던 인물들을 선양하고자 『동국신속삼강행실도』를 편찬했다. 이때 충신의 대상으로 이대원이 김천일·이순신 등의 임진왜란 주요 인물과 함께 거론되었다. 그 결과 1617년(광해군 9) 최종 발간 때 이대원은 충신

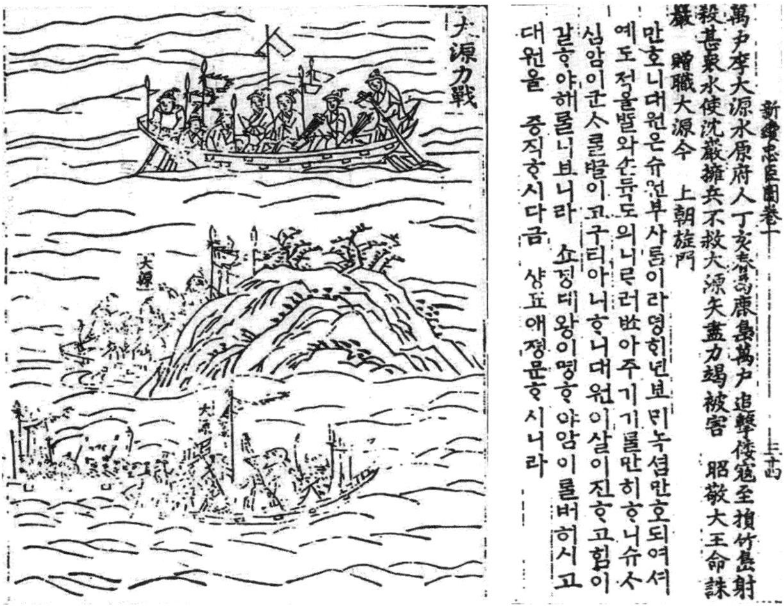

『동국신속삼강행실도』 속의 이대원

편에 「대원역전(大源力戰)」이라는 이름으로 수록되었다. 임진왜란 이전의 인물로는 그가 유일하다는 점에서 의미가 있다. 그것을 소개하면 다음과 같다.

> 「이대원이 온 힘을 다해 싸우다」
> 만호 이대원은 수원부의 사람이다. 정해년 봄에 녹도만호가 되어 왜구를 추격하여 손죽도에 이르러서 쏘아 크게 격파하였으나, 수사 심암이 군사를 감싸면서 구하지 않았다. 이대원은 화살이 다 떨어지고 힘은 지쳐서 전사하였다. 이에 선조 임금은 명을 내려 심암을 목 베어 죽이고, 이대원에게는 증직을 내려주셨다. 지금의 임금께서는 정문을 내리셨다.

일본이 침략한 전쟁에서 죽은 인물들을 기억하고 이를 통해 전쟁 후의 새로운 질서 수립에 필요한 동력을 얻고자 한 국정 세력에게 이대원은 딱 필요한 인물이었을 것이다. 그런 점에서 편찬자들은 임진왜란 이전의 인물로 유일하게 그를 선택했을 것 같다. 아무튼 이를 통해 선조 대에 품계는 알 수 없지만 이대원에게 추증이 내려졌음을 알 수 있다. 그리고 광해군 대에 이대원 정려가 내려졌음도 알 수 있다.

조선 사회에서 죽은 자에게 내려지는 증직과 정려는 사우·시호와 함께 그의 후손들에게 매우 중요한 일이었다. 그런데 1668년(현종 9) 이대원의 증손 이석이 조정에 상소를 올려 다시 증직을 내려주고 정려를 세워 주라고 청했다.

「선조 임금께서 신의 증조부가 국가를 위해 죽은 충절을 가상히 여기시어 증직을 내리고 정려를 세워 주셨으며 또 자손들을 채용하라는 명령이 계셨습니다. 그러나 임진년 병란이 일어난 뒤에 집에 보관한 문적이 모두 없어지고 외롭고 잔약한 후손들이 겨우 실낱처럼 끊이지 않아, 은총으로 추증한 벼슬이 무슨 칭호인지 알지 못하고 정려를 세웠던 곳에는 다만 유허만 남아 있습니다. 해당 기관으로 하여금 옛 문적을 상고해서 다시 증직의 직첩을 내려주시고 또다시 정려를 세워 주소서.」

이를 이첩받은 예조에서는 이대원이 녹도진 앞바다에서 왜적을 물리쳤다는 전승 보고가 들어왔을 때 직급을 뛰어넘어 '수군절도사'에 임명하라는 명령이 있었고, 이대원이 손죽도에서 죽은 이후 병조참판이 추증되었다고 하나 참고할 만한 명백한 근거는 없다고 했다. 그러나 정기명의 시에 6등급을 뛰어넘었다는 말과 '수군절도사'에 특별히 임명했다는 말이 있으니, 이를 근거로 삼으면 좋겠다고 예조판서 조복양이 건의했다. 이에 의해 현종은 '전라좌수사'에 특진되었다는 점을 전제로 이대원을 병조참판에 추증하고, 이대원이 살았던 마을 앞에 정문을 세우라고 명했다.

이대원은 살아서 종4품 만호에서 죽어서 종2품 참판을 받았다. 묘 앞에 세우는 신도비는 원칙적으로 정2품 이상자에게만 해당되지만, 후세의 모범이 될 만한 자에게는 그 아래 등급도 가능했다. 이리하여 이대원은 규정보다 한 등급 아래이지만, 그의 신도비가 1699년(숙종 25) 건립되었다. 그리고 손죽도 묘 앞 상석에도 '전라좌도 수군절도사'라 적혀 있다.

2. 쌍충사

조선 사회에서 추증과 정려 외에, 국가에서 행할 수 있는 시혜로 사우(祠宇)의 건립과 사액이 있다. 사우는 돌아가신 분의 신주를 모셔놓고 제사를 지내는 곳이고, 사액은 국가에서 이름을 내려주며 각종 특혜를 인정해주는 것이다. 사우의 건립과 사액은 조선 사회에서 매우 중요한 일이었다.

이대원 사우는 그의 순국 직후 녹도진 안에 건립되었다. 사우 건립 계기는 그의 순국 한 달 뒤에 나왔다. 1587년 3월 선조는 순국한 녹도진 장졸들에 대하여 제사를 지내주고, 전몰 가족들에 대한 위무와 격려를 해주라고 지시했다.

> 「호남의 전몰자들에게 사제(賜祭)하는 것이 좋겠다. 사람들이 목숨을 잃은 나머지라 인심이 매우 비통해 한다. 마땅히 시종신(侍從臣)을 보내 조정의 뜻으로 죽은 이를 조문하고 생존자를 찾아 위로할 것이며 그 전몰자의 집은 잡역을 면제해 주도록 유시하라. 그리고 수령에게 신칙하여 힘써 구휼하게 하라.」

이 지시를 한 후 선조는 이대원에게 병조참판을 추증해 주었고, 손죽도 전투에서 순절한 장수와 병사들에 대한 제사를 거행할 중앙관리를 현지에 파견했다.

이대원에 대한 정부의 조치는 증직과 사제로 그치지 않았다. 4월 선조는 이대원이 국가 일로 죽었기에 그의 절의를 장려하려고, 그의 부모가 있는지와 아들의 나이는 많은가를 승정원에 물었다. 승정원이 그의 편모가 수원에 살고 있으며 자녀의 나이에 대해서도 답변했다. 그러자 선조는 국가가 일반 노인에게도 매달 주육(酒肉)을 보내는데, 그 자식이 국사로 죽었으니 마땅히 그 어미를 봉양해야 한다면서, 관련 기관에게 매달 주육을 보내주라고 명하고, 여생을 마칠 때까지 봄·가을에는 쌀과 콩을 보내주라고 명했다. 그리고 처와 어린 자식이 있는 이대원의 집에도 쌀 20석을 내려주라고 명했다.

선조의 이러한 조치들로부터 2~3개월이 지난 뒤에, 이대원 사우는 녹도사(鹿島祠)라는 이름으로 진성(鎭城) 안에 건립되었다. 이 점에 대하여 실록에 다음과 같이 적혀 있다.

「녹도만호 이대원은 손죽도에서 전사하였는데 조정에서 포상(褒賞)과 벼슬을 더해 주었으며, 감사 윤두수가 본진 수군들의 소원에 따라 사당을 세워 그가 죽은 날에 제사를 지내도록 하였습니다.」

앞에서 말한 것처럼, 조정에서 이대원에 대한 추증(追贈)과 휼전(恤典)을 행했다. 이 일 직후 6월 6일자로 윤두수가 전라감사로 임명되었다. 그는 좌수사의 과도한 형벌 집행을 조사하기 위해 좌수영과 그 예하의 수군 읍·진을 차례로 방문했다. 가는 곳마다 신음하는 조선 수군의 목소리를 직접 들었다. 그리고 녹도진을 방문한 자리에서 그곳 수군들로부터 이대원 사당의 필요성을 들었다. 이 소원에 따라 수군진 안에 사당을 세워, 그가 죽은 날에 제사를 지내도록 했다. 결국 이대원 사우는 녹도진 수군 병사들의 강한 열망이 있었기에, 전라감사의 후원을 받아 녹도사라는 이름으로 진성 안에 건립되었다. 이리하여 녹도진의 장수와 병사들은 눈을 뜨나 감으나, 성 안 어디를 가나 이대원을 접하며 그의 장렬함이나 가련함을 느낄 수 있었다.

그 뒤 임진왜란 때인 1592년 9월에 녹도만호 정운(鄭運)이 순국했다. 정운은 전년에 녹도진에 부임해 왔다. 부임하자마자 성곽을 수리하고 무기를 정비했으며, 전선 3척을 건조했다. 왜란이 발발하여 경상도 수군이 순식간에 궤멸되고 말았다. 그쪽에서 구원을 요청하자, 대부분의 전라좌수영 장수들은 "우리가 우리 지역을 지키기에도 부족한데, 어느 겨를에 다른 도에 가겠는가"고 반문했다. 하지만 정운과 고흥 출신의 이순신 군관 송희립만이 강개하여 눈물을 흘리며 "적을 토벌하는 데는 우리 도와 남의 도가 따로 없습니다. 적의 예봉을 먼저 꺾어놓으면 본도도 보전할 수 있습니다"고 했다. 경상도 해역으로 진격하자는 말에 이순신은 크게 기뻐하여 마침내 출정하게 되었다. 이리하여 처음 치른 전투가 '옥포해전'인데, 여기에서 임진왜란 첫 승리를 거두었다.

전라좌수영의 이순신 함단이 경상도 해역으로 처음 출전할 때 출전론을 강력하게 주장하여 이순신의 마음을 움직이는 데에 정운은 크게 기여했을 뿐만 아니라, 출전하여 여러 해전에서 혁혁한 전과를 올렸다. 정운은 이순신보다 나이는 2년 연상이고, 무과로는 6년 선배이다. 그러나 임진왜란 당시 정운은 녹도만호로서 부하이고, 이순신은 전라좌수사로서 상관이었다. 그러한 정운이 부산포 해전에서 선봉에 서서 왜적과 싸우다 몰운대 밑에서 적이 쏜 조총을 가슴에 맞고 순국했다. 그의 순국 소식이 전해오자, 이순신은 하늘을 보고 탄식하며 울부짖었다.

「끝났도다, 끝났도다, 국가가 오른팔을 잃었구나.」

정운은 이순신의 오른팔이었다. 그래서 필자는 일찍이 이순신에게는 '좌 정운, 우 송희립'이 있다고 말한 바 있다. 송희립은 이순신의 군관으로 비서실장 격이었다. 이순신은 즉각 전군에 퇴각령을 내리고, 정운의 시신을 수습하여 녹도진으로 후송하게 했다. 정운에게 올리는 제문을 손수 지었다. 그의 죽음을 통분으로 애통해하며 그의 충의를 찬양했다.

「그대 같은 충의야말로 고금이 드물거니 나라 위해 던진 그 몸 죽어도 살았도다.」

그리고 이순신이 선조 임금에게 정운의 죽음을 알렸다. 선조는 정운에게 증가선대부 함경북도 병마절도사를 제수했다.

정운에 대한 선조의 평가는 찾아지지 않는다. 하지만 그와 고락을 함께 하고 '부산포 해전'에서 그의 죽음을 목도한 이순신은 "세 번 싸움에 매양 앞장섰고 부산 접전 때에는 죽음을 무릅쓰고 돌진"한 인물로 정운을 평가했다. 이러한 평가를 토대로 임진왜란 해전사에서 정운이 차지한 비중이 내려졌다. 임진왜란 역사를 정리하며 '부산포 해전'의 전말을 기록한「부산기사」에서 안방준은 말했다.

「이순신의 수전은 모두가 녹도만호 정운의 앞장선 데에 나온 것이다.」

정조 임금은 정운을 극찬하며 말했다.

「이충무가 충무된 소이는 바로 정운의 공이라 할 수 있다.」

이순신은 정운에 대하여 애뜻한 감정을 지녔다.「정운을 이대원 사당에 함께 배향해 주시기를 청하는 장계」를 별도로 올려 녹도진에 있는 이대원 사우에 이대원과 함께 정운을 모셔야 한다고 임금에게 청했다. 그는 우선 정운이 어떤 인물인가를 말했다.

「녹도만호 정운은 직책에 충실하고 겸하여 담략이 있어서 과연 더불어 의논할 만한 사람이 온 바 사변이 일어난 이래 의기를 돋구어 나라를 위해서 몸을 잊고 조금도 해이함 없이 국방에 힘쓰기를 전보다 곱절이나 하므로 신이 믿는 이라고는 이 정운 등 두세 사람뿐이었습니다. 세 번 대첩에 매양 선봉을 섰고 이번 부산 싸움에도 몸을 던져 죽음을 잊어버리고 앞에 나서 적의 소굴을 찌르며 종일토록 싸웠는데 어떻게나 쏘아 댔던지 적들이 꼼짝도 못하였사온데 이는 오직 운의 힘이었습니다. 그러나 돌아올 무렵에 철환에 맞아 죽었사온 바 그 늠름한 기운과 맑은 혼령이 부질없이 사라져 뒷세상에 알려지지 못한다면 참으로 절통한 일입니다.」

이순신은 정운의 업적과 복무 자세 및 최후를 말한 후, 정운을 이대원 사당에 추배하자고 건의했다.

「이대원의 사당이 아직도 그 포구에 있사오니 거기 같은 제단에 초혼하고 함께 제사한다면 한편으론 의로운 혼백을 위함이 되고 또 한편으론 남을 격려함이 되오리다.」

임금은 이순신의 청에 의해 정운을 이대원과 함께 녹도의 녹도사에서 제사하게 하고, 이어 정운에게 증병조 참판을 추가하여 내려주었을 뿐만 아니라, 가문에 정려를 표시하게 하고 그 행적을 삼강행실에 기록하게 했다.

이리하여 이대원과 정운 두 녹도만호가 녹도진성 안의 사우에 함께 모셔지게 되었다. 이는 어떤 의미가 있을까? 하나는 진성 안에 자기 진 장수를 향사하는 사우로 전국 최초이자 유일무이 사례로 파악된다는 점을 들 수 있다. 또 하나는 전쟁이 끝난 지 오래되었지만, 이대원·정운에 대한 지역민들의 기억은 계속되고 있다는 점을 들 수 있다. 결론적으로 이 사우는 나라를 위한 명령을 부하들에게 내렸던 두 장군의 목소리를 계속 들어주라고 서 있는 것 같다.

그런데 녹도사는 정유재란 때인 1597년에 홍양을 점령한 왜군의 방화로 소실되고 말았다. 전란 중이라 조정에서는 손쓸 겨를이 없었고, 민간에서도 큰 고난을 겪고 난 다음이라 사당을 다시 세울만 한 힘이 없었다. 그러나 녹도진 소속 수군들은 두 분 지휘관을 숭배하고 사모하는 심정으로, 미약하지만 힘을 모아 초가 사당을 지어 위패를 모시고 계속 두 분 장군의 제사를 지냈다.

그러다가 1668년(현종 9)에 이대원의 증손 이석(李錫)이 병화로 잃어버린 증조부의 증직 서류를 다시 발부해 주기를 요청하는 상소를 올렸다. 이에 대해 현종은 이대원이 살았던 마을에 정문을 세우라고 명했다. 고향 양성현에 충신 정문이 세워졌다. 이 소식을 전해 들은 홍양 지방 유림들은 1681년(숙종 7)에 도내 유림과 이석의 협조를 받아 녹도사를 기와 건물로 크게 중건했다.

전년에 경신환국이 일어나 남인이 대거 실각하고 서인이 정권을 장악했다. 이때 이석이 전라병영의 2인자 우후(虞侯)로 부임해 왔고, 이석과 절친한 도내의 서인계 문장가가 건물 상량문을 직접 지었다. 이와 때를 같이하여 이듬해 1682년에는 전라도 유림이 연명하여 사액을 요청하는 상소를 올렸다.

「불행하게도 비바람이 내려쳐서 사당이 무너져가고 제사가 장차 끊어지게 되었으니 실로 원근 인사들이 개탄할 일이며, 당초 선왕조에서 높이 포양하여 제사를 지내라는 뜻이 또한 허무한 것으로 돌아간 것입니다. 이를 걱정한 것은 사람 마음마다 똑같기 때문에 드디어 도내 선비들의 협조로 기둥과 석재를 바꾸었으므로 사당의 모습이 새로워졌고 신주 또한 새로워졌습니다마는 이때에 즈음하여 상감마마의 빛나는 사액이 없음은 길손들의 아쉬움으로 남아 있는 바 신 등은 나라에 기근이 들어 조정이 당황하고 있음도 헤아리지 않고, 천리길을 달려와 외람되게 짤막한 글 속에 전후 실상을 진술하여 구중궁궐 높으신 자리 아래 우러러 아뢰오니 엎드려 바라옵건대 전하께서는 굽어 살피시어 저희들의 소원을 받아들이소서.」

이러한 유림의 상소로 1683년(숙종 9)에 쌍충(雙忠)이라는 이름을 받았고, 조정에서는 국가 의례를 관장하는 관리를 제관으로 보내어 제사를 지내게 했다. 제관이 축문을 읽었다.

앞서고 뒷선 의열이시여
우리 동방에 우뚝하도다.
한 조각 외로운 섬이여
만고에 두 충신이로다.

액호(額號)를 정할 때 쌍충, 장절, 충민 등을 놓고 고민과 논의를 펼치다가, '두 사람 충신'이라는 뜻을 지닌 쌍충으로 낙점되었다는 후일담도 전한다.

이처럼 쌍충사 사액은 고흥과 호남 선비들의 중건과 청액 노력 결과였다. 노론 4대신 가운데 한 사람인 이건명(李健命)이 경종 때 일어난 옥사로 홍양 나로도에 유배 와서 죽었다. 영조가 즉위하자 1725년(영조 1) 좌의정 민진원이 건의했다.

「이건명은 홍양에서 죽었고 홍양엔 전망한 무장 두 사람의 사당이 있어 쌍충사라고 하는데 이 사람도 또한 나라를 위하여 죽은 것 같으니 여기에다 합향시키고, 다시 액호를 내리게 되면 이미 조두(俎豆)의 제향(祭享)이 있게 되므로 또한 분잡하고 떠들썩한 폐단은 없을 것입니다.」

이건명을 나로도에서 가까운 녹도진의 쌍충사에 이대원·정운과 함께 합향하자는 것이다. 자파 세력의 확산을 위해 유배지에 서원·사우를 건립하는 분위기에 편승한 건의였다. 그러나 영조는 이건명이 자신을 위해 목숨을 잃었어도 끝내 반대하고 말았다.

하지만 영조는 쌍충사 자체를 방치하지는 않았다. 1740년(영조 16) 호남어사 이이장이 녹도진에 들어가서 황폐해진 쌍충사를 보고 돌아와서 임금에게 "사당을 수리하고 보호하는 조처를 취해야" 한다고 건의했다. 이에 호응하여 우의정 유척기가 "본도의 수사(水使)로 하여금 사당을 보수하여 황폐해지지 않도록 하는 것이 옳을 듯합니다" 했다. 이에 영조가 결정을 내렸다.

「본도로 하여금 사당을 보수하고 또 복호(復戶)를 지급하도록 할 것이며, 제사를 지낼 때 본진의 만호로 하여금 제사를 지내도록 지시해야 할 것이다.」

영조는 퇴락한 쌍충사를 보수하고, 쌍충사의 재원 확보를 위해 복호를 지급하게 했다. 그리고 녹도만호가 제사를 봄과 가을에 직접 주재하도록 지시했다. 녹도만호는 갑옷과 투구를 갖추어 정복 차림을 하고 제사를 주관했다.

쌍충사는 대원군의 서원 훼철령으로 철폐되었다가, 1924년에 고흥 향교의 노력으로 중건되었다. 고흥 향교 유림들은 1913년에 향교 재원 증식을 위해 조직한 존성계(尊聖契)의 자금 중에서 쌍충사 제사비를 지원했다. 그런데 다시 1942년에 일본에 의해 쌍충사는 헐리게 되었다. 해방 이후 다시 고흥 유지들이 1947년에 「녹도 쌍충사 복구 기성회」를 조직하여 성금을 모아 중건하기 시작하여, 1957년에 완성하여 지금에 이른다.

3. 민중의 노래

정해왜란에 대한 우려의 목소리는 여러 곳에서 터져 나왔다. 전란을 직접 겪은 전라도 지방에서 가장 강하게 제기될 수밖에 없었다. 이전 명종대에 홍양~장흥~강진~해남~영암~진도에 이르는 서남해 일대를 강타했던 을묘왜란을 연상시켜 더더욱 그러했다. 전라도 사람들이 겪은 충격은 자연스럽게 이대원에 대한 애도와 추모 열기로 이어졌다. 각 진과 여러 고을의 수군들은 적과 서로 마주 보는 곳에 진을 치고 있으면서도 두려워한 나머지 나오지 않고 웅크리고만 있었지만, 오직 이대원만이 홀로 휘하 녹도진 군인을 거느리고 나아가, 손죽도 해상에서 힘을 다해 싸웠다. 전세가 곤궁하게 되자 깃발을 들어 구원군을 불렀지만, 아무도 가서 구해주지 않았다. 그는 왜적에게 부하들과 함께 포위·체포되어 전사했다. 그의 최후는 장렬하면서도 처참했다. 그의 전사는 그곳 사람들에게 아주 강렬한 인상을 심어주었다. 입소문을 타고 금세 사방으로 퍼져나갔다. 그의 죽음의 순간들은 사람들의 머리에 기억으로 고스란히 남았고, 가슴 가슴에 이미지로 그대로 찍혔다.

왜적은 수백 명에 달하는 바닷가 마을 주민을 납치해 갔다. 납치에 저항하는 사람들을 보복의 목적으로 무차별 학살한 것도 왜적이었다. 납치와 학살로 가족을 잃은 피해자의 기억은 생생하고 오래 갔다. 군에 간 남편과 아들을 잃은 주부와 엄마의 복수가 시작되었다. 그들 평범한 여성들의 복수는 무기를 들고 전쟁터로 나가는 것이 아니라, 살아남은 가족들과 함께 이대원에 대한 애도와 추모의 대열에 합류하는 것이었다.

당시 이대원에 대한 애도는 여러 형태로 나타났다. 이대원과 정운 두 만호를 합향한 녹도진의 사우에 사액을 청하는 상소를 전라도 유림들이 숙종 임금에게 올렸다. 그 상소문 속에 왜적을 막다 순절한 이대원에 대해 사람들은 노래를 지어 슬퍼하고 전기를 지어 선양했다고 했다. 애도 방법으로 '작가(作歌)', '입전(立傳)' 두 가지가 있었다.

하나는 노래를 만들어 부르는 것이다. 가장 특기할 만한 것이라고 할 수 있다. 한민족은 슬픔과 놀라움을 노래로 승화시키는 경향이 있다. 이의 현대판 버전이 K-컬처라고 보여진다. 한민족에게 노래는 민중의 언어였고, 한의 용융점이었다. 노래를 부르고 있는 동안은 아름다운 순간이었다. 특히 전라도 바닷가 사람들은 그 경향이 더 두드러지는 편이다. 한 예를 들어보자.

현재의 여수시 바닷가에 지금은 사라지고 없지만 장생포(長生浦)란 꽤 큰 포구가 있었다. 고려 말엽 이곳에 왜구가 들어와서 노략질하여 큰 피해를 남겼다. 홍양 출신의 수군 장수 유탁(柳濯)이 군사를 거느리고 가서 공격했다. 왜구들은 바라만 보다가 무기를 거두고 달아나 버렸다. 군사들은 매우 기뻐서 노래를 지어 불렀다. 이 노래를 「장생포가」라 한다. 이 노래는 당시 대중 사이에 널리 유포되어 불리었다. 이상의 유래만 『고려사』에 기록되어 있을 뿐 가사나 곡조는 전하지 않지만, 왜구를 물리친 유탁의 은덕에 감사하는 마음과 승리의 기쁨을 함께 나눈 노래로 여겨진다. 왜구 침략으로 고통을 겪은 지역이 한둘이 아니고, 왜구 격퇴로 기쁨을 나눈 지역이 한곳에 그치지는 않을 터임에도, 그 고통이나 기쁨을 대중가요로 만들어 부른 것은 이 경우가 현재 유일하다고 한다. 자신들의 희로애락을 노래로 승화시켜 달래는 경향이 전라도 바닷가 사람들에게 깊다는 점을 알려주는 사례가 아닐 수 없다. 기쁘거나 슬프거나 춤추고 노래하며 살아가는 전라도 민중들의 생활이 '고고한' 유학자들의 눈에는 못마땅하게 보였을 법하지만, 이 경향은 최근까지 이어진 지역 풍속이다.

이대원 전사에 대한 안타까움을 널리 전파하고 자신들 가족을 잃은 슬픔을 이겨내기 위해 녹도 사람들은 노래를 지어 불렀다. 이 점에 대해 남구만은 이대원의 신도비 비문에 다음과 같이 썼다.

「변방의 백성들은 심암을 괘씸하게 여기고 공을 가엾게 여겨서, 한탄하고 안타깝게 여기는 노래를 지어 불렀다.」

그리고 정기명은 정해왜란의 처음부터 끝까지를 읊은 「녹도가」에 다음과 같은 구절을 담았다.

「아아! 장군의 죽음을 애도하는 사람들, 변경의 남녀노소 만 입에 한목소리」

두 사람의 말을 종합하면, 이대원 전사 직후부터 녹도의 바닷가 사람들은 이대원을 애도하는 노래를 지어 불렀다. 노래 제목은 「돌련지가(咄憐之歌)」로 알려졌다. 「쯧쯧 가엾어라!」 정도로 풀이된다. 이 노래는 어처구니없는 일을 당한 한탄과 장수의 죽음에 대한 가련을 표현하는 가사와 리듬으로 불리어졌다. 다시는 이 땅에 이런 불행이 재발 되어서는 안 된다는 평화의 메시지였다. 삽시간에 전라도 바닷가 전역에 널리 울려 퍼졌다. 남녀노소 모두가 불렀다. 심지어 여자와 어린아이는 물론이고 기생들까지 따라 하지 않은 이가 없었다. 너무나 슬퍼 부르는 사람마다 눈물을 흘리지 않은 이가 없었다. 이는 손죽도 해전 전사자와 영웅 이대원 장군에 대한 애도의 일환이었다. 왜적에게 죽임을 당한 녹도진 수군 1백 여명의 넋을 기리는 의례였다. 그 노래가 최근에 편찬된 『삼산면지』에 「애도가」란 제목으로 수록되어 있다. 제목은 편의상 붙여진 것이고, 노랫말은 한문과 한글로 병기되어 있다.

어허 슬픈지고(咄憐哉)
녹도만호 이대원(鹿島萬戶 李大源)
다만 나라 위해 충신이 되었도다(端只與國爲忠臣)
배가 바다로 들어갈 때(船入洋兮)

왜적들은 달려들고 수사는 물러가니(虜進主將退)
백만명 진중에서(百萬陣中)
빈주먹만 휘둘렀도다(空張拳)

민중들은 노래를 지어 부르며 이대원의 죽음을 슬퍼했다. 양반들은 글을 지어 이대원을 애도했다. 송강 정철의 큰아들 정기명은 1585년 하반기에 동인의 공세에 못 이겨 낙향한 아버지를 따라 내려와 순천의 백부 정소 댁에 머물고 있었다. 그는 여기서 손죽도 사건을 듣고「녹도가」를 지어 그의 죽음을 애도했다. 이 작품은 편년체 사서처럼 역사적 사실을 시간 순서대로 나열했고, 자유로운 형식을 구사하여 활달하면서도 생동감 있는 느낌을 준다는 평가를 받고 있다. 특히 주인공 이대원을 무장으로서 헌신적이고 애국적인 인물로 뚜렷하게 부각시킨 점은 돋보인다고 한다.

또 하나는 전기를 지어 남기는 것이다. 은봉 안방준은 15살이던 이때에 이 소식을 듣고「이대원전」을 지었다. 이와 관련하여 그의「연보」에 다음과 같이 기록되어 있다.

「당시 왜적이 들어와 노략질하자, 녹도만호 이대원이 힘껏 싸우다 죽으니 선생이 절의를 가상히 여겨 전(傳)을 지어 기록하였다. 조정이 이대원의 절의를 자세히 몰랐는데 선생으로 말미암아 없어지지 않게 되었다. 선생은 어린 나이에 이미 절의를 숭상하여 권장함으로써 세상에 일컬어졌다.」

안방준은 어린 나이였음에도 이대원의 절의를 높이 사「이대원전」을 지었다. 이대원 전기는 조정에까지 알려져 사람들에게 이대원을 알게 하는 데 일조했다. 그런데 현재 원문은 남아 있지 않다.

이처럼 이대원의 장렬한 전사는 많은 사람을 감동시켰다. 사람들은 노래를 불렀고, 전기를 지었다. 시를 지어 애도하는 이도 있었다. 그리고 이름과 섬을 연결하여 운명을 말하기도 했다. 손죽도는 화살용 대전죽(箭竹)이 많아 붙여진 이름이다. 이 점은 섬 언덕배기 여러 곳에 있는 대밭을 현지답사를 통해 확인할 수 있다. 이대원이 죽자 온 나라 사람들이 슬퍼하며 손죽도를 '손대도(損大島)'라고 했다. 이 점에 대하여 이수광은『지봉유설』에 자세한 기록을 남겼다.

「만력 정해년에 왜군이 전라도를 침범하였을 때에, 녹도만호 이대원이 외로운 군사를 가지고 손죽도에서 항거하여 싸우다가 구원이 끊어지매 패전하여 죽으니 나라 사람들이 슬퍼하였다. 손죽도를 세상에서는 손대도라고 한다. 우리나라 말에 죽(竹)을 대라고 하기 때문이다. 이것은 한 편으로 대는 대원(大元)의 대(大)와 같은 음이다. 손대도는 곧 '대원을 잃은 섬'이라는 말과 통한다.」

죽(竹)을 우리말로 '대'로 부르기 때문에 이대원 순국 이후 조선 사람들은 '손죽도'를 '손대도'라고 불렀고, 결국 손대도는 이대원을 잃게 한 섬이라는 말이 되었다. 이대원의 '대' 자와 음이 서로 같아서, 이대원을 손상시킨다는 말이 은연중 포함되어 있다고 이수광은 민간의 떠도는 말을 채록하여 기록으로 남겼다.

이러한 지역민들의 이대원에 대한 갖가지 애도 물결은 어떤 결과를 냈을까? 이대원의 죽음은 전라도 지역에 강한 메시지를 던져 주었다. 이 점에 대해 남구만이「이대원 신도비」에서 말했다.

「임진왜란에 호남 지방이 유독 완전하여 다시 나라를 일으키는 근본이 되었으니, 이는 공(이대원)이 먼저 왜적에게 몸을 맡겨서 사람들의 마음을 장려하고 분발시킨 효험이 아니라고 하지는 못할 것이다.」

임진왜란의 극복은 호남의 보존에 있고, 그 원동력은 이대원의 장렬한 죽음에서 비롯되었다는 것이다. 앞에서 말한 것처럼, 흥양 주민들은 곧바로 장렬하게 순국한 22세 청년 장군 녹도만호 이대원에 대한 제사와 사우 건립을 단행했고, 그를 추모하는 노래 「이대원가」를 지어 불렀다. 나로서는 알 길은 없으나, 이런 추모 행렬이 임진왜란 때 홍양 사람들로 하여금 대일 항전 의지를 불태우게 했을 것이다. 그리하여 전라 좌수군의 5관 5포 가운데 1관 4포를 차지한 그들은 전라 좌수군의 가장 용맹한 주력군으로 무장하여 임란 해전 승리의 기둥이 되었는데, 이순신의 일급 참모들이 대부분 홍양 출신이었던 것이 그 사실을 증명한다. 결국 손죽도 해전이 임진왜란 때에 호남을 사수하게 된 발판이 되었다고 말할 수 있다.

4. 망할 징조

바닷가 사람들이 겪은 충격은 이대원에 대한 애도와 추모 열기를 가져왔다. 침략을 당한 전라도 사람들은 여기에 그치지 않고 그 위기를 자위책 강구로 이어 나갔다. 전에 보지 못한 신무기 조총 앞에 전라 수군이 참패하고 수령들이 앞장서 도망가서, 관군의 전라도 방어선이 무력하게 무너졌기 때문에, 민간 스스로 자위책 외에는 달리 기댈 것이 없어서였다.

정부는 단순한 불장난이 아니라고 판단하고서 도순무사와 방어사를 전라도에 파견했다. 군령권이 있는 전라감사는 도민들에게 거병을 독촉했고, 군현의 수령들도 마찬가지의 행정 명령을 내렸다. 이러한 상황에서 전라도의 양반들도 거병을 할 수밖에 없었다.

그 대표적 인물이 정여립(鄭汝立)이다. 정여립은 전라도 전주 출신이다. 서인의 이이·성혼과 수학한 후, 이이의 천거로 관직에 진출했다. 그 후 이이가 인사 행정을 담당하는 이조의 전랑(銓郞) 제수를 반대하자, 이이 사후 동인으로 돌아섰다. 동인의 추천으로 홍문관 수찬이 되었다. 이때 정국은 서인이 몰락하고 동인이 득세하는 형세였다.

정여립은 박학하고 다재한 인물로 알려졌지만, 이이를 배반했다는 이유로 서인의 공격에 시달리게 되었다. 관직을 그만두고 1585년(선조 18)부터 향리 전주에 내려와 있었다. 학문적 명성이 높아 그의 문하로 들어가서 제자가 된 사람이 적지 않았다. 감사·수령과 봉명사신도 그의 눈치를 볼 정도로 전주 일원에서 그의 영향력은 대단했다. 이를 토대로 정여립은 전주, 금구, 태인 등지의 양반·무사에서 승려·천민에 이르는 상인과 하인을 규합하여 '상하 합계(上下 合契)'의 계를 만들고 대동계(大同契)라 이름을 붙였다. 매월 15일에 일제히 한곳에 모여 과녁에 활쏘기 승부를 겨루며, 회합 때 소요되는 술과 고기를 여러 고을에 편지를 띄워 요청했다. 계원들이 정여립을 칭찬하며 말하기를, "우리 동방에 선유(先儒)들이 많았지만 단지 예학(禮學)을 할 뿐이었고, 활 쏘는 기예(技藝)에 대해서는 이제야 처음으로 있게 되었다"고 했다.

1587년 정해왜란이 일어나자 전주부윤 남언경이 전라감사의 명을 받들어, 정여립에게 왜구를 격퇴하기 위해 군사와 말을 징발하자고 요청했다. 남언경은 이황과 학문을 강론하여 벗이 된 인물이다. 이에 정여립이 호응하여 한번 명령을 내리자 계원들이 모두 모여들었는데, 낙오하는 자가 한 명도 없었다. 정여립은 계원들을 나누어 부대를 편성하고, 각 부대장을 계원 중에서 선발하여 정했다. 왜적이 물러나자 정여립은 군사들을 해산하면서 부대장들에게 부탁했다.

「훗날에 만일 오늘처럼 변고가 생기면 너희들은 각자 부대를 이끌고 일시에 오라.」

출동한 계원의 명부를 한 통 작성하여 가지고 돌아갔다. 옆에 있던 남언경이 그의 재주와 계원들의 추종에 깜짝 놀랐다.

「정공(鄭公)은 학문을 하는 선비일 뿐만 아니라, 그의 재주 또한 사람들이 따라갈 수 없다.」

정여립의 카리스마 넘치는 '대장의 지휘'와 그에 일사분란하게 움직이는 '부하들의 충성'에 경탄하는 이가 한둘이 아니었다. 그런데 이때 그의 행동이나 발언이 이후 정치적 격동 때마다 소환되어, 사람들은 그를 '위험한' 인물로 바라보기 시작했다. 정여립이 황해도사와 김제군수가 되고자 했을 때, 사람들이 "여립은 보좌관이나 수령이 되는 것을 구할 사람이 아닌데"라고 말하며, 다른 의도가 있는지 의심하여 그를 낙마시켰다.

그는 동지 5·6명과 함께 황해도 구월산이나 충청도 계룡산을 둘러보며 새로운 도읍지라고 칭했다. 그와 함께 한 사람은 왕도의 기운이 전라도의 전주 남문 밖에 왔다고 설파하고 다녔고, 또 다른 사람은 "이씨 왕조가 망하고 정씨 왕조가 흥한다"는 글씨가 새겨진 옥판을 들고 곳곳을 다녔다. 어제는 '거병론'이, 오늘은 '망국론'이 정적들로 하여금 그를 위험한 인물로 보게 했다.

정여립의 정해왜란 때 거병은 2년 8개월 뒤 그가 모반을 도모하려고 한 단서로 서인에 의해 규정되어, 1589년(선조 22) 기축옥사(己丑獄事)의 결정적 빌미가 되었다. 정철은 기축옥사를 수사하면서 "정여립이 호남에서 군사를 일으키자 영남에서 일어나는 자도 있고 서울에서 일어나는 자도 있습니다"고 임금에게 보고하며 영남과 서울의 동인 인사를 정여립과 연결시켰다. 영남의 동인은 최영경, 정인홍, 유성룡 등을, 서울의 동인은 이발, 이길, 정언신, 백유양 등을 가리킨다. 이에 따라 거병을 요청한 남언경도 기축옥사 때에 잡혀 와 조사를 받았다. 큰 전란을 겪지 않았던 당시까지 자의적인 거병은 쉽게 용납되지 않은 매우 위험한 행동이었다. 특히 동인의 공세에 밀려 극심한 수세에 처한 서인은 동인 인사의 거병에 매서운 의혹의 눈초리를 보내며 옥사를 확대하여 정권을 차지하려 했다.

정여립 사례에서 보이듯이, 이 무렵 '망국론'이 고개를 들면서 빠른 속도로 확산되고 있었다. 1587년 1~3월 왜구들이 침략하여 조총으로 서남해를 휩쓴 사건은 전에 보지 못한 일이어서 충격적이었다. 그리고 그해 9월 내왕한 왜사(倭使) 귤강광(橘康廣)이 전한 일본의 정국 변화는 또 한 번 전국을 충격에 빠뜨렸다. 여기에 파국을 향해서 치닫고 있는 동인과 서인의 끝없는 대치 정국이 가해지면서 민심은 급격히 동요하기 시작했다.

이듬해 1588년 1월이 되자, 서울의 선비들이 무려 백명 또는 천명으로 떼를 이루어 다니며 미친 짓, 괴이한 짓을 해댔다. 그 짓은 천태만

상이었고, 해괴하기 짝이 없었다. 때로는 굿하는 모습을 하면서 덩실거리고 '등등곡[登登曲]'이라는 노래를 지어 부르며 춤을 추기도 하고, 혹은 초상과 장사지내는 일을 꾸며 껑충거리고 흙을 다지기도 했다. 동으로 갔다 서로 달렸다, 웃었다 울었다 했다. 미치광이, 괴물, 도깨비, 무당 등 온갖 흉내를 내며 다니니 흉하고 놀랍기가 말할 수 없는데도 부끄러움을 몰랐다. 그리고는 자기들끼리 물었다.

「무슨 일로 웃느냐? 무슨 일로 우느냐?」

큰 소리로 스스로 답했다.

「장상(將相)들이 제대로 된 사람이 아니어서 웃는다. 국가가 위태롭고 망해 가고 있어서 우는 거다.」

다시 하늘을 쳐다보며 크게 웃곤 했다. 당시 이것을 주창한 사람은 정효성(鄭孝誠), 백진민(白震民), 유극신(柳克新), 김두남(金斗南), 이경전(李慶全), 정협(鄭協), 김성립(金誠立) 등 30여 인이었다. 백진민은 백유양 아들이고, 유극신은 유몽학 아들이고, 이경전은 이산해 아들이고, 정협은 정언신 아들이고, 김성립은 허엽 사위로 모두 명문가 출신의 젊은 엘리트였다. 그런데 백유양 등 부친·장인의 정치적 성향은 대부분 동인계이고, 그들의 정치적 위상은 중견이거나 영수급이다. 이러한 사실관계는 이 시대 역사를 바라보는 우리에게 적지 않은 당혹감을 안겨 준다. 있는 집 자식들, 배운 집 2세들이 왜 이런 이상한 행동을 일삼았을까?

'등등곡'을 주창하는 이들을 추종하여 함께 법석을 떤 자들도 부지기수였다. 이들이 동요하는 상황에서 일반 백성들 또한 추종하지 않을 수 없어서였다. 조경남의 『난중잡록』에 동인과 서인의 싸움이 이때부터 더욱 심각해져서 각자가 자기의 이해를 도모하고 나랏일은 버려두고 잊어버렸고, 기축옥사 때에는 선비들이 살육되었고 임진왜란에는 나라가 거의 망할 뻔했다고 적었다. 당시 사람들은 이것을 난리가 나고 나라가 망할 징조라고 걱정했다. 혹자는 이들이 서로 마주 보며 웃는 것은 조정에 사람이 없는 것을 가리키고, 우는 것은 국가가 장차 망할 것 같은 것을 가리킨다고 했다. 그로부터 얼마 지나지 않아 임진왜란이 있었다. '망국론'은 결국 전란의 심리적 징조였다.

나라가 망할 징조라는 생각은 '둥둥곡'의 연행으로 표출되었다. 그러므로 '둥둥곡' 유행을 통해 명가 출신 자제들의 강한 불안을 읽을 수 있다. 그 불안의 원인은 두 가지로 찾아진다. 하나는 소신에 대한 회의이다. 이들은 주위 사람들이 자신의 사상이나 동지 및 심지어 스승이나 추천자까지도 때에 따라 저버리고 돌아서는 현상을 못마땅하게 여겼을 것이다. 또 하는 목숨에 대한 공포이다. 이들은 반대편 사람을 걸핏하면 '소인'으로 몰아 관직에서 몰아내고 '역적'과 연결하여 중형을 받게 하는 현실을 꽃도 피우지 못하고 자신도 사라질 것 같은 두려움을 크게 느꼈을 것이다. 결국 이러한 불안이 '둥둥곡'으로 표출되었으니, '둥둥곡'은 젊은 엘리트들의 이유 있는 불안이었다.

명가의 자제뿐만이 아니다. 시전 상인들이 도성 안팎 산에 술과 풍악으로 모임을 가져 해가 저물도록 노래하고 춤추며 노는 일이 봄·가을로 성행했다. 1590·1591년 사이에 서울에 널리 퍼졌다.

「오래지 않아 세상이 바뀔 터이니 생전에 취하고 배부름이 제일이라.」

이 말이 전해지자, 모두 다투어 놀기만 즐기느라 혹 파산에 이르기까지 했다. 식자들이 이것을 상서롭지 못하다고 여겼다. 박동량의 『기재잡기』에 나온 내용이다.

이상한 행동이 서울뿐만 아니라 전국 곳곳에서 나타났다. 당시 가곡에는 낙시조(樂時調)가 있었는데 그 소리가 처량하며, 모양인즉 머리를 내젓고 뒷덜미를 놀리고는 하여 부끄러움도 없이 몸을 움직였다. 또 계면조(啓眠調)가 있는데 그 소리가 슬프며 가련하고 서글펐다. 또 어평조(於平調), 우조(偶調), 막막조(邈邈調)는 다 비참한 것을 숭상하고, 옷은 흰 것을 숭상했다. 이를 본 식자들은 소리가 애처롭고 옷이 희다 해서 상서롭지 못한 징조라고 여기었다. 자학적 행위와 슬픈 곡조의 갑작스러운 유행은 전쟁 발생 예상에 따른 심리적 동요를 반영한 것이었다.

이때 재이와 변괴가 연달아 일어났다. 1592년 3월 15일, 능 제사에 제관이 열을 지어 섰는데, 홀연 태조 이성계의 능 위에서 목메어 흐느끼는 소리가 나는 듯했다. 처음에는 무슨 소리인지 모르다가 일제히 이것이 무슨 소린가 하고 소리 나는 곳을 찾아보니 소리가 능 위에서 들려왔다. 제관들은 상하 모두 송구해 마지아니했다. 이로부터 혹은 하루 한 번씩, 혹은 수일에 한 번씩 한 달이 다하도록 끊이지 않았다. 재실의 관리와 수호하는 군사들은 귀에 익어 여사로 알았다. 이항복의 『백사집』에 나온 내용이다.

전쟁이 일어날 것이라는 소문이 조선에 퍼진 시기는 통신사 일행이 돌아온 1591년 1월이나 3월이라는 것이 기존의 견해이다. 그런데 이보다 먼저 손죽도 침략 때 전례 없는 예감이 나돌았고, 귤강광에 의해 일본 정세 변화와 통신사 요청이 전국에 알려진 1588년 초기에 전쟁설이 퍼지기 시작했다. 이 '전쟁설'이 앞에서 말한 '망국론'으로 와전되었을 것 같다.

1587년 정해왜란 이후 상황이 매우 급박함에도 불구하고, 동인과 서인의 싸움이 이때부터 더욱 심각해져서 각자가 자기의 이해를 도모하고 나랏일은 버려두고 잊어버렸다. 급기야 1589년에 기축옥사가 일어나 수많은 선비가 살육되는 참화를 겪고 말았다. 사상 초유의 정쟁 앞에 대외 방비책을 강구할 틈도 없이 1590년에 통신사가 출발하여 이듬해 돌아왔다.

1591년 돌아온 통신사에 의해 일본의 침략설이 일부 정파의 은폐에도 불구하고 또 다른 정파에 의해 공식적으로 확인되면서, 정국은 본격적으로 소용돌이치기 시작했다. 그와 함께 '전쟁설'이 널리 퍼지고 있었다. 이와 관련된 한 일화가 있다. 거지같이 생긴 사람이 궁궐 기둥에 기대어서 임금을 모시는 승지를 보자고 청했다. 가서 보니, 그는 다 찌그러진 삿갓을 쓰고, 해진 옷을 걸쳤으며, 구멍이 난 검정 신을 신고 있었다. 얼굴은 흉악해서 감히 똑바로 쳐다볼 수 없었다. 승지 앞에 꿇어앉아 소곤거리더니 곧장 사라졌다.

「내년에 장차 큰 난리가 있을 것인데, 아무도 근심하는 자가 없어서 통분할 마음을 견딜 수가 없습니다.」

일화 하나를 더 보자. 임진왜란이 일어나기 전, 서울 교외에 있는 재상집에 한 중이 찾아와서 함께 하룻밤을 묵고 싶다고 청했다. 재상은 생김새가 아름답고 말을 잘하고 남다르게 총명한 점을 의심해서, 마을 뒤에 암자가 있으니 그곳으로 가라며 내쫓았다. 사람을 시켜 뒤를 밟아보니, 그 중은 바다를 건너온 일본의 첩자였다. 중은 죽음을 피할 수 없음을 알고서 자백했다.

「저는 일본인입니다. 평수길이 군사를 일으켜 이 나라를 침범하려 하고 있습니다. 그런데 가장 거리끼는 것이 아랫마을의 대감입니다. 그래서 저더러 먼저 가서 대감댁에 묵다가 밤을 틈타 몰래 해치라고 하였습니다.」

비슷한 이야기는 야사에 더 들어 있다. '전쟁설'이 여러 형태로 유포되었음을 알려주는 일화들이다.

5. 자위단

1555년 왜구가 전라도의 현재 해남 달량포에 침략하여 고흥에서 진도에 이르는 해안 일대를 한 달 가까이 휩쓸고 갔다. 이 을묘왜란의 아픈 기억이 채 아물기도 전에 1587년 전라도 연해 지역은 손죽도를 침략한 왜구에 의해 또다시 엄청난 피해를 입었다. 이 정해왜란으로 입은 전국적인 충격은 알려진 것이 없지만, 전라도 민심이 급격히 동요하기 시작했던 것은 분명하다. 지역민들은 노래를 만들어 부르며 녹도만호 이대원을 애도했고 일본을 원망했다. 자물쇠로 잠겨 있어야 하고 오랏줄로 묶여 있어야 할 방화하고 살상하고 약탈하고 납치하는 왜구에 대한 아픈 기억이 되살아났다.

이에 지역 양반 가운데는 왜구를 격퇴하기 위해 직접 거병한 이도 있었다. 이 거병은 을묘왜란 때 해남 이남과 영암 양달사가 했으니 그리 오래된 것이 아니다. 그런데 정여립 사례에서 보았듯이, 거병은 나중에 기축옥사의 빌미가 되어 전라도 지역을 정쟁의 소용돌이로 몰고 갔다. 직접 거병하지는 않았지만, '위험한 인물'로 낙인찍힐 가능성을 무릅쓰고 대일 자위책을 강구한 양반들도 있었다. 더 나아가 언제 발생할지 모르는 전란에 대비하는 지역 엘리트들이 속출했다. 다른 지역에서는 확인되지 않지만, 특히 전라도를 중심으로 나타났다. 몇 사람을 하나씩 들어보겠다.

김천일은 선조 즉위 후 유일로 천거되어 관직에 진출했다. 동인과 서인의 갈등 구도 속에서, 서인의 공격수로 활약했다. 동인이 정국을 주도하던 1586년 봄 담양부사 직에서 물러나 나주 향리의 극념당(克念堂)이라는 서재에 머물고 있었다. 녹도만호 이대원의 죽음을 접하고서 상소를 올려, 대응책의 잘못과 상벌의 혼란을 논했다. 문하생들과 더불어 낮에는 학문을 강론하고 석양에는 말타기와 활쏘기를 했고, 제자들에게 병마(兵馬)의 일을 익히게 했다. 향리에서 들은 왜정(倭情)이 예사롭지 않아 김천일은 스스로 자위책을 마련했고, 제자들에게 왜인이 침략할 가능성이 있으니 대비하도록 했다. 그는 대비하지 않으면 짓밟히는 것은 당연하다고 여겼고, 선비 정신을 지키고자 '절의 정신'이란 가치를 한시도 잃지 않은 자세를 견지했다.

역시 나주 출신 양산숙은 1587년 가을 왜사 귤강광이 왔을 때 조만간 왜화(倭禍)가 일어나리라고 예상했다. 남원으로 달려가서 집안사람인 양대박과 더불어 가마꾼으로 꾸미고 몰래 동래에 들어가 적정을 비밀리에 탐지했다. 1589년 봄 왜승 현소가 와서 통신사를 청하자, 양산숙은 이는 우리를 정탐하려는 것이니 대비책을 세워야 한다고 말했다.

「왜인들이 우리의 병력을 살펴보려는 것이다. 근자에는 왜구들이 침범하고 해마다 강화를 요구하는데도 묘당(廟堂)에서는 아직도 대비할 줄을 모르니 국사를 알 만하다.」

그는 이때부터 삼남 지방을 두루 돌아다니면서 인정(人情)을 관찰하고 지세(地勢)를 살펴보았다. 그리고 우리나라 사신 황윤길 등이 통신사로 일본에 갔다가, 1591년에 저들의 사신 현소 등과 함께 왔는데, 왜의 국서 내용이 지극히 흉험하고 패악했다. 양산숙은 이 사실을 듣고 검을 어루만지며 길게 노래할 따름이었다.

옥과현(현 곡성군) 출신의 유팽로는 임진왜란 발발 수년 전에 자신의 마을 뒤 옥출산의 산성치 깊은 골짜기에 집 3칸을 지었다. 그중 한 칸에 야장노(冶匠奴) 5·6명을 두어 날마다 무기를 만들게 하고, 또 한 칸에 침선비(針線婢) 5·6명을 두어 날마다 군복을 만들게 하고, 또 한 칸에 소작료로 받은 쌀 수백 석을 비축하여 전쟁을 대비했다. 그러면서 그는 문인이지만, 병서도 읽었다. 읽으면서 느낌이 있어 읊었다. 그의 문집 『월파집』에 수록된 시다.

병서를 많이 읽으면 군사를 잘 쓰나니
영웅들 예로부터 지금까지 이름이 났다.
긴긴날 글 읽어 진실로 어디다 쓰랴?
근래에는 무술도 강습해야 할 때다.

유팽로는 문과 급제 후 이듬해 1589년 홍문관 정자에 제수되었다. 상소를 올려 천재와 재정 문제를 말한 후, 남쪽에 전쟁이 일어날 것 같으니 미리 병비(兵備)를 갖추어야 한다고 말했다. 그러자 여러 '소인배'에게 거슬려 성균관 학유로 쫓겨나고 말았다. 그가 남긴 기록에 의하면, 통신사 귀국 후 조정은 일본이 침략하지 않을 것이라는 말을 의심하지 않고 믿어버려 군비를 모조리 혁파해 버렸다. 반대로 '병비' 말만 하면 논죄를 청했다고 한다.

1591년 통신사 귀국 이후 왜인이 크게 쳐들어 올 것이라 하여 나라 안팎이 두려워 흉흉했다. 이를 안 남원 출신의 안영은 분함을 참지 못하고 보검을 매입하여 집에 보관하는 등 무장을 서둘렀다. 당시 보검을 구한 이로 역시 남원 출신의 황진이 있다.

1591년 7월에 전라도 금산(현 충남) 대둔산에 들어온 조헌은 독서를 하지 않고 산골짜기를 헤매다 높은 산에 올라 먼 데를 보며 나라 일을 탄식하다가, 하루는 승려 4인과 식사를 같이하며 "명년에는 반드시 왜란이 있을 것이며 나는 의병을 일으켜 임금을 모실 것이니 이 밥을 먹는 사람은 함께 와서 나라를 돕자"고 했다.

이상의 김천일, 양산숙, 양대박, 안영, 조헌 등은 임진왜란이 일어나자 나라를 구하고 임금을 지키기 위해 곧바로 의병 항쟁에 뛰어들어 일본군에 적지 않은 타격을 가했다. 이들이 개전한 지 1개월여 만에 발빠르게 의병진을 구성할 수 있었던 것은 전란 전부터 준비한 결과였다. 예를 들면, 유팽로는 수일 전부터 5월 16일까지 1천여 명의 의병을 모집했다. 전에 비축해 둔 군복, 군량, 무기를 모조리 꺼내서 이들에게 입히고, 먹이고, 사용하게 했다. 이를 "세상에 아는 사람이 없었다"고 한다. 그의 일기『창의일기』에 나온 내용이다.

이들이 임진왜란 때 의병을 빨리 일으킬 수 있었던 원인으로 정해왜란 이후의 자위책 외에 동인의 공세에 밀려 관직에서 물러나 고향에 내려와 있었던 점도 있었다. 예를 들면, 김천일은 1589년 동인계 대간의 탄핵을 받고 수원부사 직에서 물러나 나주에 들어왔다. 임진왜란이 발발하자 고경명 등과 거의를 논의한 후, 양산숙 등과 나주에서 전라도 최초로 의병을 일으켰다.

이 대목에서 고경명(高敬命)의 경우는 가히 극적이다. 그는 문과를 장원 급제한 수재이다. 1591년 여름, 정철이 파직되자 정철의 추천을 받았다는 이유로 동래부사에서 파직되어 곧바로 귀향했다. 고향에 돌아와서 울분과 좌절로 헛된 나날을 보내지 않고 지인들과 시국을 걱정하며 미래를 준비했다. 임진왜란이 발발하자 아들과 함께 거의했다. 양대박·안영 등에 의해 담양에서 '의병대장'으로 추대되어 전국 최대 규모의 의병진을 거느렸다. 고경명의 후임으로 전라도 고부 출신의 송상현이 임명되었다. 만약 고경명이 파직되지 않았다면, 그는 의병장으로 역사에 이름을 남기지 못하고, 송상현처럼 동래성 함락 때 순절인이 되었을 것이다.

의병장은 자신들이 무기와 병력과 군량을 조달해야 했다. 의병은 민병이어서 의지가 앞서고 지형 지리에 익숙하지만, 전투력은 훈련된 군인에 미치지 못하는 수준이었다. 일본 정규군과 맞부딪혀 비극적 결말을 맞은 이가 대부분이었다. 그들은 그런 고통을 이겨내야 했다. 그러기에 그들은 가족과 헤어지면서 "살아서 못 돌아온다"고 약속했고, 전투에 임해서는 "죽음을 무릅쓴다"고 선언했다.

그러면 이들은 목숨을 내놓으면서까지 왜 이런 자위책을 마련했을까? 이들은 왜구가 손죽도를 침략한 정해왜란을 앞으로 다가올 전면전의 전초전으로 인식했기 때문이다. 이 점에 대해 안방준은 「임진기사(壬辰記事)」에서 다음과 같이 말했다.

「정해년 봄 3월에 일본 적병을 실은 배 16척이 영남의 바깥 바다로부터 곧바로 흥양의 손죽도에 이르렀으나, 각 진과 여러 고을의 수군들은 서로 마주 보는 곳에 진을 치고는 두려워 웅크리고 있을 뿐이었다. 오직 녹도만호인 이대원만이 나아가 싸우다 왜적에게 포위되었다. 힘을 다해서 싸웠으나 전세가 곤궁하게 되자, 깃발을 들어 원군을 불렀지만 여러 장수가 아무도 가서 구해주지 않았다. 이대원이 드디어 죽임을 당하고, 배가 물에 빠져 녹도의 수졸(水卒) 손대남(孫大男)만이 겨우 살아났다. 그날 밤 왜적들은 어디로 갔는지 모습과 그림자조차 없어서 알 수가 없었다. 이에 조정과 재야에서 크게 놀라 곧바로 방어사와 좌우 조방장을 출정시켰다. 대개 풍신수길은 임금을 죽여 왕위를 빼앗고, 그 위세를 타서 우리나라의 길을 취하여 명나라를 침범하고자 하였는데, 먼저 사화동을 길잡이로 삼아 약간의 배를 보내어 우리나라 병력의 강약을 시험했던 것이다.」

안방준은 손죽도 침략 사건을 풍신수길이 정권을 잡은 후 조선 침략을 감행하기 위한 예비전으로 성격 규정을 했다. 그의 논지가 타당한지는 세밀한 분석이 뒤따라야 하지만, 여러 정황으로 미루어 볼 때 그 가능성은 매우 짙다고 보여진다. 그렇다면 임진왜란의 예비전인 손죽도 해전에서 조선군은 속수무책으로 무너졌고, 그나마 이대원 장수만이 전력 대전하다 장렬하게 순국한 셈이다.

이러한 상황에서 이대원의 죽음은 호남 사람들에게 강한 메시지를 던져주었을 것이다. 이 점에 대해 이대원의 신도비명을 쓴 남구만의 언급을 주목해보자. "임진왜란에 호남 지방이 유독 완전하여 다시 나라를 일으키는 근본이 되었으니, 이는 공이 먼저 왜적에게 몸을 맡겨서 사람들의 마음을 장려하고 분발시킨 효험이 아니라고 하지는 못할 것이다."고 했다. 임진왜란 당시 조선 수군의 주력부대로 왜란 극복의 원동력이 되었던 전라 좌수군의 전력은 이대원의 장렬한 죽음에서 비롯되었다는 것이 남구만의 생각이다.

6. 지역방어의 강화

왜적이 손죽도를 침략한 이후 전라도 지역민은 일본의 전면적인 침략을 예상하고 자체 방어에 나섰다. 조정도 전라도 방비책 마련에 부심하지 않을 수 없었다. 1587년 2월 27일, 가리포진 첨사가 왼쪽 눈에 화살을 맞고 퇴각했다는 전라 우수사의 치계가 들어왔다. 선조는 당일 즉각 3정승, 비변사 당상, 병조 당상을 소집하여 변방 일을 논의했다. 이 회의에서 전라도와 인접한 충청도가 불안하다는 의견에 따라 대응력이 부족한 감사를 교체하는 일이 벌어졌다. 사흘 뒤 경상도에 방어사를 내려 보냈다. 이틀 뒤 3월 2일, 물러난 적들이 언제 다시 나타나 전면전이 일어날지 모르겠다고 판단한 선조는 병조에 만반의 준비 태세를 강구하도록 지시했다. 병조는 적의 침략이 예상되는 전라도의 가리포와 진도 및 제주 등 3읍과 법성창과 군산창 등 2창에 대한 방비를 강화하고, 무신과 잡류 및 공사천으로 활쏘기에 능한 사람을 선발하고 대오를 편성해서 유사시를 기다리게 하고, 궁시와 총통 및 철갑과 철환 등 무기를 갖추어 놓겠다고 답변했다. 그리고 다음 날 적이 비록 물러났으나 이는 우리를 유인하는 것이라고 하면서, 무기를 수리하고 봉수나 요망 등의 일을 단속하여 경계 태세를 태만히 하지 말도록 전국에 지시했다. 전국이 준전시 상황에 접어들 정도로 긴박하게 움직였다. 하지만 초점은 전라도에 맞춰져 있었다. 전국으로 확산시킬 정치적 동력이 그에 미치지 못하여서다.

이듬해 1588년 3월 선조는 남방에서 전면적인 전란이 발생할 것을 염려하여 비변사로 하여금 죄폐(罪廢) 중에 있는 쓸 만한 무사를 임용하도록 명했다. 다급한 나머지 심지어 군율(軍律)이나 장람(贓濫)을 범했거나 기망(欺罔)한 죄를 범했던 자가 임용되었고, 성적이 하등에 있던 자도 여기에 포함되었다. 그리고 4월에는 하삼도에 왜변이 일어날까 염려

되므로 미리 방어사를 두어야겠으니 먼저 조방장을 보내는 일을 비변사로 하여금 마련하라고 지시했다.

1589년 1월에는 비변사에서 무신을 불차 채용한다고 했다. 불차 채용이란 승진 서열에 얽매이지 않고, 지위 고하를 막론하고 능력 위주로 인사 발령을 내겠다는 것이다. 그에 따라 각 신료들이 추천자 명단을 올렸다.

이산해	손인갑, 성천지, 이순신, 이명하, 이빈, 신할, 조경
심수경	이경, 신할, 이용준, 박진
유홍	이혼, 왕경조, 이용준, 변응성, 유몽경, 유연
정언신	손인갑, 성천지, 이순신, 이명하, 이시언, 한인제, 이언함, 정담, 김당
윤탁연	유희선, 이종장, 윤안성
강섬	유염, 정눌, 문몽헌, 김경로, 정발, 정득렬
변협	조경, 신할, 이복남
이진	신할, 김순, 변응성
최원	이경, 전협
신립	최미수, 변응성, 변응정, 이지시, 정현룡, 이범

10명의 비변사 요원이 40명 가까운 무신을 추천했다. 그 가운데 동인계의 좌상 이산해와 병조판서 정언신이 함께 추천한 이순신이 포함되어 있다. 이 추천이 어느 정도 실현되었는지 알 수 없지만, 정쟁에 발목 잡혀 별다른 성과는 내지 못했다. 예를 들면, 변응성(邊應星)은 전 강계부사로서 유홍, 이진, 신립 등 3인으로부터 추천을 받았지만, 임진왜란이 발발하자 그때서야 경주부윤으로 임명되었다. 이순신에게도 2년 동안 별다른 임무가 주어지지 않았다. 기껏해야 내륙에 있어 방비와 관련 없는 정읍현감이 제수될 정도였다.

그리고 "왜적은 수전에 강하지만 육지에 오르면 불리하다"는 비변사의 판단에 따라, 경상·전라 양도 적로의 요충이 되는 곳에 성(城)을 쌓고 호(濠)를 파도록 했다. 그런데 이에 대해 일부 양반들은 왜군이 침공하지 않을 것이라며 반대했고, 성곽 수축과 군사훈련에 동원된 백성들은 지방 통치관인 수령과 군사 지휘관인 병사 등에게 원망을 품게 되었다. 어떤 이는 말도 안되는 소리를 치며 노골적으로 반대했다.

「우리 마을 앞에는 내가 흐르고 있어 아무리 장사라 하여도 뛰어넘을 수 없는데, 하물며 동래·부산 앞은 망망대해인데 왜인이 어떻게 넓은 바다를 넘어올 수 있겠는가?」

전쟁이 일어나지도 않을 텐데 성곽을 수축하여 민폐만 크게 일으킨다고 반대했다. 따라서 성곽의 수축은 형식적으로 이루어질 수밖에 없었고, 2백 년간 평화 속에서 살아온 사람들의 전쟁 대비란 백성의 원한만 샀을 뿐 일본 대군을 격퇴할 방비가 되지 못했다. 반대 여론을 설득하여 동참하도록 유도하고 형식적 공사를 실질적 성과를 내도록 지도할 정치권의 역할이 마비된 결과였다.

이렇게 보면, 손죽도 사건 이후 2년 이상 동안 정부에서 하려고 한 것은 무인 발탁뿐이었다. 무인 발탁은 인사권을 행사하여 관직을 차지하기 위해 자파로 들어오는 예비 관료를 취직시켜 자파의 덩치를 키우려는 속셈으로밖에 나는 해석되지 않는다. 그러니 기획과 전문가 및 예산이 투입되는 국방사업에 대해서는 시늉만 내다 일부 반발을 핑계로 방치했다고 보지 않을 수 없다. 하지만 그러한 수준의 방비책도 1589년 10월 발발한 기축옥사의 여파로 중단되고 말았다. 통신사 파견 문제로 다투는 바람에, 1890년에 들어와서도 국방 문제는 역시 후순위로 밀려났다.

그러다가 전 해에 떠났던 통신사가 1591년 3월에 귀국하여 일본 정국이 알려지면서, 조정은 만일 사태에 대비한 대왜 방어책을 세웠다.

그 방어책은 각 도의 성곽을 수축하고, 무기를 점검하고, 무신 가운데 뛰어난 재질이 있는 자를 서열에 구애받지 않고 발탁하는 등 세 가지 측면에서 추진되었다. 만시지탄이라 아니 할 수 없다. 임진왜란 발발로부터 역산하면 꼭 1년 전에야 착수한 것이다. 일본의 전쟁 준비 정황이 5~6년 전부터 여럿 드러난 터여서 더더욱 그러하다. 그리고 대왜 방어책도 대상 지역이 지리적으로 가까운 경상도와 전라도에 한정되었다. 그것도 최근 침략 선례가 있는 전라도를 중심으로 강구되었고 당리당략에 의한 딴지걸기를 감안하면, 얼마나 역동적으로 추진되었지는 의문이다.

전라도 중심의 대왜 방비책은 용력 있는 무신을 신분 귀천과 전과 유무를 불문하고 전라도 연해 지역으로 불러들였다. 이 과정에서 가장 주목되는 인물이 이순신(李舜臣)이다. 그는 일찍이 함경도 조산보 만호가 되어 녹둔도 둔전관을 겸했다. 둔전관 때 섬이 외롭고 멀리 있기 때문에 군사를 더 파견해 주기를 청했으나 절도사 이일이 들어주지 않았다. 그런데 적이 군사들을 몰고 와서 섬을 에워쌌으나 이순신이 적의 괴수를 쏘아 죽여 물리쳤다. 이일이 자기 죄를 면하려고 이순신을 패군한 것으로 무고하여, 이순신은 조정으로부터 평복으로 종군하라는 명을 내려받았다. 그래서 이순신은 집으로 돌아왔다. 이때 조정에서 무신 가운데 차례를 밟지 않고 뽑아 쓸만한 인물을 천거했다. 이순신이 그 안에 들어 있었지만, 대간들의 비판으로 임명되지 못했다, 그러다가 드디어 1591년 2월에 전라좌수사에 임명되었다. 당시 왜인의 태도가 날로 극성스러워지자, 임금께서 비변사에 명령을 내려 뛰어난 장수를 천거하라고 하자, 유성룡이 천거해서 이루어진 것이라고 한다. 유성룡은 『징비록』에 "내가 이순신을 천거하여 정읍현감에서 수사(水使)로 차례를 뛰어넘어 임명되자, 사람들은 혹시 그가 갑작스레 승진한 것을 의심하기도 했다."고 적어 놓았다. 그런데 이순신의 문집 『이충무공전서』 속의 연보에는 정읍현감은 1589년 12월에 되었고, 1591년 2월에 진도군수에 제수되었으나 부임하지 않았고, 또 가리포진 첨사로 제수되었으나 부임하지 않았고, 전라좌수사에 승진 제수되었다고 적혀 있다. 종6품 현감에서 초고속으로 종4품 군수와 종3품 첨사를 거쳐 정3품 수사 자리에 이르렀고, 그 과정에서 유성룡의 역할이 컸음을 알 수 있다.

이순신은 전라좌수사로 부임해 온 즉시 일본 침략이 있을 것을 알고 방비책 강화에 들어갔다. 그는 왜구들이 반드시 올 것을 알고 본영과 부속 진의 무기를 수리하고 정비했다. 쇠사슬을 만들어 앞바다에 가로 늘어놓고 거북선을 건조했다. 이전의 전라좌수사가 좌수영 앞 장군도의 바다에 돌성을 만들었고, 몽충전함이라는 충돌함을 만들어 왜적을 격퇴한 적도 있었다. 그리고 이순신은 손죽도 해전에 참전했던 병사들을 자신의 주위에 포진시켰다. 그들은 임진왜란 때에 이순신 휘하에서 왜정을 제공하며 분전했다. 고풍손(高風孫)의 경우를 살펴보자. 정해왜란 후 정부가 전황을 파악하기 위해 해전에 참전했던 병사들을 조사할 때에 그도 당국자로부터 심문을 받았다. 그는 좌수영의 포작 출신이었던 것 같은데, 심문을 받을 때 일본의 침략이 사화동의 소행이란 사실을 언급하여 당국을 깜짝 놀라게 했다. 그리고 그는 임진왜란 때에도 참전하여 한산도 대첩 때에 이순신이 타고 있는 배의 격군(格軍)으로 분전하다 철환을 맞고 부상을 당했다.

손죽도 해전 이후 대일 방어태세를 전라도를 중심으로 강구할 때, 선조는 과거 을묘왜란 때 전라도에서 왜적을 격퇴한 적 있는 변협과 상황을 점검했다. 이 자리에서 임금이 물었다.

「우리나라의 사정을 저들이 죄다 알고 있으니 만약 우리나라가 전라도에 주력하는 줄을 알고 딴 도(道)로 들어오면 어찌할 것인가?」

동래·부산 앞의 망망대해를 왜인이 건너올 수 없다고 다들 말하여, 정말 그런지 확인하고자 선조가 물어본 말이다. 변협이 답했다.

「소적(小賊)이라면 천성(天城)·가덕진(加德鎭)이 염려되지만, 대적(大賊)이야 어느 곳엔들 들어오지 못하겠습니까?」

변협의 답은 왜인들은 전라도는 물론이고 천성진, 가덕진, 부산진 등 경상도 어디엔들 들어올 수 있다는 것이었다. 이 말을 듣고도 정부 당국자의 태도 변화는 없었다.

1591년 종의지(宗義智)가 부산에 들어왔다가 공갈 협박을 하고 돌아간 후 일본인은 부산에 들어오지 않았고, 부산포에 머물고 있던 자들조차 하나둘씩 자취를 감추더니 이윽고 한 사람도 찾아볼 수 없게 되자 그곳 사람들은 이상하다고 여겼다. 이러한 지적과 상황에도 불구하고 당시 대일 방어태세는 전라도 중심으로 강구되었고, 마침내 임진왜란 당시 왜적은 방비가 튼튼한 전라도로 들어오지 않고 근래 외침을 거의 겪지 않은 부산포로 들어왔다. 조선의 실패한 대책, 일본의 허를 찌른 공략이었던 것이다.

4장

납치자의 운명

1. 정부 송환자

전쟁의 비극은 약한 곳부터 덮치는 법이다. 이전의 행태를 보면, 왜구들은 부녀자나 어린이를 우선 납치하는 경향이 강했다. 부녀자는 성 노예나 잡일 하녀로 당장 써먹을 수 있고, 어린이는 자기들 언어와 문화를 이식시켜 미래 자산으로 이용할 수 있어서였다. 그런데 이번 손죽도 침략 때에는 그런 모습은 거의 보이지 않고, 즉각 전장에 투입할 수 있는 성인이나 군인 남자를 주로 납치해 갔다. 이 점에 우리는 주목할 필요가 있다.

왜인들은 손죽도를 침략하면서, 전라도 남해안 지역에서 수백 명에 이르는 조선 수군과 양민을 납치했다. 그들은 납치한 조선인을 배에 태우고 연해를 돌아다니며 추가 납치를 자행했다. 그리고 그들은 납치자를 자신들의 본거지 일본 오도·평호도로 끌고 갔다. 납치의 목적은 전쟁 길잡이로 투입하거나 해외에 팔아먹으려는데 있었다. 납치자의 정확한 숫자는 알 수 없지만, 3·4백 명은 넘을 것으로 추정된다. 6·7백

명에 이르렀을 것 같은 예감도 든다. 이 가운데 일부는 조선 정부의 요청으로 송환되었고, 일부는 동남아에 팔려나갔다. 그런가 하면 임진왜란 때 일본 침략군의 일원으로 참전한 사람이 있고, 일본에 잔류한 사람도 있었다. 이 네 가지 경우를 하나씩 살펴보겠다.

일본 오도와 평호도로 붙잡혀 간 사람 가운데, 그곳에서 자력으로 탈출을 시도하거나 탈출에 성공한 이가 있었을 것이다. 그들은 본래 연해 출신이어서 바다를 잘 알아 그럴 가능성은 충분히 있어 보이지만, 현재까지 한 사람도 찾아지지 않는다. 고국에 돌아온 사람은 정부의 송환에 응하거나 전매된 해외에서 탈출한 이만이 확인되고 있을 뿐이다.

송환은 조선 정부가 통신사 파견의 이행 조건으로 일본 측에 내걸어 성사된 것이다. 일본의 통신사 파견 요청에 대한 조선 조정의 의논이 일본의 의중을 파악하지 못한 채 결정되지 못하고 교착 상태에 빠졌다. 그때 수찬 허성(許筬)이 말했다.

「수길은 원래 일개 필부였는데 때를 타서 우뚝히 일어난 것이다. 섬사람들 가운데 잘 복종하지 않는 자가 많아서 우리나라와 수호(修好)한 힘을 빙자하여 섬사람들의 마음을 진정시키려는 것이요, 필시 별다른 뜻은 없을 것이다. 게다가 우리가 사신을 보내어 그들의 허실을 자세히 탐지한다면 우리가 미리 대비하는 데도 도움이 될 것이므로 사신을 보내는 것이 좋다.」

그의 말을 풀어보면, 일본이 지난날 침략하여 무자비한 짓거리를 한 것에 두려워만 하지 말고 어떤 꿍꿍이를 품고 있는지 걱정만 하지 말고, 선제적으로 우리가 사신을 보내어 그들의 정세를 파악하여 대책을 세우면 될 것이라고 했다. 유성룡이 적극 찬성했다. 선조 임금이 여러 신하에게 다시 의논하게 하니, 감히 다른 의견을 말하는 이가 없었다. 여기에 국내에서 여론으로 제기되었던 납치된 자국민 송환을 요구 조건으로 내걸었다. 일본도 이를 수용하여 돌려보내기로 약조했다. 그게 실행되어 납치자가 돌아왔다.

송환인의 숫자와 송환 시기에 대해 자료마다 약간 차이가 나고 있으니, 하나씩 검토할 필요가 있다.

첫째, 1589년 5월에 116명이 송환되었다는 기록이 있다. 신흠의 「임진년에 왜구가 흔단의 계기를 만든 시말에 관한 기록」에 들어있는 것이다.

「1589년 5월에 수길이 또 평의지·현소·세준 등으로 하여금 우리나라에 와서 공작 한 쌍과 말 한 필을 바치게 하고, 포로가 된 우리나라의 변방 백성 김대기(金大璣)·공대원(孔大元) 등 1백 16인을 쇄환하는 동시에 본국의 반민 사화동과 정해년의 적왜 긴시요라(緊時要羅)·삼보라(三甫羅)·망고시라(望古時羅) 등 3인을 묶어 보내면서 말하기를 '들어와 노략질했던 일은 우리는 모르는 것이고, 곧 귀국의 반민 사화동이 오도의 왜인을 유인하여 변방 진보를 약탈한 것이므로 지금 묶어 보낸다'하며, 간절하게 사신을 보내 주기를 청하였다.」

둘째, 1589년 7월에 116명이 송환되었다는 기록이 있다. 『선조수정실록』 22년 7월조에 들어있는 것이다. 『국조보감』에도 같이 적혀 있다.

「일본국 평수길·평의지·현소 등이 본국의 포로 김대기·공대원 등 1백 16인을 쇄환하고 또 반민 사화동 및 정해년의 적왜 긴시요라·삼보라·망고시라 등 3인을 포박하여 보내며 말하기를, '들어와 노략질했던 일은 우리는 모르는 것이고, 곧 귀국의 반민 사화동이 오도의 왜인을 유인하여 변방 진보를 약탈한 것이므로 지금 잡아 보내니 귀국의 처치를 기다립니다'하고, 이어 우리 사신이 자기 나라에 와서 수호(修好)해 주기를 간청하였다.」

셋째, 1590년에 130명이 송환되었다는 기록이 있다. 이항복의 「수군의 일에 대한 계사」에 들어있는 것이다.

「신이 경인 연간에 비변사의 낭관으로 있었는데, 그때 적의 두목 수길이 우리에게 통신사를 요청하면서 우리나라의 반민인 사화동 및 오도의 적왜로서 누차 우리의 변경에 입구했던 신삼보라·긴시요라·망고시라 등 세 왜인을 결박하여 보내고, 인하여 다시 우리 백성들로서 포로로 잡혀간 남녀 1백 30여 명을 송환해 왔었습니다. 그런데 송환된 백성들 가운데 김대기·공태원(孔太元) 등 2인은 제법 영리하여 문자를 알았고, 스스로 오도에 포로로 잡혀 있었던 일을 말하면서 그 도주의 행위, 토지의 비척(肥瘠), 인민의 다소, 풍속, 형승 등에 관하여 매우 자상하게 말해주었으므로, 지금까지도 그것을 기억하고 있습니다.」

넷째, 1590년 80여 명이 송환되었다는 기록이 있다. 『징비록』·『조야기문』을 인용하여 『연려실기술』에 들어있는 것이다. 일본에서 편찬된 『조선통교대기』에도 같이 적혀 있다.

「수길이 즉시 오도에 영을 내려 반민 사화동 및 그와 동모한 왜적 신삼보라, 긴시요라, 망우시라 등을 잡아 바치고, 또 일찍이 왜구들에게 포로가 되었던 공태원 등 80여 명을 돌려보내 왔다. 혹은 160명」

여기서 1590년은 "진도의 거민 사을화동이 왜국에 투항하여 그들이 노략질하는 데 향도 노릇을 해 왔는데 일본에서 그를 쇄환시켜 왔으므로, 상이 인정전에 나아가 헌부례(獻俘禮)를 거행했다"는 『실록』 기사로 보아, 2월 28일 임에 분명하다.

이렇게 보면, 납치자 송환의 시기에 대해 1589년 5월, 1589년 7

월, 1590년 2월 28일 등이 보인다. 이러한 차이는 송환이 제기 또는 결정되었느냐, 송환자가 도착했느냐에 따른 것이다. 이 중에서 통신3사를 임명해 놓고 있던 1590년 2월 28일이 송환 날자로 추정된다. 조선은 이들의 송환을 확인한 후 통신사를 출발시켰기 때문이다.

또한 송환된 인원에 대해 116명, 130명 등이 보인다. 이 중에서 어느 것이 정확한 숫자인가에 대해서는 속단할 수 없다. 적게는 116명, 많게는 130명이 송환된 셈이다.『연려실기술』에는 80명이고 160명이라는 설도 있다고 적혀 있다. 아마 여기에 정해왜란 이전에 잡혀간 사람도 섞여 있어서 이런 혼선이 있었던 것 같다. 통신사 협상 타결 때 송환 대상자로 정해왜란과 그 이전에 납치된 사람을 요구했기 때문이다.

결국 조선 정부의 납치자 송환 요구에 일본은 실록 기준으로 116명만 데려다주었다. 이 과정은 조선에 나와 있던 일본의 통신사 협상단이 본국에 알리고, 그것을 본국에서 수용하여 실행한 것이다. 이때 최종 결정자는 자료에 풍신수길로 나타난다. 앞에서 말한대로『연려실기술』에 풍신수길이 즉시 오도에 영을 내렸다고 적혀 있다. 일본에 억류된 명나라 사람 허의후가 본국에 알린 상소문에 의하면, 자신이 살마 영주와 함께 가서 호소하자 풍신수길이 영을 내려 해적들의 목을 베어 서울로 보내라 했다고 했다. 진짜로 그가 명령을 내렸는지의 진위는 알 수 없다.

어쨌거나 송환자는 부산에 도착했을 것이 분명하다. 이들에 대해 부산에서 심문, 치료, 의복, 여비 등 모종의 조치를 했을 것이다. 그 후 그들 모두가 부산에서 어디로 갔는지는 알려진 것이 없다. 추측하건대 일부만 서울로 올라와 정부 조사에 응하고, 나머지는 부산에서 각자의 고향으로 바로 갔을 것 같다. 조선 정부는 돌아온 사람들을 상대로 곧바로 경위 조사에 나섰다. 그들이 진술한 정보는 '정여립 사건'의 와중에 정쟁의 또 다른 불씨가 되었다.

우선, 오도에 있다가 돌아온 김대기는 어명에 의해 최립으로부터 조사를 받았다. 김대기는 일본에서 듣고 본 점을 소상하게 진술했다. 최립은 그 결과를 보고서로 작성하여 1591년(선조 24) 10월 24일에 선조에게 올렸다. 그 가운데 눈여겨볼 만한 일본 정보가 들어 있다.

「전산전주(畠山殿州)라는 이름의 그쪽 지역에서 들은 바에 의하면, 국왕이 전함을 대대적으로 갖추고 금년에 명나라를 처들어갈 것이라고 하였다.」

풍신수길이 조선으로 건너갈 전함을 대대적으로 갖추어 놓고서, 금년 봄에 명을 침략할 것이라는 말이다. 김대기가 진술한 점에 대해서 유성룡도 다른 곳에서 들어 알고 있었다. 그런데 유성룡은 김대기 등이 진술한 말은 지난해 6월경에 그곳에서 들은 것이니, 중국에 쳐들어가고자 한다는 내년 봄은 바로 금년을 가리키는데, 금년 봄에 명을 침략하지 않았으니 맞지 않다고 김대기의 말을 반박했다. 들은 바를 사실대로 말한 김대기를 거짓말쟁이로 몰아세웠다.

그리고 유성룡은 현소와 종의지가 풍신수길이 금년에 명을 침략한다고 했다가 또 내년이라고 말한 점을 들어, "그들의 앞뒤 말이 번거롭게 자꾸 변하여 터무니없는 듯하니, 공갈하여 오직 간악한 꾀를 이루려는데 뜻이 있는 것은 더욱 확실한 듯" 하다고 했다. 이미 5년 전에 풍신수길의 대륙침략 선언이 공포되었음에도, 유성룡은 일본 사람들 말도 들으려 하지 않았다.

조선을 거쳐 명나라로 들어가기 위해 구주 명호옥에 전함을 집중시키고 있다는 김대기의 증언이나 현소의 협상을 유성룡은 풍신수길의 사기극으로 치부하고 있었다. 이러한 생각은 당시 동인계 관료들에게 두루 나타난 것이었다. 그들은 가능하면 "일본이 침략할 것이다"는 말을 은폐하려고 했다.

이어, 공태원(혹은 공대원)은 조사에서 어떤 진술을 했는지 확인되지 않는다. 그는 돌아와서 좌수영 군인으로 복귀하여 임진왜란 때에 진무(鎭撫)로 참전했다. 좌수사 이순신 곁에 있으며 일본어 통역을 맡았고 왜정을 전해 주었다. 1593년 3월에 이순신 함대는 당포 해전에서 일본군 2명을 나포했다. 이를 심문한 사람이 일본말을 잘 아는 공태원이었다. 공태원은 하루 종일 심문했다. 한 명은 송고로(宋古老)로 나이 27이고 약간 글자를 알고, 또 한 명은 요사여문(要沙汝文)으로 나이 43이었다. 이들이 말하기를 자신들은 출운(出雲) 지역 출신으로 작은 배를 타고 바다에서 고기를 잡던 중 바람을 만나 표류하다가 잡혔기 때문에 일본군의 동정을 자세히 모른다고 발뺌을 하자 처형해 버렸다. 그의 통역 일은 1594년 5월 4일에도 있었다. 경상우수사의 권관이 이순신에게 와서 "왜적 3명이 중선(中船)을 타고 추도(楸島)에 온 것을 만나 붙잡아 왔다"고 고하자, 이순신이 압송해 와서 심문하도록 했다. 공태원이 통역을 맡아 "왜적들이 바람을 따라 배를 몰고 본토로 향하다가 바다 한가운데서 폭풍을 만나 배를 조종할 수가 없어 떠다니다가 이 섬에 댄 것이라고 하였다"고 전했다. 그리고『난중일기』에 의하면, 그는 1595년 7월 14일에 이순신이 한산도에 진을 치고 있을 때에 좌수영에서 들어와 이순신 가족 소식을 전해 주었고, 10월 21일에는 몹시 싸늘한 바람으로 잠을 이루지 못하고 있는 이순신의 부름에 불려가 왜적의 정세에 대한 물음에 답하기도 했을 뿐만 아니라, 1596년 1월 7일에는 항복 왜인 5명에 대한 통역자로 뽑힌 적도 있었다.

한편, 이 송환자들은 서울에서 당국자로부터 조사를 받을 때 이구동성으로 "지난해 수색을 바삐 하였기 때문에 빠진 자가 많았다"고 말했다. 그들은 남만으로 들어간 사람도 적지 않다고 말했다. 이들의 진술을 토대로 송환 실적을 만족스럽지 않게 판단한 정부는, 아직도 적지 않은 동포가 이역만리에 남아 있다고 결정했다. 그래서 통신사가 일본으로 떠나기에 앞서 하직하던 날, 선조는 통신3사에게 명령을 내렸다.

> 「포로로 잡혀갔다가 아직도 송환되지 못한 자가 있거든 그대들이 혹은 접반(接伴)하는 사람에게 말하거나 혹은 일본 유사(有司)에게 공문을 보내어 의리에 의거해서 주선을 잘해 전부 찾아내어 돌아오게 하라. 그리고 비록 남만(南蠻)에 들어간 자라도 만약 송환할 형편이 되거든 아울러 도모하라.」

통신사가 일본에 와서 길거리에 떠도는 말을 들으니, 서울에서 한 송환자들의 말과 대략 같았다. 이 때문에 일본에 체류하고 있던 김성일은 종의지에게 "불쌍하게 포로로 잡혀간 우리 백성들 가운데 아직도 쇄환되지 않은 자가 있을 경우에는, 족하가 문덕(文德)을 닦고 국명(國命)을 선포한 다음 그 포로들을 돌려보내되, 혹시라도 빠뜨림이 없게 해야 할 것입니다"고 당부했다. 그리고 김성일은 납치자 송환에 기여한 바 있는 부관 유천조신에게 다시 한번 납치자를 수색하여 송환해 주도록 촉구했다. 남만에서 돌아온 사람은 자신에게 바로 보내주고, 평호도 등지에서 돌아온 사람은 대마도로 보내어 돌아오는 길에 합류하도록 했다. 자신이 귀국하여 국왕에게 복명할 때 송환자와 같이 입회하면, 국왕께서 기뻐하여 당신에게 또 상을 내릴 것이라고 추켜세워 주었다. 그런데 일본에서 시간은 가는데 성과는 없었다. 남만에서 돌아온 보성 사람 송천수 1명만이 합류했을 뿐이지만, 그는 일본 측에서 송환해 준 이가 아니라 자기 스스로 찾아온 이로 보인다.

더군다나 선위사로 임명되어 통신사를 접대하는 이가 신문(信文) 등 동포 2명을 데리고 있으면서 자기 집 하인으로 부려 먹고 있었다. 대마도에 돌아왔어도 추가 송환자는 한 명도 없었다. 분하기도 했지만, 통신사는 결국 빈손으로 돌아오고 말았다.

한 사람도 더 데리고 오지 못한 이유는 알 수 없지만, 납치자 송환에 항상 뒷돈(고려 말 정몽주는 돈을 가지고 갔다)이나 선물(조선 초기에는 대장경이 인기였다)이 따라다녔던 점 외에는 알 길이 없다. 이때 갔던 통신사들이 그것을 챙겨 갔을 리가 만무하다. 두 정파 간에 서로 비리를 캐거나 실수를 찾으려고 현안이 되었기에, 사행이 끝날 때까지 끝난 게 아니었다. 뭐라도 가지고 가거나 그쪽에 주었다가는 별의별 혐의를 씌어 정치적 공세를 퍼부으거나, 사상적인 논쟁이나 인신적인 모멸감마저 가하리라 여겼기 때문이다.

더 중요한 것은 일본이 납치자를 보내줄 의향이 애초에 없었다는 점이다. 통신사 문제를 해결하기 위해 최소한의 숫자만 보낸 것이다. 그들이 우리 국민을 납치한 목적은 더 큰 침략을 위해서였다. 자세한 내용은 이어서 나온다.

2. 임란 참전자

또한 일본은 침략 때마다 조선 곳곳을 안내할 길잡이 및 조선어·일본어를 통하게 할 통역사를 전라도 남해안에서 납치한 조선인으로 앞세웠다. 이런 일은 이미 오래전부터 반복해 온 행태였다. 여러 사람의 증언을 들 것도 없다.

「연해 여러 진의 정박할 곳을 외국 사람은 실로 알 수가 없기 때문에 향도하는 사람을 얻어야만 온전하게 돌아갔으며 그 밖에 널리 정박한 배는 도서와 해변에 많이 걸쳐서 부서지고 없어진 것이 매우 많으니 왜적의 큰 근심이었다. 그러므로 늘 흑산도, 추자도 등의 섬에서 전복 잡이를 하는 어부를 포로로 얻으면 큰 보배로 여기어 전복을 많이 주고 향도인으로 삼고 있습니다.」

왜인들이 손죽도를 침략한 직후부터 일본을 경계할 것을 주창한 조헌이, 임진왜란 전년에 대일 종합대책을 밝힌 「비왜지책(備倭之策)」에서 한 말이다. 조헌은 서인계 정치인으로 대일 강경론을 주창하고 절의를 강조한 인물이다. 그의 말은 굴곡이 심하고, 섬이 많고, 갯벌이 넓고, 조수 간만의 차가 심한 조선 해안을 일본인은 자력으로는 들어올 수 없고 정보원이 있어야만 들어올 수 있다는 뜻이다.

조헌의 말처럼, 왜인들은 손죽도 침략 때 조선인 사화동을 앞세워 전라도 남해안 곳곳을 헤집고 다니며 그곳 사람들을 납치해 갔다. 그때 납치당한 조선 사람 가운데, 5년 뒤 임진왜란 때에 일본군과 함께 들어와 길잡이와 통역사 역할을 한 사람이 있었다. 낯선 이국 조선 땅에서 전면적인 전쟁을 원활하게 수행하기 위해, 일본은 현지 사정에 정통하고 언어를 소통할 수 있는 안내원이 다수 필요했다. 그래서 그들은 상당히 오래전부터 납치인을 현지 안내원으로 양성했다. 그런데 전면적인 조선 침략을 구상하고 있는 시점에 와서는 옛날에 잡아간 사람들은 늙어서 배를 조종할 수 없고 현지에 대한 기억이나 언어 구사력도 쇠퇴해졌을 뿐만 아니라, 수적인 측면에서도 추가적으로 더 확보할 필요가 있었다. 출동한 후 현지에서 조달한 부역자만으로는 원활한 전쟁 수행을 하기도 어려웠다.

일본은 조선을 거쳐 명나라로 들어가려는 전면적인 전쟁을 수행하기 위해, 새로운 현지 길잡이의 추가 확보가 필요했다. 길잡이는 본국에서 자국인을 양성하기보다는, 납치자로 확충하는 것이 일본 입장에서는 훨씬 값싼 투자였다. 이에 사전에 납치자를 다수로 확보하는 것이 매우 중요한 준비 작업 가운데 하나였다. 그중에서도 당장 써먹을 수 있는 성인 남자의 확보는 전쟁의 승패를 가늠할 정도로 중요한 전략이었다. 그 수행을 풍신수길의 명령을 받은 오도와 평호도가 맡아 그동안의 오랜 경험을 토대로 조선을 침략하여 무고한 백성을 납치해 갔던 것이다.

임진왜란에 참여했던 일본 무장들의 일기를 분석한 연구에 따르면, 일본은 조선을 침략하기 전부터 조선어 통역사를 양성했고 그들을 데리고 조선에 들어왔다고 한다. 한 무장의 일기에 일본어를 할 줄 아는 조선인 통역사를 '高麗의 詞'로 기록해 두었다. 그러면 어떤 사람을 통역사로 양성했겠는가가 궁금하다. 일본인으로 양성했을 가능성도 있고 조선인으로 양성했을 가능성도 있지만, 후자일 가능성이 매우 높다. 그중에서 손죽도 침략 때에 납치한 조선인에게 일본어를 교육하여 통역사로 활용했을 것 같다.

임진왜란 때 대마도는 자신들이 양성하여 외교교섭이나 무역실무에 투입했던 52명의 통역사를 파견했다. 이를 14명의 장수들에게 1~4명씩 나누어 보냈고, 도주 종의지는 가장 많은 16명을 거느렸다. 이와는 별도로 대마도는 조선 성을 가진 통역사를 40여 명 파견했는데, 그들은 소서행장, 석전삼성, 증전장성, 대곡길계, 안국사혜경 등 풍신수길의 직계나 측근들에게 2~3명씩 보내졌다.

이상의 통역사 수는 극히 일부만 노출된 것이다. 임진왜란 동안 몇 명의 통역사가 동원되었는지 알 수 없지만, 수십 명의 장수가 거느린 16만여 명 군인의 운용에 매우 많은 통역 요원이 필요했을 것이다. 그렇지만 통역사를 원하는 만큼 확보하기가 쉽지 않아, 어려움을 호소하는 이도 적지 않았다. 실제 한 장수는 본국에 있는 자신의 가신에게 보낸 편지에서, 조선 여성 13명을 잡아 왔지만 한 마디도 언어가 통하지 않아 불편하다고 했다. 그래서 그들은 일본어를 할줄 아는 조선의 역관을 찾는 데 혈안이 되기도 했다.

이처럼 일본은 임진왜란에 필요한 현지 정보 수집과 정보원 확보를 위해 손죽도 침략 때 사상 유례없는 조선인 납치를 자행했다. 그렇지만 이상의 정황적인 증거 외에 누가 어떻게 정보원 역할을 했는지는 아직 확인된 것은 없다. 상당수로 추정되는 정보원 가운데, 거센 파도와 같은 번민을 이기지 못하고 일본군 진영에서 탈영하여 조선 땅 고향으로 돌아간 사람도 있었을 것이지만, 이 역시 우리가 앞으로 찾아야 할 사람이다.

3. 해외 전매자

납치된 사람 가운데 동남아시아나 중국 등지의 해외로 팔려나간 사람도 있었다. 일본은 1540년대부터 포르투갈과 살마, 오도, 평호도 등지에서 교역을 시작했다. 바로 이어 스페인 선교사가 들어와서 각지에서 포교 활동을 펼쳤다. 일본에서는 포르투갈과 스페인을 남만(南蠻)이라고 했는데, 이들은 말레이반도와 필리핀을 점령했다. 그리고 이 무렵에 일본 구주의 서쪽 지역 '왜구'들은 중국의 절동(浙東)이나 절서(浙西) 지역을 침략하여 약탈을 자행하거나 해상무역 활동을 펼쳤다. 그들의 선박에는 중국인도 적지 않게 동승했지만, 독자적인 중국 선박의 내왕도 잦았다.

포르투갈은 15세기 중반부터 아프리카 해안에서 '노예 무역'을 시작했다. 스페인도 뛰어들었다. 포르투갈과 스페인의 '노예 상인'은 일본에 와서도 노예를 사들였다. 일본의 노예 상인은 자국민을 붙잡아 노예로 서양 사람(이들을 일본은 南蠻이라 했다) 손에 팔아넘겼다. 일본 노예 상인의 배후에는 구주를 포함한 여러 지역의 영주[大名]들이 도사리고 있었다. 전국 시대 영주들은 세력 쟁탈전에서 우위를 점하기 위해 내전 과정에서 발생한 '노예'를 포르투갈과 스페인 사람들로부터 조총, 비단, 담배 등의 물품을 받고 팔아넘겼다. 조총의 원료가 되는 납이나 화약의 원료가 되는 초석도 노예 수출의 대가였다. 팔아넘긴 노예 가운데는 자신의 신하나 백성 가운데 죄를 범한 자도 포함되어 있었다.

그리고 조선에서 납치해 온 조선 사람도 노예 무역 속에 들어 있었다. 노예 무역의 중심지는 구주의 오도, 평호도, 장기 등지여서, 그곳 일본인은 조선 사람을 붙잡기 위해 조선으로 사냥을 떠났다. 이런 생생한 기록은 그곳에 왔던 유럽 선교사들이 남긴 저서에 들어 있다. 16세기 후반 한·중·일 세 국가 국민의 이동이 납치와 매매에 의해 이루어졌음에도 불구하고, 지나 해역을 하나의 생활권으로 하는 세 국가 국민의 자유로운 이동이라는 긍정적 해석을 내린 일본 학자가 있고, 거기에 동조하는 한국 학자도 있다. 이는 돈벌이를 위해 폭력을 행사하고 그 폭력에 못 이겨 강제로 이동한 것을 자유로 둔갑시킨 것이다. '자유' 개념이 무엇인지 본질적인 질문을 제기하고 싶다.

따라서 1587년 정해왜란 전후에 일본 구주의 서쪽 지역에는 포르투갈 상인, 스페인 상인, 중국 상인이 드나들고 있었다. 오도·평호도 왜인들은 전라도 남해안을 침략하여 그곳에서 조선인을 납치하여 이들 상인에게 노예로 팔아넘겼다. 이들의 노예 무역이 이번이 처음이 아니었다. 그래서 해외 노예 상인에게 판매된 조선인은 네트워크가 형성되어 있는 동남아시아의 서남만 제도, 중국의 절동·절서 지역으로 흘러 들어갔다. 팔려 간 사람이 얼마나 되는지 알 수는 없지만 상당수 되었던 것 같다. 이런 행위는 임진왜란 때 극성을 이뤘으니, 자세한 내용은 차차 소개될 것이다.

일본이 요청한 통신사 파견의 이행 조건으로 납치자 송환을 조선은 강력하게 주장했다. 이를 받아들여 일본은 1백 명 이상의 납치자를 송환해 왔다. 그런데 실적이 기대와는 달리 미미했을 뿐만 아니라, 해외 전매자는 아예 제외되어 있었다. 촉박한 통신사 타결에 쫓긴 나머지 급하게 색출하는 바람에 누락된 이가 많아서였다. 이에 추가 송환을 선조도 길을 떠나는 통신사에게 부탁했고, 통신사도 사행 도중에 일본 측에 요구했다. 일본은 여러 섬에 통첩하여 다시 포로들을 색출하여 보내준다고 했지만, 이는 공언(空言)이어서 성과는 전무였다.

통신사를 만나 돌아온 사람으로 송천수(宋千壽) 외에는 알려진 이가 없다. 그는 보성 사람으로, 정해년에 오도의 왜인들에게 포로로 잡혀가 남만(南蠻)으로 팔려 갔다. 그 뒤에 다시 일본으로 돌아와 마침 사신을 만났다. 어떻게 만났는지는 기록이 없다. 추측하건대 자신이 모은 돈을 주인에게 주고 풀려난 후 제 발로 사신에게 왔을 것 같다. 송천수를 보고서, 통신사의 제술관으로 따라간 차천로가 시를 지었다. 그의 시는 찾아지지 않는다. 차천로의 시를 보고서, 부사 김성일이 다시 읊었다. 이 시는 그의 문집 속에 들어 있다.

> 이역 땅에서 죽을 고생 겪은 지 몇 년인가
> 다시 하늘 해 보게 될 줄 어찌 생각하였으리.
> 일본 땅에 붙잡혀 와 외로운 섬에서 걱정했고
> 남만으로 팔려 가며 배 위에서 겁먹었네.
> 몸 묶인 채 마소처럼 갖은 고생 다 하였고
> 오랑캐들 채찍질에 오래도록 시달렸네.
> 범굴 속의 외로운 몸 감싸주는 이 없는데
> 고향 땅이 멀기로야 나보다 뉘 더 멀리오.
> 조그만 섬 여기저기 떠돈 것이 몇 번인가
> 삼천대계 산과 바다 두루두루 다 보았네.
> 향산현서 그대의 몸 부치어 살았었고
> 백골퇴서 그대 목숨 간당간당 하였어라.

송천수는 일본 오도로 끌려갔다가, 남만으로 팔려 갔다. 남만에서 여기저기 떠돌다 중국 향산현(香山縣)으로 흘러 들어갔다. 머리 삭발하고 모습은 변했지만, 눈물을 펑펑 흘리며 고향에 대한 깊은 정과 부모를 향한 애절한 그리움을 잃지 않았다. 떠돌다 죽을 줄 알았는데 우연히 일본으로 돌아왔다. 너무 기뻐 꿈인가 하고 있을 때 통신사 선박을 만났다. 배를 타고 오면서 통신사에게 자신이 겪었던 일과 남만의 풍속을 자세하게 알려주었다. 더불어 차천로와 김성일에게 일본의 전쟁 준비 상황도 듣고 본대로 전해주었을 것이다. 그리고 다시금 한복을 입고 고국으로 돌아와 고향으로 향했다. 그의 행적은 보성 지역사 자료를 뒤져도 더 이상 추적되지 않는다.

부사 김성일이 유천조신에게 편지로 추가 송환을 요구했다. 유천조신은 오도와 평호도에서 추가 색출하여 그들을 돌아올 때 대마도에서 인계하겠다고 화답했다. 김성일은 기대에 부풀어 그렇게 되기를 기원했다.

「어찌 섬 안에 있는 누락된 자들만이 모두 고국으로 돌아갈 수 있게 되었을 뿐이겠습니까. 남만으로 팔려 갔던 자들도 차례차례 돌아오게 될 것이니, 매우 성대하고도 성대합니다.」

이 편지는 발송되지 못했다. 그래서 편지 이름도 「부관 평조신에게 주려던 편지」이다. 그리고 이후 더 이상의 송환은 없었던 것으로 보인다. 해외 전매자가 몇 명이었는지는 알 수 없지만, 이 사례를 통해 1명이 송환되었음을 알 수 있다.

팔려나갔다가 일본으로 되팔려 온 기구한 운명의 사람도 있었다. 이는 조헌이 올린 상소문 속에 들어 있다.

「신이 납치되어 갔던 사람의 말을 들으니, 왜적들이 우리나라 사람을 잡아다가 서남만 제도(西南蠻 諸島)에 팔아먹었고, 절동·절서 지역까지 이르러 또한 전매(轉賣)되어 다시 일본으로 돌아온다고 합니다.」

이 기사는『선조실록』이나『재조번방지』에도 수록되어 있다. 서남만 제도는 오늘날의 필리핀이고, 절동·절서는 절강성이다. 이곳에서 그곳 상인에 의해 일본에 되팔렸던 것이다. 이는 상인들의 왕래가 매우 활발하다는 증험이었다.

이 외에 해외로 팔려나간 사람들은 그곳에 정주했을 것이다. 하지만 그곳에서 도망쳐 나온 사람도 있었다. 전라도 좌수영 진무였던 김개동과 이언세가 그들인데, 두 사람 가운데 이언세는 장홍 출신이었다. 그는 손죽도 싸움에서 왜구에게 잡혀가 오도에 머물다가 남만에 팔려 갔다. 남만에서 탈출하여 배를 타고 주야 40일을 가서야 중국의 광서 향산현 땅에 닿았다. 한배에 탄 중국 상인에게 물어서 그곳이 명나라 지방인 것을 알았다. 그는 동반자인 김개동과 함께 밤을 타 도망쳐 그 지방 지현(知縣)에게 호소하니 지현이 처음에는 만인(蠻人)이 올린 고장(告狀)이라고 하여 팽개쳐 버리고 거들떠보지도 않았다. 그러자 며칠을 울부짖으니 그때서야 조사 심문했다. 이언세는 글을 좀 알았는데 '조선국의 장흥 사는 사람으로, 해전을 하다가 왜적에게 사로잡혀 오랑캐 배에 넘겨졌다.'고만 썼다. 그것을 본 지현이 남웅부(南雄府)에 압송하니 삼사관(三司官)이 그 문초에 의거, 그들을 북경으로 이송했다. 그때 마침 5월 20일에 서울을 출발한 사은사 우의정 유전(柳墺)이 북경에 도착했다. 이언세 일행은 그 사행과 같이 11월 12일에 서울에 돌아오게 되었다.

이들은 돌아와 사화동의 부역, 납치자와 납치선의 정황 등 중요한 사실을 조선에 알렸다. 또한 이들은 임진왜란 때 좌수영 수군으로 참전하여 이순신 함대에 있었다. 부산포 해전에서 좌수영 우후 이몽구가 일본군 두 명의 목을 베었다. 그중 한 명은 본래 왼쪽 귀가 없었다. 이를 본 김개동과 이언세는 "소인을 (정해년에) 잡아간 왜인은 본시 왼쪽 귀가 없었는데, 이제 왜인의 머리를 보니 얼굴이 그와 같으며 이 왜인은 나이가 늙어서 스스로 두목이 되어서 도적질을 일삼고 사람 죽이기를 즐겨하였다."고 말했다.

한편, 이 당시 일본인 가운데 일본으로 표류해 온 조선 사람을 팔아넘긴 이도 있었다. 1587년 묘심사의 승 천형(天荊)이 통신사 협상단의 일원이 되어 조선을 내왕했다. 그는 경도를 출발하여 봄에 대마도 부중(府中)에 이르렀다. 그곳에서 '적도(賊徒)'들이 조선을 침범하여 변방 백성을 납치하여 돌아갔다는 것을 소문으로 들었다. 자신이 배를 몰고 '적영

(賊營)'에 가보니 사실이었다. 조선 침범은 정해왜란을, '적도'와 '적영'은 평호도나 오도를 각각 지칭한다. 이때 조선 표류민 6명과 그들이 난 자식 2명 등 8명이 있었는데, 그곳 사람들이 이미 본국인에게 팔아넘긴 상태였다. 이상은 그가 남긴『조선왕환일기』에 수록되어 있다.

4. 일본 잔류자

통신사 협상시 일본 측은 1백 명 이상의 납치자를 송환해 주었다. 그런데 돌아온 사람들의 말에 따르면, 일본에서 납치자를 송환할 때 바삐 모았던 관계로 탈락되어 아직 돌아오지 못한 자가 많다고 했다. 또한 통신사들이 일본에 가서 들은 바에 따르면, 납치자 송환 상황이 본국에서 들은 내용과 대체로 같다고 했다. 이러한 정황에 따르면, 송환되지 못하고 일본에 강제로 억류되어 있는 조선인 납치자가 상당수 있었음을 알 수 있다.

오늘날 일본에는 조선 각 지역에서 수많은 조선 사람들이 일본으로 강제로 잡혀 와서 정착한 흔적이 곳곳에 남아 있다. 그 사람들을 보통 하기 쉬운 말로 임진왜란 때의 '피로인'이라 한다. 대체로 맞는 말이다. 하지만 그 이전에 붙잡혀 온 사람도 섞여 있다. 그 가운데 여기에서 다루고 있는 1587년 정해왜란 때 붙잡혀 온 이도 있다.

일본 구주 지역의 그리스도교 신자를 분석한 연구에 따르면, 1593년에 나가사키에서 그리스도교 세례를 받은 100명 중에 과반수는 조선인 노예였다고 한다. 이 50명 이상의 조선인 세례자 가운데 1년 전 임진왜란 때에 납치된 사람도 있었겠지만, 그 이전에 온 사람도 있었을 것이다. 구주 지역 왜인들에 의해 조선의 남해안 사람들이 지속적으로 납치되어 그곳으로 끌려왔고, 남해안 사람들이 해상 활동 중에 구주 지역으로 표류되었기 때문이다.

여기에서 우리들의 관심은 이 모든 사람의 행방을 추적하는 것이 아니다. 1587년 정해왜란 때 납치된 사람을 대상으로 하고 있다. 이때 오도·평호도 왜인들에게 붙들려 일본으로 끌려가서 잔류했던 사람들의 존재는 17세기 전반에 가서야 확인된다.

정유재란이 끝나고 약 반세기가 지난 1634년과 1642년에 평호도에서 「長崎平戶町人別帳」이란 문서를 작성했다. 평호도는 일본에서 그리스도교가 가장 먼저 들어온 곳이다. 이 문서는 그리스도교를 탄압하기 위해 그곳 사람들의 종교를 파악한 일종의 호구 조사서이다. 여기에 일본에 납치 연행되었던 조선인의 궤적이 적혀 있다는 점에서 이 문서는 의의가 있다.

이 문서에는 일본인과 결혼하여 가정을 이루고 있거나 일본인의 하인으로 존재하는 조선인 1세 9명이 등장한다. 이 가운데 8명은 임진·정유왜란 때 납치되어왔지만, 1명은 그 이전에 들어왔다. 그 사람은 여성으로, 7살 때인 1587년에 조선에서 평호도에 들어왔다. 문서에 부모가 기재되어 있지 않고 혼자 건너왔다고 기록된 것으로 보아, 그녀는 혼자 유년 시절에 납치되었음에 분명하다. 이 여자는 3살 연상의 일본인 '甚五左衛門'과 결혼하여 평호도 영내의 '相ノ浦'에서 어민으로 생활하다, 1636년에 장기(長崎)로 이주했다.

한편, 조선인 2세 8명도 기록되어 있는데, 그 가운데 한 명의 1세가 임진·정유왜란 이전에 들어왔다, 그는 일본인의 하녀로 있는 'まき'라는 25세 여성의 어머니이다. 그녀의 어머니는 조선 출신으로, 1590년 장기에 끌려왔다. 그녀는 일본인인지 아니면 조선인인지 모르겠으나 누군가와 결혼하여 이 딸을 낳았고, 문서 작성 당시 부부는 '今石灰町'이란 곳에 거주하고 있었다.

이처럼, 정해왜란 때 납치되었던 여성 1명이 약 50년 뒤, 일본인과 결혼하여 평호도에 거주하고 있었음이 확인되었다. 제한적인 지역과 문서를 통한 발견인 점을 감안하면, 더 많은 수가 존재했을 것이다. 다만 남성이 발견되지 않은 점은 임진·정유왜란을 거치면서 다른 지역으로 이주했거나 목숨을 잃었을 가능성이 있어 보인다.

5장

정치와 외교, 전쟁

1. 풍신수길

서유럽 국가들은 새로운 바닷길을 통해 해외 진출을 도모했다. 그 영향을 받아 동아시아 역사도 16세기에 변해가고 있었다. 동아시아의 변화는 해상에서의 활발한 무역 활동과 유럽 문화의 전래로 야기되었다. 이 조류에 발을 내민 일본은 조선에 새로운 관계를 요구했다. 반면에 조선은 '이웃 나라와 사귄다'는 전통적인 교린정책을 유지하려고 했다. 그에 따라 조선 정부의 엄격한 통제와 일본인들의 저항이라는 악순환만 반복되고 있었다. 비록 대마도가 대조선 무역권을 유지하기 위해 교린체제 수호자의 역할을 하여 시스템 자체가 무너지지는 않았지만, 조일 관계는 파탄을 향해 가고 있었다.

조일 관계 파탄의 주인공은 늘 무력 침략의 야욕을 품은 일본이었다. 그들은 을묘왜란을 일으켜 조일 관계의 단절을 초래했다. 이 단절은 2년 뒤에 체결된 '정사약조'로 가까스로 복원되었다. 그리고 32년 뒤 1587년 봄 정해왜란을 일으켜 또다시 단절의 신호탄을 쏴버렸다. 그런데 이 왜란은 신속하게 치고 빠지는 전략을 구사하여, 세견선·세사미의 증액이나 포구의 추가 개항을 요구하는 이전과는 다른 특성을 보였다. 아예 그런 요구를 하지 않았고 할 필요도 없었다.

그러므로 정해왜란을 누가 왜 기획했고, 그 배후는 누구인가가 궁금해질 수밖에 없다. 더 나아가 그때 침략군을 단순 노략질을 일삼는 왜구·해적으로 볼 것인가, 아니면 막강 정치세력의 휘하에 있는 훈련된 정규군 수준으로 볼 것인가 등 여러 가지가 궁금해진다.

이 왜란을 기획한 자는 구주의 오도(五島)와 평호도(平戶島) 도주였다. 이 두 섬은 오늘날 우리에게 낯선 곳이다. 우선 어떤 곳인가부터 알아볼 필요가 있다.

구주의 서쪽에 있는 오도는 크고 작은 150여 개의 섬으로 이루어져 있어 '오도열도(五島列島)'라고 부른다. 땅이 척박하여 주민들은 상업으로 생활을 유지하면서, 조선을 자주 침략하여 노략질을 일삼았다. 일본이 조총을 받아들이는 데 주도적 역할을 한 명나라 상인 왕직(王直)이 무역을 하려고 오도에 내항하여 영주의 허락을 받고 성 아래에 거주했다. 오도에는 포르투갈 사람들도 왕래하고 있었다. 도주였던 아버지가 사망하자, 아들 우구순현(宇久純玄)이 계승했다. 우구순현은 1587년 풍신수길에게 투신하여 구주 평정에 협력한 공로로 영지를 인정받았다. 임진왜란 때 소서행장과 함께 제1진으로 도해했다.

평호도는 구주 서북부에 있는 섬이다. 면적이 163제곱킬로미터이니, 우리의 거제도(382), 진도(375), 남해도(301)의 절반 정도 된다. 남서쪽에 인접한 오도가 있어서, 당시 두 섬은 밀접한 관계를 맺고 있었다. 우선은 왕직이 도주의 초청으로 평호도로 넘어와서 그의 비호를 받으며 대저택에서 생활하고 2천 명 이상 사람과 수백 척 선박을 거느려 '왜구왕'으로 불렸다. 특히 왕직은 1550년 무렵에 포르투갈 사람을 자기 근거지로 초청하여 도주와 연결해 주어, 서양 제국과의 무역이 평호도에서 개시될 수 있게 했다. 그리고 오도의 우구순현은 평호도 도주의 아들 송포진신(松浦鎭信)의 양녀와 결혼했다. 또한 송포진신은 임진왜란 때 사위 우구순현과 함께 제1진으로 도해했다.

이들 오도·평호도는 일본 안에서 중국과 교류할 수 있는 가장 가까운 곳에 있다. 그곳 지형은 해안의 굴곡이 심해 천연 양항이 도처에 산재해 있다. 이러한 지형·지리적 조건으로 그곳은 일찍이 견당사의 도선장으로도 역할을 했다. 그리고 그곳 사람들은 해상(海商) 또는 해적(海賊)·왜구(倭寇)로 불리며 일찍부터 조선·중국·유구와 교역했다. 이곳에서 수입한 물품을 박다·경도 상인과 손을 잡고 일본 각지로 보급했다. 이들의 역할에 대해 한 일본 학자는 "구주를 중심으로 한 서일본 각지의 항구에서 전국대명(戰國大名)을 시작으로 하여 유력자의 지원을 받아서, 교역을 행할 수 있었다."고 평가했다.

한편 왕직은 중국 휘주 출신이다. 1540년 무렵부터 중국 쌍서항에서 일본, 섬라, 말라카, 루손, 안남 등지를 왕래하며 무역하여 거부가 되었다. 일본의 경우 살마, 오도, 평호도 등지를 활동의 거점으로 삼아서 독자적인 네트워크를 구축했다. 바로 이때 왕직 선단에 의해 종자도에 조총이 반입되었다. 왕직은 오도를 방문하여 도주에게 통상을 요구하자, 도주가 수락하여 교역이 시작되었다. 그때 그의 중국 근거지가 정부에 의해 파괴되자 아예 근거지를 일본으로 옮겼다. 왕직이 오도에 거주했던 곳을 '唐人町'이라 하고 그곳에 항해를 기원했던 묘당(廟堂)과 음용했던 정호(井戶)가 현재까지 남아 있다. 왕직의 또 하나의 근거지가 평호도였다. 평호도에는 왕직의 상(像)과 저택 유적비가 있다. 이리하여 일본에 조총이 가장 먼저 들어온 곳이 바로 구주의 서남쪽 살마, 오도, 평호도였던 것이다.

다시 본론으로 돌아와서 오도와 평호도는 고립된 존재가 아니라 함께하는 세력이었다. 정해왜란 당시 이들의 배후에는 대마도(對馬島), 소서행장(小西行長), 풍신수길(豊臣秀吉)이 있었다. 그러므로 두 도주의 행위는 그들의 단독 결정이 아니라, 현재 명확하게 밝혀진 적은 없지만 배후 세력의 사주에 의한 의도된 도발이었다. 통신사 협상 시 대마도 측은 조선인 사화동이 오도인을 끌어들여 발생한 우발적 사건이라고 했지만, 이는 대마도의 변명에 불과하다. 일본 정국의 추이를 감지한 구주의 유력 세력가가 조총으로 무장한 훈련된 군대를 동원하여 의도적으로 침략 행위를 감행했고, 그 정보는 곧바로 입당(入唐)을 주선하고 있는 소서행장·대마도와 입당 의지를 품고 있는 풍신수길에게 제공되어 정명가도 주장과 조선 침략으로 직결되었다. 각자도생하던 이들 4자가 언제 의기투합하여 왜 조선을 침략했는지에 대한 조사는 한계가 있기 마련이고, 완벽하게 복원하고 재현하는 건 사실상 불가능하다. 그러나 기록과 자료, 앞일과 뒷일을 최대한 수집해 상호 관계성과 맥락을 맞춰가다 보면 윤곽이 드러날 수 있다.

이들의 밀착 정황은 두 가지 점을 토대로 확인이 가능하다. 하나는 임진왜란 때 가장 먼저 도해한 제1진에 풍신수길의 최측근 소서행장, 소서행장의 사위 대마도 도주, 사돈 관계인 평호도 도주와 오도 도주 등이 포함되어 있다는 점이다. 이는 대마도를 매개체로 하여 풍신수길·소서행장과 오도·평호도가 이전에 이미 매우 밀착된 관계를 맺었음을 의미한다. 이들은 순천왜성에서 함께 농성했고, 최후의 전투 노량해전에서 탈출에 성공할 때도 함께 하여 끝까지 밀착 관계를 유지했다. 그러므로 이 1587년 정해왜란을 이들이 사전에 모의했다고 볼 수밖에 없다.

또 하나는 오도·평호도가 일본 내에서 조총을 가장 일찍 접한 곳이라는 점이다. 그들은 조총으로 무장한 훈련된 '군대'를 보내어 침략하는 행동을 펴서 조선 전체를 깜짝 놀라게 했다. 그 결과는 일본 국내에서 효능을 인정받은 조총이 조선에서도 가능한지가 확인되어 조선을 침략하려는 풍신수길의 계산을 굳히게 하기에 충분했다. 그러기에 오도와 평호도는 제1진 도해 때 조총을 다루는 장교와 병사를 파병했다.

그러면 풍신수길과 구주 세력가는 언제 어떻게 밀착되었을까? 이 대목에서 알고 넘어가야 할 사람이 있다. 바로 소서행장이다. 그는 대판 옆 항구도시 계(堺)의 무역 상인 아들로 태어났다. 그리스도교 신자가 되어 세례까지 받았고, 배와 바다를 잘 알았다. 10대 때 풍신수길의 가신이 되어 가등청정과 함께 활동했다. 육군 중심의 풍신수길 군대에 수군을 보강할 필요가 있어, 수군을 지휘하는 장수로 발탁되어 활약했다. 풍신수길에게 바다 건너로 눈을 돌리고 바다를 잘 아는 참모가 필요하기도 했다. 소서행장은 20대 초반인 1581년 라이벌의 수군을 격파하여 풍신수길이 일본 내해를 장악하는데 기여했다. 이를 기반으로 이듬해에 '풍신 수군'이 조직되었다. 소서행장은 1585년 첫 영주가 되어 섬을 하사받았다. 이때부터 그는 조선과의 협상이나 조선에 침략할 때 선봉을 맡았다. 이 이유에 대해 소서행장과 가등청정의 라이벌 관계를 다룬 일본 소설가 원등주작(遠藤周作)의 『숙적』에 의하면, 오랜 세월에 걸쳐 조선 인삼을 수입한 소서행장의 집안은 수시로 조선에 배를 띄워 그쪽 정세에 누구보다 밝아서 풍신수길로부터 조선통을 맡게 되었다. 이제 바다를 알고 조선을 아는 젊은 해장(海將) 소서행장이 조선 앞에 버티고 있다.

일본은 1백 년간 전국시대를 맞이했다. 이 기간에 각 지역을 지배하고 있는 영주들은 영역을 확대하기 위해 서로 항쟁을 거듭했다. 그들은 항쟁하는 동안 군사력 증강이 필요하여 군복에 사용하는 면포를 조선에서 수입했고, 조총을 도입·제작하여 전투에 투입하는 데 앞장섰다. 조총을 가장 유용하게 사용한 이가 직전신장(織田信長)이었다. 그는 혼란한 사회를 평정하고 전국 통일을 눈앞에 둔 1582년 가신의 배신에 자결하고 말았다.

이제 풍신수길은 직전신장의 가신으로서, 그의 후계자가 되기 위해 라이벌과 일전을 펼쳐야 했다. 우선 주군 직전신장을 자결하게 한 명지광수(明智光秀)와 겨루어 그를 죽게 만들었다. 그리고 1583년 최대 라이벌 시전승가(柴田勝家)와 결전을 펼쳐 승리를 거두었다. 풍신수길은 그의 가신 9명에게 상을 내렸다. 그 가운데 가등청정(加藤清正)은 철포 150정을 거느리는 부대장이 되었다.

이 1583년부터 풍신수길은 대판에 성을 쌓기 시작했다. 축성 책임자로 소서행장이 임명되었다. 거대한 돌덩어리를 실은 배가 꼬리를 물고 대판 항으로 들어왔다. 3만 명의 인부가 동원되어 웅장하고 화려한 대판성(大阪城)이 3년 만에 완공되었다. 그 규모는 직전신장의 성곽 안토성(安土城)을 훨씬 능가했다. 화려하게 우뚝 솟은 대판성의 천수각은 이 모든 것의 상징이었다. 이렇게 웅장하고 화려한 축성은 전국 통일사업 추진을 위한 본거지로 삼기 위해서였다. 이의 완공으로 풍신수길의 해외 정복 계획은 곧바로 구체화 되어 갔다. 그의 군사력은 조총 부대를 주축으로 한 일본 최강의 정예여서 자신감이 붙을 수밖에 없었다.

실권을 장악한 풍신수길은 1585년(선조 18) 7월 백관을 통솔하고 국정을 총괄하는 관백(關白)의 자리에 올라 일본 최고 실권자 지위를 받았다. 두 달 뒤 9월에 가신들에게 "唐入り", 즉 중국 명나라를 정복하겠다는 말을 처음으로 공식 발표했다. 직전신장도 외국 원정을 말한 적이 있고, 풍신수길도 그 이전에 이와 유사한 말을 한 적이 있었다. 그러나 아직 국내를 완전히 통일하지 못한 때라, '꿈' 정도였을 뿐 구체적 복안

을 가진 것은 아니었다. 중요한 것은 정복 대상에 조선도 포함되어 있다는 점이다.

확실한 사실은 풍신수길이 1585년에 대규모 해외 원정 계획을 마음에 품었다는 것이다. 때는 오도 왜인이 손죽도를 침략한 정해왜란의 1년 6개월 전이었다. 이 무렵 조선은 제1장에서 말한 것처럼, 동인과 서인의 갈등으로 정치권의 긴장이 극에 이르러 있었다. 특히 율곡 이이의 사후, 상대 진영의 궤멸을 노리는 동인의 공세는 더욱 거세어졌고, 서인은 큰 방패막이가 사라진 상황에서 방어하는 데 급급했다. 그러므로 독자여러분은 이 점을 감안하고 당시 전개되었던 외교·국방을 읽어야 한다.

풍신수길은 자신의 야심을 어떻게 표현하고 실현해나갔을까? 그는 대판성에서 1586년 3월 야소회(耶蘇會) 선교사 방문단에게 중국과 조선 정복 계획을 공개했다. 이때 그는 이 정복에 필요한 2천 척의 군선을 만들기 위한 목재를 이미 벌채하고 있다는 사실을 털어놓았고, 서양 선박 2척을 알선해 주도록 의뢰했다.

전국 통일 작업이 막바지에 이르렀다. 여기에 남은 과제가 구주 정복이다. 풍신수길에게 구주는 식은 죽 먹기 대상이었지만, 그가 굳이 정복에 나선 진짜 목적은 조선을 침략하는 데 구주를 발판으로 삼기 위해서였다. 그러기에 그는 4월 구주 평정을 위한 인원·성곽·군량 등을 준비하라고 측근들에게 지시했다. 그 속에 구주를 평정하면 다음은 명을 정복한다는 점이 들어 있다. 그리고 「高麗御渡海」라는 항목도 들어 있다. 구주 지역 평정 후 조선을 침략하겠다는 것이다. 일본에서 중국으로 곧바로 가는 것이 아니라, 조선을 거쳐 들어가겠다는 계획이다. 6월에 대마도 도주가 서간과 헌물을 보내자, 그에게 풍신수길이 명령했다.

「조선을 공격하는 병력이 준비되면 파견하여 평정할 예정이니 그

때는 충절을 바치도록 하라.」

이때 종의조는 자신 있는 것처럼 답했다.

「조금 기다리면 조선 국왕을 경도까지 데리고 가서 인사를 시키겠습니다.」

1586년은 조선은 수세에 몰린 서인이 반전을 위해 암중모색하는 정중동의 한 해였지만, 일본은 긴박한 한 해였다. 풍신수길의 조선 정복 계획을 안 대마도 도주는 가신 유천조신과 귤강광을 구주의 진지에 와 있는 풍신수길에게 파견했다. 계획 내용을 자세히 탐문하고 실천 방안을 자문받기 위해서였다. 풍신수길은 8월 모리휘원(毛利輝元), 안국사 혜경(安國寺 惠瓊), 흑전효고(黒田孝高) 등의 측근에게 구주 평정 후 조선 도해와 명 정복을 준비하라고 명했다. 이는 소문이 되어 10월에 이르면 일본 내에 크게 나돌았다.

「수길이 일본국을 통일하고 천하가 태평하게 되면 고려국에 군사를 파견하여 평정한다.」

「조선, 남만, 명까지 병을 파견하여 평정한다.」

그리고 풍신수길은 12월에 구주의 세력가 도진(島津)의 군대를 대파했으며, '풍신'이라는 성을 천황으로부터 부여받으며 그의 천하 통일과 해외 정복 계획은 기정사실화되었다. 바로 이때 오도 도주는 동생을 대판에 보내서 풍신수길의 '풍신' 성 부여와 관백 전임을 축하했고, 이 자리에서 그는 풍신수길로부터 살마(薩摩) 평정을 안내하라는 명령을 받았다. 그리고 도주 동생은 대판 인근에서 소서행장과 대면했다. 이 일련의 과정에서 오도는 조선 정복과 관련된 모종의 지시도 받았을 것 같다. 한편, 오도의 도주 우구(宇久) 집안과 평호도의 도주 송포(松浦) 집안은 화친을 맺고 사돈 관계를 맺은 사이였다. 이상을 종합하면, 풍신수길, 소서행장, 그리고 오도의 도주, 평호도의 도주가 밀접한 접촉을 하고 있음을 알 수 있다.

이러한 관계를 토대로, 풍신수길은 오도와 평호도에 전라도 연해에 선박을 침입시켜 무력 도발을 감행하도록 명했다. 이 명을 받은 오도와 평호도 도주는 부랴부랴 1587년 1월 중순에 실천에 옮겼다. 다급했기 때문에 남풍이 부는 3~4월이 아니라, 북풍이 부는 악조건을 무릅쓰고 1월에 전격적으로 단행했다. 그러기에 완도 가리포를 목적으로 했지만, 길을 잘못 들어 엉뚱하게 녹도·손죽도 방향으로 가고 말았다. 그렇지만 그들은 전라 좌수군·우수군의 군선과 복병선을 대거 약탈해 갔다. 약탈한 선박을 오도에 5백여 척 정박해 놓았다. 곧이어 침략에 사용하기 위해 그 선박을 수리하고 그곳에 무기를 장착했을 것 같다. 더 나아가 조선 군선의 강점과 약점도 그들은 파악했을 것이다.

풍신수길과 오도·평호도의 밀착에 대한 직접적인 자료는 보이지 않지만, 그 가능성은 충분해 보인다. 왜냐하면 일본 전국에 중국을 정복한다는 계획이 선언되고 나서 어떤 사람은 선박을 새로 만들고, 어떤 사람은 멀리 떨어진 지역에서 선박을 만들게 하고, 그 밖의 사람은 무기나 탄약을 조달하거나, 유산이나 전답을 처분하여 준비를 갖추는 등 그 열의·궁리·배려는 지금까지 일찍이 볼 수 없었기 때문이다.

을묘왜란 이후 또다시 왜란이 일어날 것 같은 조짐에 대해 조경남은 『난중잡록』에서 1582년을 적시했다. 근거는 제시되어 있지 않지만, 이때부터 정해왜란이 싹텄다고 했다. 그러나 임진왜란은 풍신수길이 전국 통일을 눈앞에 둔 1585년 "唐入り"을 선언하면서부터 계획되었고, 그 전초전을 1587년 양도 도주가 전라도 남부를 강타한 정해왜란으로 대행해 주었다. 이 점에 대하여 안방준은 「임진기사」에서 다음과 같이 말했다.

「대개 풍신수길은 임금을 죽여 왕위를 빼앗고, 그 위세를 타서 우리나라의 길을 취하여 명나라를 침범하고자 했는데, 먼저 사화동을 길잡이로 삼아 약간의 배를 보내어 우리나라 병력의 강약을 시험했다.」

비슷한 말을 나사침은 자신의 일기 「정해일기」(이 일기는 대부분 유실되고 일부만 남아 있다)에 적었다.

「일본이 (정해왜란을 통해서) 우리나라의 허실을 자세히 관찰했을 것이다.」

남구만 역시 위 두 사람과 유사하게 「이대원 신도비」에 적어 놓았다.

「정해년 봄은 왜란이 일어난 임진년보다 5년 전으로 바로 일본의 풍신수길이 이를 갈고 혀를 빼물고서 정예병을 내어서 시험하였다.」

정해왜란은 풍신수길의 전면적인 조선 침략을 위한 탐색이었다고 당시 지식인들은 파악했다. 그러기에 선조는 "우리나라의 사정을 저들이 모두 알고 있으니, 만약 우리나라가 전라도에 주력하는 줄 알고 다른 도로 들어오면 어찌할 것인가"하고 염려했다. 정해왜란 이후 국방력을 전라도에 집중하고 있는 점을 역이용하여 다른 곳으로 처들어 올 가능성도 점쳐지는 상황이었다. 이러했기에 일반 백성에서 조정 중신 및 국왕에 이르기까지 우려의 차원을 넘어 일본의 침략을 기정사실화하고 있었다. 이와 같은 관점에서 북한에서도 "1586년에 도요토미는 사쓰마 정벌에 앞서 조선 출병 계획을 쓰시마 영주에게 알리면서 조선 국왕의 일본 방문을 요구하도록 지시했다. 그리고 이듬해에는 전라도 흥양과 가리포에 해적선을 침입시켜 무장 도발을 감행하도록 하였다"고 파악했다. 손죽도 침략을 풍신수길이 정권을 잡은 후 조선 침략을 감행하기 위해 정보를 수집하고 전력을 탐지하기 위한 예비전으로 성격 규정을 내린 것이다.

의도대로 1587년 1월 정해왜란이 진행되었다는 소식을 접한 풍신수길은 3월 1일에 직접 군대를 이끌고 대판을 출발했다. 풍신수길의 대판 출발에 앞서 오도·평호도 도주가 서둘러 조선 침략을 단행했을 가능성도 있다. 풍신수길은 5월 8일 살마에서 도진의 항복을 받고 구주 정벌을 종결지었다. 여기에 오도 도주, 평호도 도주도 동참했다. 정해왜란으로 조선 정보를 입수하고 조선인을 납치하여 자군(自軍)의 전력으로 확보하고, 만만치 않은 구주의 정벌에 동참까지 했으니, 당연히 그들에게 상이 내려졌다. 오도 도주는 1만 5천석 정도의 영지 소유권을 인정받았다.

이때 대마도 도주 종의조도 구주로 가서 풍신수길을 만나 영지를 인정받았다. 그 자리에서 풍신수길은 도주에게 다음을 지시했다.

「조선에 출병하여 정복한다고 명하였으나, 종의조가 청하니 출병을 연기하겠다. 그러니 조선 국왕을 일본 수도로 올라오도록 하라. 만약 상경이 지체되면 즉시 도해하여 주벌(誅罰)할 것이다.」

그는 같은 내용을 살마 정벌 시 진중에서 처에게 보낸 편지에도 적었다.

「고려 왕에게 일본의 궁궐에 들어와라, 그렇지 않으면 내년에 처벌하겠다고 빠른 배를 보내어 전하였다. 내가 살아 있는 동안에 중국까지 손에 넣을 생각이다.」

역시 같은 내용을 전국적인 세력가에게 보낸 주인장(朱印狀, 붉은 인주 도장이 찍힌 공적 문서)에도 적었다.

「일본 조정의 명예를 위해 조선 국왕 자신이 입조하라고 하였다.」

모두 조선 국왕으로 하여금 직접 일본으로 와서 자신에게 입조(入朝)하라는 것이다. 그렇지 않으면 병력을 보내어 처벌하겠다고 했다. 조선을 복속시킨 후 명을 정복하려고 했다. 입조란 속국이 종주국에게 예물을 올리는 것이다. 풍신수길은 조선에게만 요구한 것이 아니라, 유구·필리핀·대만·인도 등 동남아시아 곳곳에도 입조를 요구했다. 포르투갈이나 스페인처럼 해외 식민지를 개척하려고 했고, 일본을 중심으로 한 새로운 국제질서를 만들려 했다. 이는 '망상'이었다.

2. 협상단

왜적이 손죽도를 침략하고 두세 달 지나자 조선의 운명이 가시권에 들어왔다. 1587년(선조 20) 5월, 풍신수길은 구주를 평정하기 위해 대군을 거느리고 직접 출격했다. 이때 대마도 도주 종의조(宗義調)는 가신을 풍신수길에게 보냈다. 대마도 가신은 조선 정벌 대신 조선으로 하여금 공물이나 인질을 바치도록 하는 방법을 제시했지만, 풍신수길은 거부하고서 조선 국왕의 일본 방문을 명하고 방문하지 않으면 조선에 출병하겠다는 주장을 굽히지 않았다.

6월에 도주는 아들 종의지(宗義智)와 함께 직접 구주로 건너가서, 구주를 평정하고 박다에 머물고 있는 풍신수길을 방문하여 전승을 축하했다. 풍신수길은 종의조의 대마도 지배를 인정하면서, 1년 이내에 조선 국왕이 일본을 방문하도록 교섭을 추진하라고 명했다. 만약 회답이 지연되면 여러 병선이 대마도에 이를 것이라는 협박성 말까지 했다. 대신 조선이 복속하면 그곳을 대마도 영지로 해주겠다는 회유성 말도 덧붙였다. 이에 따라 조선 국왕의 일본 방문 교섭권이 대마도에 주어졌다.

제1차 협상

이에 대마도 도주는 1587년 9월에 귤강광(橘康廣)을 특송사로 삼아서 유천조신(柳川調信), 천형(天荊) 등을 함께 조선에 파견했다.

귤강광은 대마도의 가신으로서 조선 정부로부터 관직을 받은 수직인(受職人)이다. 27년 전 처음 방문한 이후 여러 차례 조선을 방문한 바 있고, 이 당시 나이는 50여 세이고 얼굴은 큼직하다고 알려졌다.

유천조신 역시 가신이다. 수직인으로서 이름이 평조신(平調信)으로 알려졌다. 여러 차례 방문하여 무역과 외교 활동을 편 인물이다. 이마가 넓고 눈초리가 예리한 모습이다. 노회하여 말꼬리가 잡히지 않는 말만 구사했다.

천형은 경도 묘심사의 승려로, 외교승으로 이전에도 한 차례 온 적이 있다. 이후에도 여러 차례 다녀갔다. 경험을 『조선국왕환일기』, 『서정일기』란 일기로 남겼다.

이들의 지위는 대마도 도주의 사자, 즉 심부름꾼에 불과하다. 그런데 그들은 들어와서 막부가 보낸 사신이라는 뜻의 국왕사(國王使)라고 칭했다. 이는 거짓말이다. 조선은 거짓말에 속아 『선조실록』에 "일본국 사신 귤강광이 방문하였다"고 적었다. 이런 행위는 오래전부터 행해졌고, 이런 사람들을 '위국왕사(僞國王使)' 또는 '위사(僞使)'라고 한다.

귤강광 일행이 부산에 이르렀다. 동래부사가 베푼 향응 자리에서 술이 돌자, 귤강광은 일부러 술잔을 떨어뜨려 깨뜨렸다는 일화가 전한다. 경상 좌수사가 왜 왔냐고 물었다. 그의 대답이 이러했다.

「일본국은 미욱한지라 밝게 살피지 못하고, 적자(嫡子)를 바꾸어 신왕(新王)을 세웠는데 가까운 시일에 통사(通仕)하고자 합니다.」

일본에서 신 국왕이 즉위했고, 그가 가까운 시일에 통신하고 싶다는 말이다. 이를 좌수사는 국왕에게 보고했다. 선발대로 서울에 올라와서 동평관(東平館, 일본 사신을 접대하는 곳으로 현 서울의 예관동에 있었다)에 머물고 있는 외교승 천형에게 조선 조정은 일본 신 국왕에 대해 질문했다. 이를 토대로 선조 임금은 일본은 국왕을 폐한 반역의 나라이므로, 그 사신을 접대할 필요가 없으니 마땅히 돌려보내야 한다고 했다. 그러면서 종2품 이상은 그 가부를 비밀리에 논의하라고 했다. 종2품은 대신으로 이들의 회의로 중요 국사가 결정되었다. 다들 사신이 들어오면 의례대로 접대하는 것이 마땅하다고 했다. 이들의 요청에 의해 시를 좋아하는 일본 사람들의 취향에 맞추어 당대의 이름난 문장가로 임명하는 것이 좋겠다고 하여 이조정랑 유근(柳根)을 선위사(宣慰使)로 제수하여 부산에 파견했다. 선위사란 외국 사신이 입국했을 때 그 노고를 위문하기 위해 파견한 관리를 말한다. 귤강광 일행은 유근을 따라 부산에서 상경하여 풍신수길의 '국서'를 전달했다. 비록 대마도가 임의로 만든 '국서'이지만, 이를 통해 조선은 두 가지 사실을 알게 되었다.

하나는 일본은 천황은 있으나 국사를 주관하지 않고 관백(關白)이 알아서 하고, 옛 관백을 죽이고 풍신수길이 새 관백으로 되었다는 사실을 알게 되었다. 무려 2년 6개월 뒤였다. 이로써 조선은 일본의 세상이 바뀌었음을 알게 되었지만, 그가 어떤 인물인지를 여전히 모르고 있었다. 혹자는 중국 출신이다, 혹자는 땔나무를 하다가 관백 자리에까지 올랐다, 혹자는 아우와 아들이 죽어 독신이다, 혹자는 최고 세력자를 죽이고 스스로 올라섰다 등 억측만 난무했다. 이를 각색한 어느 야사에는 "왜의 추장 평수길은 곧 중국 사람이다. 어렸을 때 그의 어머니가 그를 업고 해안에 정박해 있는 배에서 구걸 다니다가 표류하여 일본에 이르렀다. 장성해서는 땔감 파는 일을 업으로 하였다"로 기록되어 있다.

'국서'를 통해 알 수 있는 또 하나는 다음과 같이 적혀 있는 점이다.

「우리의 사신은 매양 조선에 갔으나 조선의 사신은 오지 아니하니 이는 우리를 얕보는 것이다.」

관백 자리에 새로이 오른 풍신수길이 통신사를 보내주라고 청했다는 말이다. 이 말은 애초에 그가 명령하지 않은 것이고, 대마도가 날조하여 집어넣은 것이다. 즉, 입조(入朝)나 입공(入貢)을 통신사(通信使)로 바꾼 것이다. 조선의 사정을 잘 알고 있는 대마도는 조선 국왕의 일본 방문 요구를 조선이 수용할 리가 없다고 판단해서였고, 조선과 일본 사이에 문제가 발생하여 무역이 단절되면 닥쳐올 경제난이 두려워 조선 출병도 피해야 해서였다. 그의 명령을 거절하면 심대한 불이익을 받을 위기에 처할 수도 있었지만, 대마도는 받은 명령과는 다른 요청을 했다.

풍신수길이 원하는 입조를 한마디도 꺼내지 못한 귤강광은 '신왕'이 보낸 사신이 이미 대마도까지 와서 대기하고 있다며 거짓말까지 하며 통신사 파견을 빨리 결정하라고 재촉했다. 그러나 가짜 국서에 들어 있는 "천하가 짐(朕)의 손아귀에 돌아왔다"는 말에 국내 감정은 격해졌다. '짐'은 천자, 즉 중국 황제를 지칭하는 말이기 때문이었다. 이래저래 연말연시 분위기가 어수선하기 짝이 없었다. 그 결과 통신사 파견에 대한 여론은 반대 일변도였다. 조정의 어떤 이는 이렇게 건의했다.

「왜국에 사신을 보내지 말기를 청합니다.」

통신사 파견을 더 강력하게 반대하는 이도 있었다.

「정해년 손죽도 싸움에서 우리나라 변방 백성들을 사로잡아 가고는 감히 와서 화친을 청하다니 이는 허락해 줄 수 없다.」

어떤 이는 명나라와 함께 일본을 정벌하자는 말도 했다.

「그곳 사신을 구류하고 명나라에 알려서 군대를 동원하여 정벌하는 것이 천하 만세의 공통된 의리입니다.」

정해왜란에 대한 일본의 사과와 재발 방지 약속을 바라던 재야 인사들은 분개하여 크게 반발했다. 왜구의 만행은 그냥 넘어가기엔 도를 넘어도 한참 넘었다고 보았다. 조헌은 왜사(倭使)를 배척하여 절왜(絶倭)할 것을 청하는 상소를 올렸다. 손죽도를 침략한 적괴와 사화동을 결박하여 송환하게 하고, 왜사를 동평관에 감금하고 찬역 괴수의 목을 베자고 했다. 받아들여지지 않자 궁궐 문에 나아가 다시 상소를 올렸고, 급기야 '지부상소(持斧上疏)'까지 올렸다가 유배형을 받았다. 당시 그의 일본관은 매우 강경한 수준이었다.

「너희 나라의 적선(賊船)이 넘보지 않는 해가 없어 우리나라의 고기잡이하는 사람을 사로잡아 간 것이 이루 셀 수 없으며 심지어는 사람을 구워 하늘에 제사 지내고 어린아이를 쪼개어 살을 바르는 일까지 있었는데 이는 천하의 제국(諸國)에서 듣지 못한 일이다.」

조헌은 유배지 강계에서 밤낮으로 걷기 연습을 했다. 사람들이 "왜 그토록 애쓰는 거요?" 하고 물으면, 조헌은 "명년 왜란 때 효력을 볼 것이오" 답했다. 얼마 안 가서 해배되어 옥천으로 돌아갔고, 임진왜란이 일어나자 의병을 일으켰다.

반대 일변의 여론 속에서, 통신사 협상에 성급하게 나설 수 없는 분위기였다. 그렇다고 무한정 방치할 수는 없었다. 조정은 1588년(선조 21) 새해 들어서 일본의 통신사 요청에 대하여 진지한 논의를 펴기 시작했다. 3월에 동반·서반 2품과 육조의 참의 이상이 중추부에서 회합하여 바닷길이 멀다는 핑계로 응하지 않기로 결정했다. 그 결정에 선조도 따를 수밖에 없었다. '국서'에 대한 답은 간단했다.

「수로(水路)가 아득하여 사신 보내는 것을 허락하지 않는다.」

귤강광은 조선 체류 중에 소서행장으로부터 독촉을 받았다. 그럼에도 불구하고 4월에 성과 없이 부산으로 내려가서 대마도로 돌아갔다. 몹시 걱정하는 기색을 보였다. 대판으로 가서 풍신수길에게 보고했다. 풍신수길은 크게 노했다. 조선 편을 들어서 자신의 요청을 이루지 못한 것으로 의심하여, 그의 일족을 몰살해버렸다. 이때부터 "장차 중국에 쳐들어갈 터이니 길을 빌려 달라"는 새로운 이슈를 만들었다. 이른바 '정명가도(征明假道)'가 나오게 되었다.

사실 귤강광은 마음이 바빠 여러 곳에서 으름장을 놨다. 부산에서뿐만 아니라 올라오는 도중에서도 무례를 저질렀다. 인동에서는 의장대의 창을 보고서 "너희들이 가진 창의 자루가 몹시도 짧구나"했고, 상주에서는 잔치를 베풀어 준 목사를 향해 "사도께서는 노래와 기생 속에 파묻혀서 아무런 근심 걱정 없이 지내오셨는데 어찌하여 머리털이 그렇게 희었소이까" 했다. 서울에 들어와서도 유달리 사납고 거만스러운 행동을 보였다. 일부러 연회 식탁에 뿌려놓은 호초를 기생이 허겁지겁 주워 담는 것을 보고, "이 나라의 기강이 이미 허물어졌으니 거의 망하게 되었다"는 망언을 늘어놓았다. 조선이 망할 날이 멀지 않다는 말에 사람들은 모두 그를 괴이하게 여겼고, 그가 "우호를 핑계 대고서 우리의 허실을 염탐하려는 것"이 아닌지 의심했다. 침략전쟁을 부추기고 있는 일본 내부의 분위기를 은연중에 표한 것이었고, 어쩌면 목숨을 건 거침없는 행동이었다. 이 발언에 선조도 왜란이 일어날까 염려하여, 비변사로 하여금 하삼도에 방어사를 두거나 조방장을 내려보내는 일을 논의하도록 했다. 이 논의는 '전쟁설'을 전국에 퍼지게 하는 근원 가운데 하나가 되었다. 이렇게 하여 제1차 통신사 파견 협상은 결렬되고 말았다.

제2차 협상

귤강광이 돌아간 후, 1588년(선조 21) 11월에 김개동과 이언세가 서울로 돌아왔다. 손죽도에서 왜구에게 잡혀가서 남번국에 팔려나갔다가, 중국으로 탈출하여 이때 돌아온 것이다. 이들의 진술로 일본 오도에 우리나라 사람으로 생포된 자들이 많다는 점이 알려졌다. 당연히 조선의 대일 여론이 경색될 수밖에 없었다.

이와 무관하게 귤강광이 빈손으로 돌아오자, 곧바로 대마도 도주 종의조는 다시 협상에 나섰다. 12월에 정사 현소(玄蘇), 부사 종의지, 수행원 유천조신으로 구성된 제2차 통신사 협상단을 파견했다.

현소는 구주 박다의 성복사(聖福寺)란 사찰의 주지이다. 그는 일찍이 1580년(선조 13) 대마도주의 사자로 유천조신과 함께 들어온 적 있다. 일행의 명칭은 '국왕사'여서, 정부는 김우옹, 이덕형, 유근 등 당대 문장가를 번갈아 선위사로 삼았다. 조선을 통해 중국에 조공을 바치려고 나왔다고 했다. 그 언사가 불순하여 조선은 조공 알선을 거절했다. 전국 통일을 눈앞에 두고 있는 직전신장에게 추방당하여 지방에 체류하고 있는 막부 이름을 빌려서, 30여 년간 단절된 감합무역을 대마도는 부활하려고 했던 것 같다. 진짜 국왕사가 아니라 가짜였다. 현소 일행은 윤3월 12일 박다를 출발하여, 대마도에서 6개월 가까이 보냈다. 10월 1일 대마도를 떠나 당일 부산포에 입항했다. 부산첨사가 먼저 나와서 접대했고, 이어서 선위사와 동래부사가 나왔다. 현소는 문자를 알아 시 짓기를 좋아하고 모사꾼으로 알려졌다. 이들과 시를 주고받았다. 부산을 출발하여 울산, 경주, 영천, 안동, 풍기 등을 거쳐 죽령을 넘어 단양, 황강, 충주, 여주, 양근을 거쳤다. 오는 도중 의흥현 숙소에서 한 소년이 『맹자』를 들고 와서 낭독했다. 안동에서 경상감사가 나와 접대하자, 시를 지어 바쳤다. 황강에서 제천현령이 찾아와서 시를 구했다. 11월 13일 서울에 입성하여 동평관에 짐을 풀었다. 선조를 알현하여 '국서'를 바친 것은 이듬해 3월 26일이다. 선조의 답서를 받은 것은 5월이다. 현소 일행이 서울에서 6개월 정도 머물며 무엇을 했는지는 알 수 없다. 1581년 조선을 떠난 것은 분명하다. 그랬다가 8년 지난 1588년 통신사 건으로 다시 온 것이다.

종의지는 도주의 입양아들로, 나중에 풍신수길의 심복이 되고 소서행장의 사위가 되어 조선 침략의 선봉이 된 사람이다. 20세가 못 된 전년 4월에 동래에 이르러 부사 이정암의 접대를 받은 바 있다. 그래서 그런지 바닷길을 잘 알아 통신사 일행을 인도하고자 이번에 현소와 함께 왔다고 했다. 나이가 젊은데 사납고 험악했으므로 다른 왜인이 두려워하여 무릎걸음으로 다녔으며 감히 쳐다보지도 못했다고 한다.

협상단의 현소와 종의지 일행이 부산에 도착한 이후 어떤 일이 있었는지에 대한 자료는 찾아지지 않는다. 이조정랑 이덕형을 선위사로 삼아 이들을 서울로 데리고 왔다. 종의지는 동평관에 오랫동안 머물면서, 기필코 통신사를 맞이하여 함께 가고자 한다고 했다. 그런데 교섭 중에 영의정 노수신이 12차례나 사직서를 제출하는 등 3정승이 궐위 상태였다.

새해 1589년 2월에 이르러서야 새 조각이 완료되었는데, 무색무취의 영의정 유전을 제외하고는 좌의정 이산해, 우의정 정언신, 이조판서 정탁, 병조판서 유성룡 등 동인이 조정을 차지했다. 4월에 서인 출신 조헌이 도끼를 지고 대궐에 나아가 만언소(萬言疏)를 올리어 조정의 득실을 격하게 거론하자, 조정은 그를 그다음 달에 함경도 길주로 유배 보냈다. 동인과 의견을 달리하는 자는 명사(名士)라도 온전치 못했고, 몇 사람을 제외하고 자리를 지키는 자는 명망이 없을 정도였다. 서로를 향한 무차별 폭격과 정쟁의 총질이 국정을 마비시키고 있었다.

그리고 교섭 중에 도주가 병으로 사망하고 말았다. 하는 수 없이 종의지는 일행과 함께 귀국하여 그 뒤를 이어 만 20세의 나이에 제19대 도주가 되었다. 이리하여 제2차 통신사 파견 협상은 중단되고 말았다.

제3차 협상

조선은 느긋했지만, 일본 협상단은 다급했다. 그도 그럴 것이 그 사이에 대마도는 소서행장은 물론이고 풍신수길로부터 조선의 입조에 대한 독촉을 거듭 받았다. 조선 국왕의 일본 방문 결정이 명을 받은 날로부터 2년을 훌쩍 넘길 때까지 지연되자, 다급하게 생각한 풍신수길은 소서행장·가등청정을 구주의 영주들과 함께 조선에 출병시키려 했다. 이 계획은 자신이 직접 조선과 교섭하겠다는 종의지의 제안으로 중지

되었다. 풍신수길은 종의지에게 조선으로 가서 1589년 금년 여름까지는 반드시 실현하라고 독촉했다. 종의지는 곤경에 처하게 되었다. 허투루 일을 추진했다가, 귤강광처럼 목이 날아갈 모양새였다.

이리하여 1589년(선조 22) 6월에 정사 현소, 부사 종의지, 박다 상인 도정정실(島井宗室) 등 25명으로 구성된 제3차 협상단이 들어왔다. 도주가 협상단의 일원으로 직접 나선 것은 매우 이례적이라고 할 수 있다. 그들은 이듬해 3월까지 무려 10개월이나 체류했다.

여기에서 주목되는 인물이 도정정실이다. 그는 일본과 조선·유구·중국을 연결하는 국제 무역도시 구주 박다에서 무역 활동을 하는 상인이다. 그는 종의지의 요청에 응해서 소서행장의 사신으로 조선에 파견되었다. 그는 대마도를 무대로 조선의 부산·경기도를 오가며 독점적 무역 활동을 한 바 있고, 풍신수길과는 다도를 통해 알게 된 후 매우 친밀한 관계를 유지했다. 이러한 전력을 활용하고자 그를 조선에 보냈던 것이다.

부산에 계속 머물러 있던 선위사 이덕형이 나와서 현소 일행을 맞이했다. 그들은 "이번에는 오직 통신(通信)을 위해 나왔다"고 장담했다. 조정은 활발하게 논의했다. 여전히 선조는 강경하게 반대했다. 그러나 "그들과 교빙하는 것도 괜찮다고 여깁니다"는 신하도 있었다. 분위기를 우호적으로 이끌어가기 위해, 대마도는 별견선을 보내어 공작 1쌍과 조총 몇 자루를 선물로 주었다. 공작은 남해의 섬에 놓아주도록 하고, 조총은 군기시에 간직하도록 명했다. 우리나라에 조총이 있게 된 것은 이때부터였다고 말한 이가 있다. 그 존재와 위력은 여러 경로를 통해 진작 알려졌지만, 실물을 조정 신료들이 본 것은 이때가 처음이었던 것 같다.

3. 정여립 사건

1589년(선조 22)은 기축년이다. 기축옥사가 일어난 해이다. 연초부터 정국이 긴박하게 움직였다. 비변사는 서열을 불문하고 지휘 능력을 가진 무관을 추천했다. 그리고 충청·전라·경상 등 삼남 지역의 방어를 강화하기 위해 병사·수사·수령을 전면 물갈이 했다. 요충지 고을에 참호를 파고 성을 쌓게 하고, 방어사나 조방장 중에 합당한 사람을 골라서 큰 고을의 수령으로 보내게 했다. 방어책 강화를 위해 그 어느 때보다 바삐 움직였다.

조정은 망설이면서 통신사에 대한 의논을 결정짓지 못하고 있었다. 이때 한 신료가 물꼬를 열었다.

「마땅히 일본으로 하여금 반민(叛民)을 쇄환하게 한 다음 통신을 허락하는 것에 대해 의논해서 성의가 있는지를 보아야 한다.」

반민은 왜적을 이끌고 온 사화동을 말한다. 재야에서도 반민 송환을 전제조건으로 들고나왔다. 한 선비는 상소로 다음과 같이 말했다.

「횡행하는 적선을 일체 금단하고 우리의 반역자와 포로를 돌려주며, 다시는 도륙을 일삼지 말고 의리를 중히 여기고 이익을 가벼이 하여 염치와 예양으로 풍속을 이룬다면 혁신되어 도에 이를 것이고, 우리도 오히려 바라는 바가 있어 풍교와 의리를 사모하는 사신을 한번 보내지 아니할 수 없을 것이다.」

붙잡혀 간 수백 명 우리 백성의 송환을 전제조건으로 들었다. 이러한 반역자와 포로의 송환에 대해 종의지도 즉각 반응했다.

「이것은 어렵지 않다.」

종의지의 긍정적 반응은 통신사 파견의 동력을 키워가는 모습이었다. 이전과 비교하여 180도 달라진 태도였다. 이 조건은 오래전부터 협상이 교착 상태에 빠졌을 때 조선이 일본에 요구했던 것으로, 새롭거나 불가능한 것은 아니었다.

이에 따라 통신사의 시계는 8월부터 11월까지 빠르게 돌아갔다. 깔딱 고개를 넘어 양단 간의 해결을 향해 달려갔다. 주요 논의 과정을 날짜별로 정리하면 다음과 같다.

08월 01일	경연에서 왜적의 대비에 대해 의논
08월 04일	일본과의 교린 대책을 논의하라는 전교가 내려짐
08월 11일	예조는 이 전교에 의해 정2품 이상의 대신들에게 일본과의 통신 문제에 대해 수의(收議)하도록 하고 비밀리에 입계하도록 함
09월 09일	대제학 유성룡을 인견하여 서계 작성과 통신사 파견 문제 논의
09월 21일	좌의정 이산해, 우의정 정언신, 그리고 종2품 이상의 대신을 인견하여 각자의 소견을 진술하도록 하고, 이산보를 제외한 모두가 통신사 파견에 찬성함에 따라 이에 따름
11월 18일	통신사로 상사 황윤길, 부사 김성일, 서장관 허성을 정함

8월 1일, 선조는 경연 자리에서 여러 가지를 물었다. 통신사 타결의 동력을 키워가기 위해서였다.

「옛날에는 우리나라가 성을 지키는 데 능하였는데, 지금은 1~2일도 지탱하지 못하고 문득 흩어져 달아나기를 생각하는 것은 무슨 까닭인가?」

「수만 명이 쳐들어올 기세는 보이지 않는가?」

「혹시 변지(邊地)를 점령한 뒤에 계속해서 계원전(繼援戰)을 펼 리는 없겠는가?」

「우리나라의 사정을 저들이 죄다 알고 있으니 만약 우리나라가 전라도에 주력하는 줄을 알고 딴 도(道)로 들어오면 어찌할 것인가?」

「저들에게 화친을 단절할 사세가 있어 보이던가?」

일본의 전면적인 침략이 조만간 있을 것 같은 불안감을 감추지 못한 선조의 물음이었다. 이에 대한 신료들의 답은 요즘 우리나라 인심이 예전만 못한다는 것이었다. 그리고 왜군의 규모에 대해 많아야 1만 명을 넘지 못한다는 수준 이하의 답을 한 이도 있었다. 또한 주객이 같지 않아 계원전을 펼 수 없다거나, 어디엔들 들어올 수 있다거나, 화친을 단절하지 않을 것 같다는 등 그들은 전반적으로 안이한 대일 국방 태도로 일관했다.

선조의 질문은 여기에 그치지 않았다. 바로 이어서 통신사 문제를 물었다.

「부사 종의지에 대해, 혹자는 장재(將才)가 있는 사람이라고 하고 혹자는 대마 도주의 아들이 아니라 '국왕'의 아들이라고 하는데, 이 말을 어떻게 보는가?」

「서둘러 통신사를 유치하려는 것은 무슨 의도인가?」

「통신사는 절대 보내지 말고, 다만 두둑한 선물로써 회유하는 것이 어떻겠는가?」

「그들을 접견하는 것이 어떻겠는가?」

「평시에야 통신사를 보내는 것이 무엇이 어렵겠는가마는, 지금은 제 임금을 시해한 역적이므로 어렵다는 것이다. 경연관은 이를 어떻게 보는가?」

과거에 해남현감으로 있으면서 을묘왜란을 겪었던 변협은, 현소 일행을 접견하고 잔치를 베풀어 먼 곳에서 온 사람을 포용하는 도량을 보이는 것이 좋겠다고 답했다. 그리고 경연관 허성은 "그들과 교빙(交聘)하는 것도 괜찮다"면서, 통신사 파견을 적극 찬동했다.

선조의 마음이 바뀌기 시작했다. 8월 4일, 선조는 파도의 험난함을 이유로 계속 거절한다면 우리를 의심하리라며 방향 전환의 뜻을 내비쳤다. 바닷길과 파도 운운은 대마도가 길을 안내하겠다고 나서면 구차한 핑계에 불과하기 때문이었다. 거절을 구실로 침략하면 또다시 변방의 걱정거리가 될 수밖에 없었다. 결렬이냐 타결이냐의 갈림길에 선조는 섰다. 그때 선조는 선결 과제로 재작년 손죽도 사건을 꺼내 들었다. 우리 국민을 살해하고 납치하여 남의 자식을 고아로 만들고 남의 아내를 과부로 만들어 사람들에게 못 할 짓을 하고 하늘에 버림받을 만행을 저지른 점에 대한 해결책을 도승지에게 하달했다.

「두 도주 및 사을포동과 작폐 당시에 가세한 적괴(賊魁) 4~5명을 묶어 보내야 한다.」

「전후(前後)에 포로가 된 백성을 모두 되돌려 보내야 한다.」

현소와 종의지는 다양한 옷을 입고 벗으며 몇 번이고 변신을 시도할 수 있는 믿을 수 없는 사람으로 도승지는 여겼다. 그러기에 그는 안전장치가 필요하다고 여겼다. 그 방안으로 왜란을 일으킨 오도·평호도의 도주, 침략해 들어온 괴수, 왜적을 인도한 사화동, 그리고 정해왜란 이전과 이후에 납치해 간 백성을 보내 주라고 요구하면 좋겠다고 국왕에게 답했다. 선조는 이 점을 어떻게 할지에 대해 대신, 비변사, 예조는 충분히 의논하여 아뢰라고 명했다. 위 세 가지 요구 조건을 이행하면 통신사 요청을 들어주자는 것이 선조의 생각이었다.

풍신수길이 요구한 입조를 대마도는 통신사로 바꾸었고, 조선은 대마도의 통신사 요청에 대해 도주·포로·적괴·반민의 송환으로 맞섰다. 이러한 조선의 해결책은 이전에 이미 조헌이 "봄에 흥양 경내에 침구한 적의 괴수와 향도자를 잡아 보내어 국법을 밝게 보이라"고 상소로 밝힌 바 있다. 그리고 이전 여말 선초 때부터 외교적 타결책의 카드로 써온 바 있어 새로운 제안도 아니다. 그렇지만 신중한 정책 결정 과정이 수반되어야 했다. 우선 대신들이 비밀리에 모여 논의한 결과 일본 사신을 접견할 것을 결정했다. 이 결정을 따라 선조는 8월 28일 인정전에서 일본의 현소 일행을 접견하여 그들에게 피로인, 도주, 적괴, 반민 송환을 요구했다. 이 요구에 대해 그들은 오도 '해적'들의 손죽도 습격은 자신들과 관계가 없는 일이라는 점을 전제로 한 후, "그것은 어렵지 않은 일이다"고 답했다. 조선의 요구조건을 적신호가 아니라 청신호로 판단한 현소와 종의지는 서울 동평관에 머물러 있으면서, 재빨리 유천조신을 귀국시켜 구주로 가서 소서행장에게 보고하게 하여, 송환 작업을 진행하라고 했다. 그리고 대마도에도 통신사를 맞이할 준비를 서두르라고 명했다. 소서행장은 현소로부터 전달받은 소식을 천야장정(浅野長政)에게 전달했다.

「조선에 있는 대마도주 종의지로부터 급보가 와서 조선인의 출선이 확정되었음을 알려 왔다. 종의지는 그때까지 조선에 머물고 동행하게 하고, 저의 사자 도정종실이 귀환하여 상황을 말할 것이다.」

소서행장이 보고한 것은 '통신사의 도일'이었다. 그런데 최측근 천야장정을 통해 풍신수길이 받아들인 것은 '조선 국왕의 입공'이었다. 기쁜 나머지 종의지에게 그 노고를 치하했다. 이처럼 조선의 조건부 통신사 파견 결정은 종의지 → 유천조신 → 소서행장 → 천야장정을 거쳐 풍신수길에게 전달되었다.

선조는 9월 대제학, 좌의정, 우의정 등을 차례로 만나 통신사를 보낼 수밖에 없다는 점을 설명하여 사전 정지 작업을 했다. 그들도 적괴를 포박하여 보내고 우리 백성들을 쇄환하면 통신사를 보내도 무방하다고 답했다. 종2품 이상을 불러 인견하고서 각자의 의견을 말하도록 했다. 이들도 대부분이 통신사를 보내는 것이 좋다고 했다. 문제는 이 요구조건을 현소 일행이 가지고 갈 답서에 넣을 것인가가 관건이었다. 어려울 것 같다고 하여 예조나 선위사로 하여금 구두로 그쪽에 알리도록 했다.

이 결정 과정에 동인과 서인은 극명하게 갈리었다. 영의정 유전은 부재중인 상태에서, 동인의 대제학 유성룡과 좌의정 이산해가 찬성을 주도했다. 우의정 정언신도 동인과 함께 한 인물이다. 끝까지 반대한 이는 서인의 이산보였다. 그런데 다 되어가는 정책 결정이 정쟁에 발목 잡혀 지연되고 말았다. 바로 '정여립 사건'의 발발이다.

한준이 전라도 관찰사로 1586년 8월에 부임해 와서 1587년 6월 형벌 남용 건으로 체임되었다. 그리고 그는 1589년 무렵에 황해도 관찰사가 되어 10월 2일 재령군수, 안악군수, 신천군수 등과 함께 정여립이 역모를 꾀하였다고 고발했다. 정여립은 전주 출신으로서 서인의 대표적 인물인 이이의 신망을 입었으나, 그가 죽은 후 동인에 합류한 인물이다. 당시 그에게 씌워진 혐의는 대동계를 조직하여 군사훈련을 시킨 뒤, 1589년 말 서울에 쳐들어갈 계획을 세웠다는 것이다.

정여립은 도주하여 전주 인근의 진안 죽도에 숨어 있다가 발각되자 자살했다. 그의 시체를 수레에 싣고 서울로 가지고 와서 무릎을 꿇리게 하여 다시 죽였다고 한다. 정국이 발칵 뒤집혔다. 동인계 인사들이 대거 연루되어 줄줄이 투옥되거나 유배 가고 심지어 목숨을 잃었다. 서인들도 유탄을 맞고 적지 않게 희생되었다. 이를 '정여립 사건'이라 하고, 기축년에 일어난 옥사라 하여 '기축옥사'라고도 한다. 이는 한국 역사상 최대의 인재 참사였다. 먼 역사가 아니라 가까운 과거사여서, 그 후유증이 현재까지 문중 간의 공방으로 내려오고 있다.

그래도 진실은 알 수 없다. 공방전이 치열했고 변론서도 차고 넘친다. 더군다나 사건의 전말을 담고 있는『추안』이나『국안』이 임진왜란 때 불타 사라졌다. 그때 실록 편찬의 밑바탕이 되는 사초와 승정원 일기 등도 함께 불타버렸다. 그리하여 그 진실을 가리기가 거의 불가능한 상황에 이르러 있다.

그러므로 원인이나 성격 등 여러 면에서 의견이 엇갈리고 있는 것이 현실이다. 전라도 전주에서 계획되었다는 사건이 멀리 황해도에서 발각되었다는 사실 자체가 의문스럽기 짝이 없지만, 이를 보는 시각은 크게 세 가지로 갈리어 있다. 하나는 기존의 통설로 정여립의 모반을 사실로 인정하는 견해이다. 또 하나는 정여립의 모반 자체를 날조된 것으로 파악한 견해이다. 마지막으로는 정여립의 모반 행위는 사실로 인정해야 하나, 그것을 빌미로 옥사가 확대되어 역모와 관련 없는 사람들까지 연루되었다는 견해이다. 이 가운데 세 번째 견해가 최근 것으로, 널리 받아들여지고 있다. 즉, 이이 사후 열세에 있던 서인은 세력을 만회하는 계기로 삼기 위해 이 사건을 정쟁으로 몰아 옥사를 확대했다는 것이다.

사건 발생 이래 동인 출신의 우의정 정언신이 위관(委官, 중죄인을 심문할 때 임시로 차출되는 관원)으로 있어 수사는 별다른 진전을 보지 못하고 있었다. 고변 9일 뒤 정철이 궁에 들어갔다. 임금을 뵙고 비밀 상소문을 올렸다. "역적을 체포하고 경외에 계엄을 선포"하라는 내용이었다. 선조는 "마땅히 의논하여 처리하겠다"고 답했다. 그리고 이로부터 17일 뒤 생원 양천회의 상소문이 올라왔다. 이 두 상소는 사건의 확산에 불을 피워주었다.

양천회는 기묘사화를 당하고 낙향하여 고향 창평(현 담양)에 소쇄원을 건립한 양산보의 손자이다. 그는 정여립이 역모를 일으킨 것은 조정의 유력자와 서로 통하고 그 세력을 서로 의지하고 있기 때문이라고 하면서, 그와 친교가 있는 동인의 주요 인사인 이발, 이길, 백유양, 정언지, 정언신들을 공모자로 거론했다. 양천회 상소는 사건을 일파만파로 확대되게 했다. 두려움에 떨고 있던 동인들에게 죽음의 그림자를 알리는 신호탄이었고, 권력 교체의 발판이었다. 정언신은 서인의 탄핵을 받고서 우의정을 사퇴했다. 반면에 서인의 정철이 우의정에, 성혼이 이조참판에 임명되었다. 특히 정철은 '위관'이 되어 수사를 진두지휘했다. 대사간에 새로 임명된 이산보에 대해 『선조수정실록』은 그를 동인의 배척을 받아 내직에 있지 못한 지 오래되었는데, 대간이 되어 일을 공평무사하게 처리했다고 평가했다. 충언을 상 주어야 한다는 의견으로 조헌은 유배에서 풀려났다. 권력은 서인으로 넘어갔다. 반대로 강도 높은 동인에 대한 처벌이 뒤따랐다. 동인의 지도자급 인사들이 줄줄이 유배형에 처해지기 시작했다. 김우옹은 회령으로, 정언지는 강계로, 홍종록은 구성으로, 이발·길 형제는 종성·희천으로, 백유양은 부령으로 각각 귀양 갔다. 이발이 국문을 받을 때 82세 된 그의 어머니도 주리 고문에 목숨을 잃었고, 11살 된 아들과 5살 된 아들도 죽었다. 품안의 어린 아들은 여종이 자신의 아들과 바꿔 치기 하여 목숨을 부지하여 대를 이었다. 이 어린 아들 내용은 정약용이 남긴 기록에 나와 있다.

잠잠해질 것 같은 옥사는, 동년 12월 정암수를 대표로 한 유생 50인의 상소로 걷잡을 수 없게 확대되었다. 이들은 이산해·유성룡을 비롯한 동인 영수들을 거론했다. 그리고 전라도 지역의 동인 인사들까지 반역당으로 지목했다. 특히 명유로 불리며 많은 문도를 거느리고 있던 정개청에 대해서 강한 처벌을 요구했다. 정개청은 처음에는 서인 박순의 천거로 관직에 나왔지만, 박순이 배척당하자 전향하여 동인 정여립·이발과 결탁하고 동인 이산해의 천거를 받았다. 서인계 유생은 정개청이 정여립을 위해 땅을 보아주었다고 밀고했으나 아무런 증거가 없어 무혐의로 풀려났다. 그러자 그의 글을 문제로 삼아서, 자신들이 강조하고 있는 '절의'를 그가 배척했다고 공격했다. 이로 곤장을 받고 유배 가는 도중에 죽었다.

붕당의 '진성 당원'인 지방 유생들의 상소는 이듬해 1590년에도 이어졌다. 5월 양천운의 형 양천경이 역적을 옹호한 죄로 정언신을 처벌하도록 주장하여 그를 국문 받게 했다. 양천경은 6월 역적의 수괴로 지목되어 온 길삼봉(吉三峰)이란 인물이 동인의 명사이자 경상도의 명현인 최영경이라 하여 그를 죽게 만들었다. 서인 유생들의 상소는 동인을 저격하는 직격탄이었다. 나중에 이이·성혼의 제자였던 한 인사가 회상했다. 정여립과 교분이 두터웠던 자들만 죽은 것이 아니라, 그와 안면이 없던 자들도 명색이 동인이면 관료나 유생을 막론하고 두려워 숨을 죽이고 기를 펴지 못하는 형편이었다. 이렇게 자파 동인이 죽어가도, 영수급 자리에 있던 유성룡은 한마디 말을 하거나 한 사람도 구제하지 않았다. 상소문을 올려 자신을 변명하면서 구차하게 몸과 지위를 보전하기까지 했다. 다른 사람이 한 말이 아니라, 동인계가 편찬한 『선조실록』에 실린 유성룡 졸기에 나온 내용이다.

공방이 치열해지고 피해가 누적되자, 일부 서인들의 자정 움직임이 있었다. 국왕도 상소자를 허위 사실 유포죄로 처벌하기 시작했다. 뒤에서 말한 1591년 '건저의 사건' 과정에서 양천경·천회 형제가 정철의 사주를 받아 상소를 올렸다는 점이 '실토' 되었다. 정철이 자기들과 의견이 다른 사람들을 모조리 죽이기 위하여 젊은 유생들을 사주하여 상소를 올리도록 했다는 것이다. 이리하여 다시 정국은 동인 주도로 넘어갔다. 젊은 유생들은 곤장을 맞다 목숨을 잃었지만, 정철은 함경도 유배형에 처해 졌다.

서인들은 양천경이 고문에 못 이겨 거짓 자백을 했다고 주장하기 시작했다. 임진왜란이 발발하자 정철이 해배되어 관직에 복귀했다. 그의 아들들이 양천경이 고문을 견디지 못해 허위자백을 했다고 상소로 주장했다. 결국 실체적 진실은 밝혀지지 않은 채 나중에 정철은 신원되었지만, 양천경·천회에 대한 평가는 역사 속에 묻혀 버려 두 사람의 목숨만 안타깝게 되었다.

임진왜란이 발발하자, 피란길에 오른 오희문이란 사람이 자신의 처지를 한탄하며 내뱉었다. 근래 10년간 온갖 불운이 겹치고 있다는 것이다.

「국운이 불행하여 10년 사이에 여러 번 남쪽과 북쪽에서 환란을 당하더니, 금년에 이르러 더 지극하다.」

이 말을 하고서 구체적인 사건들을 나열했다. 1583년 겨울 북쪽 오랑캐가 경원을 침략했을 때 나는 그곳을 지키지 못한 것을 업신여겼고, 1587년 봄 남쪽 오랑캐가 손죽도를 침략하여 아군을 무너트렸고, 1589년 가을 늦게 정여립이 본래 조정에 있던 신하로서 몰래 임금을 배반할 뜻을 품고 황해도의 어리석은 백성들과 함께 불칙한 일을 도모하다가 일이 실패되어 죽임을 당했는데, 그의 말이 높은 벼슬아치들에게까지 연루되어 머리를 늘여 베임을 당한 자가 몹시 많았으니 가슴 아픈 일이다. 그리고 1592년 임진왜란이 일어났다. 10년간의 불운한 민족사를 지적한 것이다.

'정여립 사건'이 터지고 한 달 이상 지난 11월 18일이 되었다. 선조는 '옥사 정국'이지만 더 미룰 수 없다고 판단했다. 통신사 정사에 황윤길, 부사에 김성일, 서장관에 허성을 임명했다. 이러한 정국 변화 속에서 서인계 황윤길이 정사가 될 수 있었다. 해배된 조헌이 왜사와의 접촉을 끊을 것을 상소로 외쳤지만, 통신사 문제를 백지상태로 돌이킬 수 없었다.

조선이 통신3사를 임명하자, 일본도 조건 이행에 나섰다. 먼저, 통신사 타결 소식을 접한 풍신수길은 10월 3일 주인장을 평호도 영주 송포진신에게 보냈다. 그 내용은 2년 전 봄에 평호도의 상선(商船)이 일본을 항해 중인 당선(唐船)에 해적행위를 했으므로(정해왜란을 이렇게 표현한 것이다), 그와 그 동료를 포박하여 내게 올려보내라는 것이었다. 소서행장도 풍신수길의 명령을 칭하여 오도 영주로 하여금 오도에 있는 사화동과 왜구를 포박하게 하고 대마도를 경유하여 조선에 이송시키게 했다. 이리하여 일본은 조선이 요구한 반민, 피로인, 적괴의 송환 문제를 해결하게 되었다.

이들이 조선에 나온 시기에 대해 여러 연월일이 나온다. 『선조실록』에는 1590년(선조 23) 2월 28일로 나온다.

> 「진도의 거민 사을화동이 왜국에 투항하여 그들이 노략질하는 데 길잡이 노릇을 해왔는데 일본에서 그를 쇄환시켜 왔으므로, 상이 인정전에 나아가 헌부례를 거행했다.」

현소 등은 반민 사화동을 포박하여 데리고 와서 바쳤다. 자신들은 모르는 일이지만, 오도 왜인을 유인하여 변방 군사기지를 약탈했기에 붙잡아왔으니, 귀국의 처치를 기다리겠다고 했다. 사화동은 인정전에서 군사가 도열한 가운데 거행된 헌부례(獻俘禮)에 의해 인수인계되었다. 조선왕조실록을 검색해 본 결과, 헌부례는 조선 역사상 두 번 있었다. 첫 번째는 이때 있었던 것이고, 두 번째는 임진왜란 중에 왕릉을 훼손한 왜인을 처단한 것이다. 사화동은 국가를 침해한 국사범이어서, 지명수배 제1호 대상이었다. 국왕으로부터 힐문을 받은 뒤, 성 밖에서 참수되었고, 종묘에 헌수(獻首)되었다고도 전한다. 중외에 교서를 반포하니 중외가 진하(進賀)했다. 현소 등에게 상으로 말 1필을 하사하고, 연회를 베풀어 주었다.

사화동이 나올 때 본국 피로인도 함께 나왔다. 피로인은 김대기, 공대원 등 1백 30여 명 되었다. 그리고 적왜 긴시요라(緊時要羅), 삼보라(三甫羅), 망고시라(望古時羅) 등 3명을 포박하여 보냈다. 적왜 3명은 어떻게 처리되었는지 알 수 없지만, 일본 사신이 보는 앞에서 참수되었을 가능성이 있다. 조선이 제시한 조건 중의 하나인 오도와 평호도 영주의 인도는 실현되지 않았지만, 현실적으로 실현 가능성이 낮은 것이었다. 이로써 통신사 파견 명분은 충족된 셈이었다.

이들의 이송은 상당히 다급한 상황에서 이루어졌다. 종의지가 보낸 유천조신을 통해 조선측의 의향을 안 소서행장은 통신사의 도일을 조기에 실현하기 위해 오도 도주 우구순현에게 명해서 사화동을 포박해서 대마도를 경유하여 조선으로 이송시키라고 했다. 따라서 사화동의 이송은 통신사의 도일을 이끌고 조일 관계를 크게 전환시킨 계기가 되었다. 그리고 손죽도 사건 때 발생한 피로인 송환은 통신사 파견 결정의 최대 전제조건이었다.

4. 통신사

통신사는 연행사와 함께 정사(正使), 부사(副使), 서장관(書狀官) 등 세 사신으로 구성되었다. 정사는 사행의 우두머리로 상사(上使)라고도 하고, 부사는 정사를 보좌하고, 서장관은 기록을 맡는다. 이 세 사신을 통신3사라 한다.

정사 황윤길(黃允吉)은 문과 급제자로서, 서인에 속한 인물이다. 문집이 남아 있지 않아 잘 알려져 있지 않다. 부사 김성일(金誠一) 역시 문과 급제자로서, 퇴계 이황의 문인이고 동인에 속한 정치인이다. 사행록 『해사록』과 문집 『학봉집』이 남아 있어 많은 연구가 이루어진 인물이다. 서장관 허성(許筬) 또한 문과 급제자로서, 동인계이지만 사행 때 서인계 의견에 동조했다. 허균의 형이고, 허난설헌의 오빠이다.

통신사 일행은 2백여 명으로 구성되었다. 그 가운데 차천로가 제술관(製述官) 임무를 띠고 갔다. 그는 시를 잘 지어 짧은 사행 기간에 4~5천이란 많은 수의 시를 지어 일본인들을 놀라게 했다. 이와 관련된 일화가 여럿 전한다. 그 가운데 남용익의 시화(詩話)에 "공이 일본에 사신으로 갔을 때 일본 사람이 모기를 막기 위해 흰 비단으로 휘장을 쳤는데, 그 넓이가 몇 칸 정도 되었다. 공이 하룻밤 자는 사이에 각 체(體)의 시를 지어 휘장 전체에다 써 놓았다"는 일화가 있다. 이 외에 이수광의 『지봉유설』에 "일본에 들어갔다가 책 하나를 얻어 보니 어류가 변해서 사람이 된 일에 대한 기록이었다"는 일화도 전한다.

무인 황진이 황윤길의 군관(軍官)으로 따라갔다. 일본인들이 통신사의 기를 죽이려 50보 떨어진 곳에 과녁을 세워놓고 이를 쏘아 맞혔는데, 황진이 그 과녁 옆에 작은 과녁을 세우고 명중시킨 다음 화살 두 발을 연속으로 쏘아서 새 두 마리를 떨어뜨리니 감탄했다고 한다. 또한 이런 이야기도 전한다. 가기 전에 교린이나 화친하자는 논의에 대해 황진은 척화를 주장했다. 일본으로 가면서 "조정은 일 없다 하지만, 바깥 오랑캐는 스스로 이르리라"로 시작하는 노래를 지어 불렀다. 화의를 물리치자는 뜻이 담겨 있어, 김성일이 매우 못마땅하게 여겼다. 김성일과의 갈등 하나를 더 소개하면 다음과 같다. 황진이 일본에 있으면서 보도(寶刀)를 샀다. 김성일이 꾸짖으며 말하기를 "양국의 사이가 좋은데 재물을 탐하여 칼을 사들인 것은 어떤 일인가?" 하니, 황진이 "명년에 이 적들이 우리나라에 처들어 올 때 나는 마땅히 이 칼로 적을 작살낼 것이다" 하자, 김성일은 아무 말이 없었다고 한다. 귀국 후 변화된 황진의 삶 이야기도 전한다. 그는 본래 주색을 좋아했으나, 일본에서 돌아온 뒤 술을 끊고 색을 멀리하고, 돈을 들여 말을 사서 밤낮으로 말 달리기와 활쏘기를 익히며 말하기를, "큰 난리가 장차 일어날 터이니 대장부가 나라에 몸을 바침에 헛되이 죽을 수 없다."고 했다 한다. 황진은 임진왜란 때 충청병사로 있으면서 '제2차 진주성 싸움' 때 진주성을 지키러 들어갔다가 전사하고 말았다.

글씨를 잘 쓰는 이해룡이 사자관(寫字官)으로 따라가게 되었다. 대마도에 있을 때 현소가 절의 편액을 요청하여 써주자, 현소가 보배로 삼아서 길이 보존하려고 했다. 왜도(倭都)에 들어가자 글씨를 구하는 사람들이 구름처럼 모여들었다. 이름이 알려져 숙소의 문 앞이 시장과 같았다. 귀찮아 문을 닫으면 나무를 휘어잡고 담에 올라 다투어 글씨를 요구했다. 그들은 얻으면 두 손 모아 감사하다고 말했다. 얻은 글씨를 만금보다 중히 여겼다. 부채에도 많이 써 주었다. 그곳 종이가 바닥나 값마저 올랐다.

의원(醫員)으로 손문서가 동행했다. 그의 아버지는 "양(楊)씨 의원 안(安)씨 의원 두 사람에다, 그대 선인 합하여 세 사람이서. 그 당시에 의원 선발 뽑히어서는, 나란히 태의관의 자리 올랐네"라고 하여, 유명한

어의였다. 가업을 계승한 손문서는 나이는 어리지만, "증세 보곤 병의 근원 환하게 알고, 약을 쓰면 묘하게 변화하였지"라고 하여 의술에 능통하여 약을 쓰면 효험이 나타났다. 그의 의술에 힘입어 통신사 일행이 무사히 사행을 마쳤다.

역관(譯官)으로 진세운이 보인다. 그는 정사·서장관과 부사가 일마다 부딪히는 바람에 그 사이에서 여러 차례 곤경에 처했고, 일본인이 보는 앞에서 부사 김성일로부터 곤장을 맞기도 했다.

통신사가 임명된 지 넉 달이 돼가고, 반민이 소환된 지 보름이 돼가는 1590년(선조 23) 3월에 통신사 일행은 조정을 하직하고 서울을 출발했다. 이날이 문집에는 3월 5일로, 실록에는 3월 6일로 각각 기록되어 있다. 전날 하직 인사하고, 다음날 출발했을 것 같다. 대궐에 나가 하직 인사를 드렸더니, 주상께서 대궐 뜰에서 술을 내려주었다. 현소·종의지와 함께 길을 나섰다. 이 해가 경인(庚寅)년이어서 이 통신사를 '경인통신사'라 한다. 이는 1443년(세종 25) 통신사 변효문을 파견한 이래 약 150년 만에 처음 있는 일이다. 그리고 풍신수길의 침략 직전에 이루어진 사행이라는 점에서 전근대 한일 관계사에서 갖는 의의는 매우 크다.

한 달여 지나 4월 3일 동래부 객사에 들어갔다. 바람을 기다린 후, 29일 다대포에 이르렀다. 태풍이 갑자기 불어 닻줄이 끊어지고 돛대가 부러졌다. 배 안에 있던 사람들이 모두 울부짖었다. "외로운 신하 생과 사의 갈림길에서, 거친 바다 한가운데 홀로 섰도다" 그 자체였다.

5월 1일 배를 출발하여 대마도로 향했다. 이를 대마도 측은 '高麗人의 出船'(조선의 통신사가 탄 배가 출발했다)으로 보고했다. 그런데 풍신수길은 이 보고를 '國主參洛'(조선 국왕의 입공)으로 받아들였다. 대마도에 이르렀을 때 부사 김성일은 자신들을 영접하는 일본 관리가 선위사로 나와야 한다고 했다. 종의지가 가마를 타고 사신이 있는 근처까지 와서 내린 일이 있었다. 김성일이 그 무례함을 지적하자, 종의지는 가마꾼의 목을 베고 사죄했다. 종의지는 이를 유감스럽게 여겨, 이후부터 김성일을 매우 엄격하게 대우하여 김성일로 하여금 그곳 사정을 잘 알 수 없게 해 버렸다고 한다. 이를 좋게 말하면 체통을 지켰다고 하겠으나, 사실상 외교 무례로 비춰질 수 있는 행동이었다.

대마도에서 한 달 정도 머물다가, 일기도에 이르렀다. 선위사가 기다리고 있음을 알았고, 선위사가 소서행장이라는 사실도 알았다. 그런데 소서행장은 통신사 일행을 만나려 하지 않았고, 만나자고 청하자 하관(下關)에 가서 만나자며 미루었다. 하관에 가서는 또다시 만나지 않고 다음으로 미루었다. 소서행장은 통신사를 빙빙이 돌렸다. 대마도와 짜고 국왕 입조를 사신 방문으로 바꾼 것을 은폐하려는 속셈이었다.

6월 16일 대판의 한 절에 체류하고 있었다. 한 유력자가 부하를 시켜 예물과 음식을 가져왔다. 통신사는 그것을 일행들에게 나눠 먹였다. 나중에 예물을 보니 '朝鮮國使臣來朝'라고 적혀 있었다. 아래 나라가 위 나라에 조공하러 왔다는 의미인 '내조(來朝)'란 말에 깜짝 놀라서, 가져온 것만큼 시장에서 사서 되돌려 주었다. 왜인은 글을 몰라 남의 손을 빌려 썼기 때문이라며 사죄했다.

통신사가 일본의 수도 경도(京都)에 들어간 것은 7월 22일이었다. 왜인이 일부러 길을 돌아 몇 달을 지체하고서야 도착했다고 통신사는 여겼다. 대덕사(大德寺)라는 사찰에 머물렀다. 수개월 동안 하는 일이 없어, 곳곳을 구경하며 시간을 보냈다. 동북 지방 평정을 위해 외부로 나갔던 풍신수길이 9월 3일에야 돌아왔다.

통신사가 그를 인견한 날은 11월 7일이었다. 그는 황궁에서 천황과 함께 통신사를 접견하여 자신의 위광을 높이려 했으나, 주위의 반대에 부딪혀 자신의 거처에서 접견하게 되었다. 이 자리에 조선 측에서는

3사와 제술관 4명이, 일본 측에서는 풍신수길과 그의 측근 8명이 참석했다. 이 장면은 『숙적』에 소서행장의 지시를 받은 통역관이 통신사의 말을 적당히 고쳐서 풍신수길에게 전했다고 묘사되어 있다. 조선 국왕이 입조하겠다는 말을 통역관이 했을 것 같다.

선조가 보낸 국서(國書), 17종의 선물 목록이 적힌 별폭(別幅)을 통신사는 전달했다. 풍신수길의 용모는 왜소하고 못생겼으며 얼굴은 검고 주름져 원숭이 형상이었다. 눈은 쑥 들어갔으나 동자가 빛나 사람을 쏘아보았다. 마주 보고 앉았는데, 떡과 술이 나왔다. 상사와 부사에게 각기 은 4백 냥을 주고 서장관 이하는 차등을 두어 주었다.

조선 국서가 전달되는 장면을 풍신수길은 "풍신수길이 조선 국왕과 함께 궁으로 들어갔다"는 식으로 선전했다. 일본을 방문한 통신사를 자신에게 복속한 조선 국왕 일행으로 둔갑시킨 홍보전이었다. 그리고 명 정복에 대한 조선의 협력이 마치 기정사실인 듯 선전했다. 자신의 정치적인 위엄을 강조하려고 의도적으로 유포시켰다. 이 국서는 현재 일본의 궁내청에 소장되어 있다. 이 속에 풍신수길의 국내 통일을 축하하고 양국의 인호(隣好)를 공고히 하자는 내용이 들어 있다. 이런 말을 조선이 할 일이 없고, 문서에 찍힌 인장이 다르다는 점을 들어 국서 자체가 대마도에 의해 변조되었을 가능성이 있다는 점이 일본 학자에 의해 제기되었다.

허위 통역으로 풍신수길은 만족했다. 답서를 내렸다. 답서에는 가까운 시일 안에 명나라를 치러 가고자 하니 길을 안내하라는 내용이 담겨 있었다. 소서행장과 대마도 사람들은 그 답서를 뜯어고쳤다. 풍신수길이 한 말을 조선이 수용할 리가 없었기 때문이었다. 엄청난 도박을 한 것이다. 그러는 사이에 시간이 흘러갔다. 돌아갈 때가 되었는데도 답서가 오지 않았다. 떠나겠다고 재촉하자 곧 보낼 것이니, 대판에 가서 기다리라 했다. 통신사는 답서를 받지 못한 채 경도를 떠나는 것은 무례라며 항의했지만 소용없었다. 답서는 항구도시 계(堺)에서 11월 25일 겨우 받았다. 이 과정을 김성일은 "바다를 건너온 석 달 만에 왜도(倭都)에 들어왔고, 왜도에 들어온 지 다섯 달 만에 왕명을 겨우 전했습니다. 왕명을 전한 지 4일 만에 왜도를 나왔고, 왜도를 나온 지 반 달 만에 답서를 받았습니다"고 적어 놓았다.

그런데 답서에는 도저히 수용할 수 없는 거칠고 거만한 표현들이 들어 있었다. 수정을 요청하자, 현소는 편지를 보내어 '각하(閣下)'를 '전하(殿下)'로, '방물(方物)'을 '예폐(禮幣)'로 고치겠다고 했다. 그런데 한 번 뛰어서 곧 대명(大明)에 들어가겠으니, "귀국이 선구(先驅)가 되어서 입조(入朝)한다면"에 대해서는 그 표현이 대명을 가리킨 것이라며 고치기를 거부하고 말았다. '조선이 입조'를 '일본이 대명에 입조'로 둘러댄 것이다. 김성일은 현소에게 답장을 보내어 '입조'라는 글자가 우리나라를 가리킨 것이 아니라고 할 수 있느냐고 따졌다. 또다시 답장 편지를 현소에게 보내어 선위사 및 대마도주와 함께 의논하여 재차 관백에게 전달하여 수정이 가해지도록 노력하라고 당부했다. 이에 대해 황윤길·허성은 현소의 말을 믿고 두 번 다시 청하지 않았지만, 자신은 고집 세고 어리석은 소견을 가진 자로서 끝내 그렇지 않다고 생각했다고 김성일 『해사록』에 적혀 있다. 결국 답서 수정은 뜻대로 이루어지지 않았다. 통신사 일행은 어쩔 수 없이 그대로 수령해 왔다.

이 답서는 풍신수길이 쓴 것이 아니다. 원본에는 일본의 명 침공과 조선의 일본 입조가 들어 있을 것이다. 대마도 측에서 개작한 것을 통신사는 받아서 돌아왔다. 답서는 『선조실록』에는 없고, 『선조수정실록』에 수록되어 있다. 답서의 내용은 ①자신의 국내 업적인 일본 통일 강조, ②명을 정복하여 일본의 정화(政化)를 심겠다는 명 정복 의지의 표명, ③명 정복에 임해서 조선에게 선도 역할을 하도록 명함(정명향도), ④자신의 이름을 일본·중국·천축 등 삼국에 드러내는 것으로 요약된다. 여기에 '대명국에 들어가겠다', '귀국이 앞잡이가 되어 입조해라'가 들어 있다. 『선조실록』은 선조 사후 광해군 대에 동인 정권에 의해 편찬되었고, 『선조수정실록』은 인조반정 이후 수정 의견이 나왔다가 효종 대에 서인 정권에 의해 편찬되었다.

5. 서로 다른 보고

통신사는 현소, 종의지, 유천조신 등과 함께 귀국길에 올랐다. 대마도에서 출발하여, 다음 해 1591년 1월 28일 부산에 이르렀다. 무려 10개월 만에 부산에 다시 발을 딛었다. 종의지는 경도를 떠날 때 풍신수길로부터 정명향도를 성사시키라는 명을 받았다. 현소와 종의지는 조령을 경유하고, 유천조신은 죽령을 경유하여 서울로 들어왔다. 이들은 이 전후 여러 차례 서울을 오가서 부산~서울 길을 훤히 알고 있었고, 중간중간에 돈과 선물로 매수한 첩자를 심어놓았다. 현소 등과 첩자가 인도한 길을 타고 임진왜란 때 왜군이 상경했다.

2월에 접어들면서, 정국은 다시 한번 소용돌이에 휘말렸다. '건저의(建儲義) 사건' 때문이었다. 정철은 정여립 사건을 일단락 지어 '역옥을 다스린 공'으로 공신에 책봉되었고, 좌의정에 임명되었다. 명실상부한 서인의 영수 자리에 올랐다. 여기에 그의 호걸스러운 자태와 늠름한 기상으로 형성된 카리스마 넘치는 정치력이 작용했다. 서로 대하면 사람으로 하여금 비루하고 인색함이 스스로 사라지게 할 뿐만 아니라, 자신도 모르는 사이에 무릎이 앞으로 다가간다고 했다. 이정귀가 『송강집』 서문에서 한 말이다.

선조는 8명의 부인을 두었다. 그 가운데 인빈 김씨와의 사이에서 난 신성군을 선조는 유독 사랑했지만, 동인계는 공빈 김씨와의 사이에서 난 광해군을 마음에 두고 있었다. 이러한 상황에서 유성룡이 찾아와서 "지금은 세자를 세우는 일이 가장 중요합니다"고 말했다. 왕위에 오른 지 24년이 되고, 국왕 나이도 40세가 되니 세자를 둘 필요도 있었다. 그러자 정철은 영의정 이산해와 함께 들어가서 임금에게 건의하자고 하고서 날짜를 정했다. 막상 약속 시간이 되자 이산해는 병을 핑계로 나타나지 않았다. 이건창이 지은 『당의통략』에 의하면, 이때 이산해는 인빈 김씨와 신성군 쪽에 "정철이 광해군을 세우고 신성군 모자를 죽이려 한다"는 허위 사실을 유포했다. 국왕과 정철 사이를 이간질하여 정철을 제거하려는 술책이었고, 서인을 일망타진하려고 함정을 판 공작이었다. 기다려도 이산해가 오지 않자, 하는 수 없이 유성룡과 정철 둘만이 입궐했다. 성질이 급한 정철이 먼저 건저(세자 옹립)를 건의했다. 다음의 유성룡 말을 기다리지도 않고, 즉각 선조는 불쾌하다는 듯이 신경질적으로 쏴붙였다.

「지금 내가 아직 살아 있는데 경이 무슨 말을 하는가!」

역린(逆鱗)이었다. 그날 밤에 특명이 날라와 정철을 좌의정에서 내쫓아 내고서 한직으로 보내버렸다. 그리고 그 자리에 유성룡을 승진시켜 앉혔다. 이리하여 국정을 총괄하는 의정부는 영의정 이산해, 좌의정 유성룡, 우의정 이양원 등 동인으로 가득 차게 되었다.

정철에 대한 조치는 이 선에서 끝나지 않았다. 곧바로 확전을 위한 동인계 유생들의 집단 상소가 올라왔다.

「정철이 나라의 권병(權柄)을 휘두르고 있으니 속히 축출할 것을 청합니다.」

「정철이 주색을 탐하여 나라를 어지럽히고 있습니다.」

내쫓아야 한다는 유생 상소를 마치 기다렸다는 듯이, 곧바로 사헌부와 사간원이 일시에 포문을 열었다. 조정의 권력을 마음대로 농단하여 세상을 어지럽혔으니 정철을 파직하라고 것이었다. 고발을 사주하고, 그에 따라 수사를 착수하는 모양새였다. 끝내 정철은 한직으로 끝나지 않고 파직되고 말았다.

동인은 이 정도로 그칠 것 같았으면 애초에 고발 사주를 안 했다. 그들의 목표는 그 '이상'에 있었다. 우선 착수한 것이 정철을 유배에 처하는 일이었다. 이 전략에 따라, 양천경 등의 유생들을 꾀어 상소를 올리게 하여 재상과 사류를 역적으로 몰아 모두 죽이려 했으니, 정철을 먼 곳으로 유배 보내자고 했다. 이들이 말한 '재상과 사류'는 직전의 '정여립 사건'으로 희생당한 자파 동인계 인사이다. 이리하여 정철은 유배형에 처해 졌다. 임금의 분노가 하늘을 찌르고 있었다. 정철은 평안도 강계로 가서 위리안치되었다. 권력자에게 과잉 충성하는 그곳 수령에 의해, 터무니없이 높고 견고한 가시나무 울타리로 둘러싸인 배소 집에서 햇빛도 보지 못한 채 고단한 유배 생활을 이어 나갔다. 하지만 오랜만에 바쁜 공직 생활과 거친 정치 현장을 벗어나 조용하게 학문에 정진하는 시간을 보냈다. 정철은 글짓기 능력을 시험하는 진사시에서 1등을 차지한 바 있는 인물이다. 특히 가사(歌辭)를 잘 지어 이 분야를 대표하는 이로 알려져 있다. 또한 정철은 대학자 김인후·기대승 문하에서 수학한 이력도 있다. 특히 김인후에게서 대학을 깊이 있게 배웠으니, 공부했어도 훌륭한 학자가 되었을 것이다.

이어서 동인이 착수한 것이 서인 제거였다. 그들은 제거 대상 인물과 그 사유를 나열했다. 『선조실록』과 『선조수정실록』이 약간 차이가 나서, 피해자의 목소리가 많이 담긴 후자를 보면 다음과 같다.

「병조판서 황정욱, 승지 황혁 부자는 방자하고 탐오스럽습니다.」

「승지 유근, 호조판서 윤두수, 황해감사 이산보, 사성 이흡, 병조정랑 임현, 예조정랑 김권, 고산현감 황신, 전좌랑 구만 등은 정철에게 빌붙어 당여가 되어 인물을 상해하였습니다. 아울러 파직시키소서.」

「윤근수, 홍성민, 이해수, 장운익 등도 아울러 멀리 귀양보내소서.」

대상으로 삼은 인물의 범위는 광범위했다. 지위도 중앙의 판서에서 지방의 현감에 이르기까지 다양했다. 사유는 '정철에 붙어 그의 당이 되어 간악한 짓'을 했다는 것이다. 선조는 다 들어줄 수 없다고 했다. 홍성민을 부령으로, 이해수를 종성으로, 장운익을 온성으로 유배 보내고, 그리고 나머지를 관직에서 추방하는 선에서 그쳤다.

결국 동인은 정철을 '악마'로 만들어 놓고, 나머지를 '정철 당'으로 모는 전략을 세웠다. 당시의 상투적이면서 전형적인 일망타진 전략이다. 이 전략에 의해, 정철을 실각시키고 서인에 대한 대대적인 숙청을 단행했다. 이를 신묘년(1591년)에 일어난 사화라 하여 '신묘사화'라고 한다. 그러기에 '정여립 사건' 때 당한 데에 대한 보복으로 해석될 수밖에 없다. 이후 서인은 대부분 숙청되고, 조정은 임진왜란 때까지 동인의 손아귀에 들어가게 되었다. 국내 정치 상황이 이러했으니, 각종 유언비어가 난무할 수밖에 없었다. 반란의 움직임도 포착되었다. 그래서 반란 모의를 밀고한 자가 있다는 말이 중외에 흉흉하게 나돌았다. "화가 종사에 박두했으나 차마 말할 수 없다"는 사람도 있었다.

2월에 발생한 '건저의 사건'으로 뒤숭숭한 다음 달 3월, 통신사가 서울에 이르러 선조에게 복명했다. 선조가 불러서 보면서 가장 먼저 일본의 실정과 형세를 물었다. 황윤길은 간단하게 답했다.

「필시 병화(兵禍)가 있을 것입니다.」

부산에 도착했을 때부터 일관되게 했던 말이다. 그런데 김성일은 반대로 답했다.

「그러한 정상은 발견하지 못하였는데 윤길이 장황하게 아뢰어 인심을 동요하게 하니 사의에 매우 어긋납니다.」

이어서 선조는 풍신이 어떻게 생겼느냐고 물었다. 이에 대한 두 사람의 답도 상이했다.

「눈빛이 반짝반짝하여 담과 지략이 있는 사람인 듯하였습니다.」

「그의 눈은 쥐와 같으니 족히 두려워 할 위인이 못됩니다.」

선조가 종의지에 대해 물었을 때도, 두 사람은 서로 상이한 답을 내놓았다. 황윤길은 간사하여 염려된다고 했지만, 김성일은 족히 염려할 것이 없다고 했다. 하나의 장면에 대한 동인과 서인의 언어는 곳곳에서 달랐다. 서인의 말은 일본이 침략하리라는 것이었지만, 동인의 '사투리'는 그렇지 않으리라는 것이었다. 이렇게 서로 다른 주장을 한 이유는 어디에 있었을까? 일본을 우습게 보아 온 전통적인 일본관이나 황윤길·허성과 김성일의 사상적 차이 때문일 것 같다고 말하는 학자가 있다. 이러한 표현은 사실과 다른 미화이다. 아니 역사 왜곡의 한 형태이다.

이보다는 눈앞에 닥친 당리당략이 현실적인 이유였다고 보아야 한다. 당시 서인은 동인의 공세에 밀려 있는 상황이었다. 정여립 사건으로 회복한 듯했으나, 수사 책임자였던 정철이 파직되고 그와 관련된 관료들마저 유배형을 받고 말았다. 그런 상황에서 서인들은 전쟁이 일어날 것 같다는 황윤길의 말을 따랐다. 명나라를 치겠다는 말에 더더욱 흥분하여 발깍 뒤집혔다. 잠재되어 있던 서인의 '전투력'이 막다른 골목에 이르자 수면 위로 떠 올랐다. 세 사람의 목소리를 들어보자.

조헌의 상소는 강렬했다. 제목부터가 「왜사(倭使)의 목을 베기를 청한다」여서 섬뜩하기 그지없다. 왜국 사신의 목을 베어 명나라 조정에 아뢰는 한편, 왜적의 사지를 찢어 유구 등 여러 나라에 나누어주어서 온 천하가 다 같이 분노하여 적을 막게 하자는 내용이다. 승정원 문밖에서 3일 동안 기다렸으나 국왕의 답서가 없자, 주춧돌에 이마를 받아 피가 얼굴에 흘렀다. 보는 이에게 "명년에 산골짜기로 피란 갈 때 반드시 내 말을 생각하리라" 말했다. 도성 문을 나와 옥천 집으로 돌아왔다. 문인과 아들 및 지인들에게 방왜책을 강구하라고 했다. 대둔산에 들어가서 산승과 밥을 먹으며 "명년에는 반드시 왜란이 있을 것이다. 나는 의병을 일으켜 임금을 모실 것이니, 이 밥을 같이 먹는 사람은 함께 와서 나라를 돕자"고 말했다. 이듬해 임진왜란이 일어나자 의병을 일으켰고, 같이 밥 먹었던 승도 함께 했다.

나주 출신의 양산숙은 "재앙이 멀지 않은 데 있다"고 하고는 왜인의 실정을 염탐하고자 남원을 거쳐 경상도로 들어갔다. 남원 출신의 양대박은 정철에게 보낸 편지에서 "지금 수길이 감히 서신[국서]을 보내왔는데도 우리 조정에서는 치욕으로 여기지 않으니" 두렵다고 했다. 이들 세 사람은 모두 서인 출신이고, 임진왜란 때 관군에 투신하지 않고 의병을 일으켰다가 순절한 인물이다.

일본의 침략이 있을 것 같다는 서인의 주장을, 동인은 "서인들이 세력을 잃었기 때문에 인심을 요란시키는 것이다"며 배척했다. 잃어버린 세력을 만회하기 위해 '안보 위기론'을 조장하며 정권 교체를 시도하고 있다며, 동인은 서인에 대한 색깔론으로 그들의 주장을 일축해 버렸다. 서인의 약한 고리를 때리는 동인의 전략은 일단 성공한 듯 했다. 그런데 실상은 서인의 주장이 옳았다. 그때 동인의 좌의정 유성룡은 침략의 가능성을 감지하고 있었다. 아니 확신하고 있었던 것 같다. 김성일에게 물었다.

「그대가 황의 말과 고의로 다르게 말하는데, 만일 병화가 있게 되면 어떻게 하려고 그러시오?」

「나도 어찌 왜적이 나오지 않을 것이라고 단정하겠습니까. 다만 온 나라가 놀라고 의혹 될까 두려워 그것을 풀어주려 그런 것입니다.」

김성일의 답은 일본의 침략이 있을 것 같지만, 그렇게 말하면 나라가 혼란에 빠질까봐 일부러 그렇게 말했다는 것이다. 당연히 동요할 수 있겠지만, 외교와 국방을 정권 수호에 이용했다는 의심을 사기에 충분한 발언이다.

전쟁 가능성, 그리고 풍신수길·종의지 인물에 대한 황윤길과 김성일의 입장이 서로 다르듯이, 황윤길과 김성일에 대한 실록의 평도 다르다. 사실 황윤길과 김성일은 사행 중에 매사에 다투며 크고 작은 마찰을 빚었다. 현재까지 나와 있는 기록을 통해, 마찰 건수로 20가지 정도가 확인된다. 그 가운데는 과연 그럴 필요가 있었는가 할 정도의 시시콜콜한 것도 있다. 그러니 이국만리까지 가서 국가 대사를 해결해야 할 공무 수행자들이 이리하나 저리하나 별 의미나 차이가 없는 것까지 '네가 잘했니' '내가 잘했니'를 따지는 '이김 질'을 해야만 했었는가 하는 의구심이 들 수밖에 없다.

다툰 점 몇 가지를 소개하면 다음과 같다. 대마도에서 통신사를 맞이하는 선위사가, 김성일은 반드시 나와야 한다고 했지만, 황윤길은 기다리지 않겠다고 했다. 풍신수길을 선조와 동급의 일왕으로 대할지, 아니면 일왕의 신하로 대할지를 놓고 논쟁을 펼쳤다. 경도에서 지낼 때 종의지가 악공을 빌려 주기를 청하자, 김성일은 왕명을 전하기 전이어서 빌려줄 수 없다고 했지만, 상사와 서장관은 듣지 않았다. 허성 서장관에게 주거나 답한 김성일의 편지를 보면, 곳곳에서 갈등을 펼쳤던 여러 사안이 하나하나 나열되어 있다. 아마 같은 동인계여서 자신을 지지해 주리라고 여겼는데 그렇지 않고 서인계 황윤길을 편들어주어서 그러했던 것 같다. 김성일과 허성은 친구 사이였지만, 이 일로 두 사람은 사이가 벌어지고 말았다. 배신감이 들었던지, 이후 김성일 지지자들은 갖가지 말을 만들어 허성을 괴롭혔다.

황윤길·허성과 김성일을 둘러싸고 복잡하게 얽히고설킨 각종 갈등의 실체와 납득하기 어려운 여러 행태들이 낱낱이 밝혀질 수 없게 되어버렸다. 우선은 전란으로 사초가 소실되어 실록이 엉성하고, 문집이 당색에 오염되거나 후대에 가필되어 사실 관계를 파악하는 데 기본적인 한계가 있기 때문이다. 그리고 통신사 당사자 기록은 오로지 김성일이 남긴 문집과 사행록에만 들어 있는데, 거의 대부분이 나는 '정의'로운데 그들은 그렇지 않다는 식으로 기록되어 있다. 예를 들면, 통신사가 지나가다 머물면 수직왜인들이 와서 숙식에 필요한 물품을 주면, 통신사도 그들에게 답례품을 주었다. 그 물품을 받을 것인가, 답례품에 이름을 쓸 것인가를 놓고 서로 생각이 달랐다. 이 점에 대해서도 김성일 자신은 의리가 있다며 "이번에 받고 안 받는 절차에 있어서도 반드시 의리가 있을 것이다"고 했다. 반대로 상대는 반어법을 써서 "상사와 서장관은 실로 외국의 사신이 될 만한 인재이며, 평소에 의리를 공부하여 밝혔으니, 어찌 함부로 처신할 분이겠는가?"며 의리가 없는 사람으로 몰아갔다. 그러면서 김성일은 "이에 우선 나의 얕은 소견을 기록하여 지혜있는 사람을 기다리기로 한다"며 후세의 평가를 기다린다고 했는데, 증인과 증거가 없는 한 상대는 반론을 펼 수 없고 일방적인 평가만을 감내할 수밖에 없다. 그러므로 의견이 충돌된 20가지마다 한쪽의 옳음과 다른 쪽의 그름으로 양분되어 있다.

이 대목에서 문과에 급제하고 여러 관직을 역임한 경력을 보유하여 임금의 명령에 의해 국가를 대표한 사절로 간 신하가 매사마다 그른 행동과 생각을 했을까? 적어도 몇 가지는 정확한 판단을 했을 법한데, 그런 말은 눈 씻고 봐도 없다. 남의 장점을 찾아서 격려해 주는 아름다운 풍습은 사라지고, 나와 다른 남의 언행을 들춰내서 폄하하거나 의도하지 않았는데 확대해석하는 경향이 유행한 결과였다. 눈앞의 말다툼에서 이긴다고, 상대의 약점을 가지고 놀 줄 안다고 자신의 유능함이 빛나리라 여기면 큰 착각이다. 당연히 상대 진영 서인의 반론도 거칠게 나올 수밖에 없었다.

대표적인 것이 안방준의 「임진왜란에 관한 기사」이다. 여기에는 풍신수길의 답서 원안 속의 '합하', '방물', '입조' 여섯 글자의 수정 요청자가 김성일이 아니라 황윤길로 나와 있다. 조정에서 김성일에게 통신사 임무를 잘 수행했다고 당상관으로 올려주고 나라를 방비하는 일을 그만두었고, 그때 황진이 김성일이 답서 내용을 못 고친 자신의 허물을 모면하려고 "왜적이 결코 쳐들어올 리 없다"고 했다고 큰 소리로 말했다는 점도 안방준은 찾아냈다. 이 외에도 거친 비판은 더 있다. 쟁점들 일부는 김시양의 『부계기문』에도 수록되어 있다. 서인이 주도하여 편찬한 『선조수정실록』에는 김성일이 절의만을 숭상하여 사단이 생기게 했다는 종의지의 말을 실어 놓았다. 이러한 점들에 대해 김성일 연보에는 "통분스러움을 금할 수 없다"며 불편한 심기를 내비치며, 하나하나 반박하는 글을 실었다.

이상의 혼란스러움은 당파의 이익이 우선이고, 국익은 안중에도 없는 결과였다. 조정의 의견이 동인과 서인으로 갈리어 가짜 뉴스와 진짜 뉴스의 갈림길에 들어섰다. 정쟁의 산물 그 자체였다. 모두가 시대의 희생자였다. 팩트는 없고 반박에 반박만 난무했다. 그러므로 '경인 통신사'는 진실을 가리기 어려운 미스터리 한국사 가운데 한 주제이다. 이러한 조건에도 불구하고 경인년 통신사에 관한 연구 논문이 여러 편 나왔다. 그것들은 대부분 김성일의 태도와 인식을 긍정적으로 평가했다. 사상적 사유의 결과로 포장되기도 했다. 그 가운데 납득할 만한 평가도 있다. 그렇지만 어떤 연구자는 "히데요시의 거국적 침략이 예상이나 되었을까?" 또는 "조선 침략이 상상되지 않았던 것이 틀림없어 보인다" 등의 평가를 내렸다. 적어도 김성일의 눈에는 풍신수길의 조선 침략 기미가 포착되지 않았다는 말로 들린다. 오늘날 학자들의 이 평가에 대한 독자의 평가는 다음 절을 읽으며 내리길 바란다.

6. 도해 명령

통신사가 돌아올 때 현소, 종의지, 유천조신 등이 따라왔다. 이들은 부산에 1591년(선조 24) 1월 말에 도착했다. 오억령이 선위사가 되어 그들을 맞이하러 부산으로 내려갔다. 오억령은 부산에서 현소로부터 이 말을 들었다.

「내년에 길을 빌어 명나라를 침범할 것이다.」

깜짝 놀라 현지에서 조정에 급히 보고했다. 그리고 오억령은 서울에 올라와서도 왜사와의 「문답일기(問答日記)」를 올리고, 앞서 보고한 대로 아뢰었다. 그의 보고는 일관되게 "왜병이 반드시 움직일 형세"라는 것이었다. 이는 당시의 공론에 크게 거슬리는 것이어서, '조정의 의논'은 크게 당황했다. 조정은 일부러 일을 만들어 세상을 소란스럽게 한다고 임금에게 아뢰어 오억령을 체직시키고, 심희수로 대신하게 했다. 이 조정은 '국민을 위한 조정'이 아니라, '동인을 위한 조정'이었다.

풍신수길의 답서에 명을 정복하겠고 그때 조선은 길잡이가 되어 주라고 적혀 있었다. 답서대로 일본이 침략할 것인지에 대해, 황윤길과 김성일의 보고는 서로 달랐다. 머리가 복잡한 선조는 서울에 머물러 있는 당사자로부터 직접 확인하고 싶었다. 비변사도 그렇게 할 필요가 있다고 조언했다. 윤3월 선조는 황윤길과 김성일을 현소 일행에게 보내어 일본의 사정을 알아보라고 했다. 여전히 현소는 속내를 숨기고서, 일본이 명에 조공을 바칠 수 있도록 조선이 길을 열어주라고 에둘러댔다. 현소 일행이 가지고 온 글과 그들이 한 말을 통해 '우리나라의 길을 빌려 명나라를 침범하겠다'는 점은 일관되게 확인되었다. 다만 풍신수길이 지시한 '정명향도(征明嚮導)'를, 대마도가 임의로 고쳐 '가도입명(假途入明)'이라고 했다. 이렇게 고치나 저렇게 고치나 내용은 마찬가지이다.

아무런 성과 없이 현소는 동래로 내려와서 관사에 머물며 조선 침략은 기정사실이며 그 시기가 임박했음을 암시하는 시를 남겼다.

「명년에 만약 동풍의 편을 얻게 된다면 67주(州)를 담소(談笑)하는 사이에 얻으리라.」

내년 동풍 불 때 쳐들어가면 차 한잔 마시는 시간에 조선 전역을 점령할 수 있다는 의미로 받아들여진다. 현소의 호언장담일까? 아니면 실현 가능한 예상일까? 현소는 빈손으로 대마도로 돌아갔다.

6월에 다시 도주 종의지가 직접 단 한 척의 배를 타고 부산으로 건너와서 절영도에 닿았다. 도주가 직접 단신으로 나온 것 자체가 중대 결심이었다. 그런데 이번에는 새로운 것을 요구했다.

「일본이 대명(大明)과 통호 하려고 하니 조선은 이를 명에 주문(奏聞)해 달라.」

일본이 명에 조공을 바치려 하니 조선이 명에 문서를 보내서 주선을 서달라는 것이다. 이 요구는 시간 벌기나 조선 떠보기에 불과했다. 부산첨사에게 서울 가서 선조 임금을 만나 얼굴을 마주 보고 말할 수 있도록 해달라고 청했으나 허락하지 않았다. 경상감사를 만나게 해달라고 청했어도 허락하지 않았다. 종의지의 모든 요청을 전면 거절했다. 그 이유에 대해 『징비록』에 "이때 조정 의론이 일본과 통신한 것을 후회하고 또 그들의 거친 태도를 괘씸히 여겨 회답하지 않았다"고 적혀 있지만, 잘 모르지만 꼭 그런 건만은 아니다. 행여 선조가 종의지를 보게 되면, 그동안의 보고가 거짓으로 들통날까 봐 두려워서 동인 측이 일부러 차단했을 것이다.

종의지는 배 안에서 10여 일 동안 기다리다, 부산 땅을 밟지도 않은 채 불편한 마음으로 돌아가고 말았다. 풍신수길에게 이 사실을 보고하면서, 「조선지도」를 바쳤다. 이 지도는 임진왜란 때 침략의 안내 자료로 이용되었다. 조선은 지도의 반출로 국가 기밀을 유출하고 말았다.

종의지가 돌아간 뒤 왜선이 다시 오지 않았다. 왜관에 머물던 왜인이 항상 수십여 명 있었는데 차츰차츰 귀국하여 임진년 봄에 이르러서는 왜관이 텅 비어버렸다. 왜선이 오지 않고 왜관이 텅 빈 것을 사람들은 이상하게 여겼다. 고요한 폭풍전야 같았다. 사실상 디데이 전날이었다.

그렇지만 통신사가 답서를 가지고 왔을 때부터, 조선 조정은 "왜적이 상국을 범하려 하고 있다"는 사실을 명나라에 알리려 했다. 성절사로 가는 김응남 편에 사유를 갖추어 보고했다. 김응남이 떠날 적에 비변사에서 은밀히 경계시키기를 "행차가 요동에 이르거든 소식을 탐문해 중국에서 만약 전혀 알지 못할 경우 편의대로 정지하고 자문(咨文)은 절대로 누설하지 말라"고 당부했다. 요동에 들어가니, 조선이 왜적을 인도하여 중국을 침범할 것이라는 유언비어가 널리 퍼져 있었다. 당시 왜구에게 납치되어 구주 살마에 20년 동안 억류되어 있는 중국 사람 허의후(許儀後)가 일본 사정을 은밀히 본국에 보고했다. 그 속에 풍신수길이 했다는 "나는 곧 바다를 건너 당에 침입하려 한다"는 말이 들어 있다. 영주들 군사 50만과 자신의 군사 50만 등 100만 군사를 거느리고 내년 봄을 기해 일을 시작한다는 말도 들어 있다. 또한 중국 상인 진신(陳申)으로부터 정보를 받은 유구도 중국에 사신을 보내어 일본의 사정을 알렸는데, "일본이 크게 일어나 조선을 침략할 뜻이 있다"는 것과 "조선이 일본 군사의 향도를 할 것이다"는 것을 말했다.

이때 조선 사신만 가지 않아 중국 조정에서 크게 의심을 하고 있었다. 우려했던 사태가 현실로 나타나고 말았다. 성절사는 진땀을 빼는 해명 끝에 겨우 혐의에서 벗어났다. 정명향도의 진위를 묻는 중국 측의 요구서가 8월 조선 국왕 앞으로 도착했다. 이에 대해 조선 정부는 시급한 대로 답변서를 작성하여 보냈다. 그리고 10월 한응인을 주청사로 삼아 북경에 보내어, 일본이 명 침략을 내년으로 계획하고 있다는 점을 알리고 조선이 그간 명에 충순을 다해왔다는 점을 강조했다. 유언비어에 대해서도 다시 한번 적극 해명했다. 이어 동지사 이유인의 사행 편에 재차 왜적의 실정을 아뢰었다. 이와 같은 여러 번의 정보 공유에도 불구하고, 조선과 명 두 나라는 별다른 대책을 내놓지 않았다.

중국에 주문(奏聞)을 할 것인가, 말 것인가를 놓고도 조정의 논의가 분분했다. 여기에서도 동인과 서인은 대립했다. 동인에 속한 부제학 김수와 영의정 이산해는 하지 말 것을, 서인에 속한 병조판서 황정욱과 대사헌 윤두수는 할 것을 각각 주장했다. 논의가 팽팽한 가운데 좌승지 유근과 수찬 박동현이 서인 의견에 찬성하고, 좌의정 유성룡이 반대를 역설하다가 찬동으로 돌아서 마침내 주문을 하게 되었다.

풍신수길은 통신사가 돌아간 후, 종의지로부터 조선 국왕의 입공교섭이 결렬되었다는 최종 소식을 들었다. 그때가 1591년 8월이었다. 이에 그는 명 정복을 내년 봄에 결행할 것이라 선언하며 가신들을 향해 물었다.

「구주에서 군대를 비교적 용이하게 조선에 도항시키는 데에 어떤 항구가 있는가?」

「비전(肥前)에 명호옥(名護屋)이라는 항구가 있습니다. 그곳은 평호도로부터 30리 떨어져 있고, 1천여 척의 배가 안전하게 출입할 수 있으니, 여기에서 조선으로 건너가는 것이 쉬울 것입니다.」

가신들의 대답이 끝나기도 전에, 풍신수길은 구주 명호옥에 대륙 침략을 위한 전진 기지로 성을 축조하라고 명했다. 그의 침략전쟁 이유에 대해 망상설, 영지 확보설, 대륙 정복설, 정권 강화설, 감합무역 부활설 등 여러 가지가 거론되고 있지만, 그 어떤 것도 만족할 만하게 설명되지는 못한다. 그는 명 정복을 위해 전국에 총동원령을 내렸다.

이에 어떤 사람은 선박을 새로 만들고, 어떤 사람은 멀리 떨어진 지역에서 선박을 만들게 하고, 그 밖의 사람은 무기나 탄약을 조달하거나, 자산이나 전답을 처분하여 준비를 갖추었다. 사람들은 정복 사업에 참여하는 것을 매우 혐오했고, 죽음으로 나가는 길이라고 여겼다. 부녀자들은 고독한 처지에 빠지는 것을 울면서 슬퍼했고, 살아서 더 이상 아버지와 남편을 만날 수 없으리라 여겼다. 고통과 슬픔을 이루 다 형언할 수 없었다. 그리하여 전국에 갖가지 소문이 나돌았다.

「정복 사업은 결국 성공하지 못할 것이다.」

「조선으로 출신(出陣) 하기에 앞서 일본 도처에서 대규모 반란이 일어날 것이다.」

소문처럼 영주 중에 속으로 반대하는 자들도 있었다. 그러나 영지를 몰수당하든가 목숨을 잃을까 두려워 밖으로 표출할 수가 없었다. 이 상황을 일본에 체재 중이던 포르투갈 신부 프로이스(Luis Frois)는 고양이 목에 방울을 달 쥐가 없다는 우화에 비교했다. 풍신수길은 교활한 정치가였다. 이제까지 멀리했던 자들을 가까이 불러들여 은총을 베풀거나 높은 자리에 앉혀 반대 심리를 누그러뜨렸다. 그리고 영주들을 모아 성대한 사냥 대회를 열어 많은 마리의 큰 새를 잡아서, 금박을 한 긴 대나무 꼬치에 꽂아 행렬하여 일본 역사상 최대의 성사를 과시하기도 했다. 또 일본의 최고급 무장에게 사냥개의 고삐를 잡고 걷게 하여, 신분이 높고 권세 있는 자라도 자기 앞에서는 천직을 맡을 수밖에 없다는 점을 분명히 심어주었다. 이후부터 조선 침략에 반대하던 영주들도 절대 충성을 다짐했다. 이리하여 일본은 전쟁의 광기에 휘말려갔다.

명호옥은 평호도에서 동쪽으로 12리 정도 떨어진 좌하현(佐賀縣) 동송포(東松浦) 반도의 끄트머리에 있다. 해안선의 굴곡이 심한 작은 만속에 들어와 있다. 이곳을 포르투갈의 선교사 루이스 프로이스는 벽지로 사람이 살기에 적합하지 않고 식량뿐만 아니라, 과업을 수행하는 데 필요한 손이 닿지 않은 황무지라고 소개했다. 여러 가지 단점에도 불구하고 풍신수길은 전통적인 무역항이었던 박다 대신 명호옥을 선택했다.

명호옥을 선택한 이유는 어디에 있었을까? 세 가지로 생각할 수 있다.

하나는 본래는 박다를 전진 기지로 삼으려 했으나, 수심이 얕아서 하는 수 없이 명호옥으로 변경했다고 한다.

또 하나는 조선의 전라도 공략을 위해서였다. 명호옥~전라도 노선은 바람과 해류를 이용한 최단 거리 일본~조선 노선이기 때문이었다. 그래서 조헌이 상소에서 "조정의 의논은 왜적이 호해제도(湖海諸島)를 침공하리라 하여 영남지방을 버려두고 거론하지 않는다고 하니 이것은 크나큰 실책인 줄로 압니다"고 우려할 정도로, 조선 조정도 전라도 방어에 주력했다.

마지막으로는 중국의 강남 공략을 위해서였다. 명호옥은 과거에는 여몽연합군의 제2차 일본 정벌 때 몽골의 강남군이 공격했던 곳이고, 당시에는 그곳 세력가 송포당(松浦黨)이 교역 장소로 이용하고 있었던 곳이다.

풍신수길의 명이 떨어진 지 두 달 지난 10월, 전국의 영주들이 명호옥에 도착하여 축성에 투입되었다. 명호옥성(名護屋城)은 조선으로 도해할 20만 명과 명호옥에 진 치고 있을 10만 명 등 도합 30만 명이 머물 수 있도록, 50만 평의 넓은 부지에 축조되었다. 이듬해 3월에 완성되었다. 반년도 안되는 짧은 공사 기간임에도 불구하고, 당시 명호옥성의 규모는 대판성에 다음갈 정도로 장대하게 축조되었다. 대표 건물인 천수각은 풍신수길의 저택에 뒤처지지 않을 정도로 화려했다. 성으로부터 반경 3킬로미터 안에 약 120개에 이르는 영주들의 병영이 분포되었다. 그리고 성 아래에 각종 상점을 두어 다양한 물자가 모이게 했고, 수십만의 군대가 집결하여 소비할 쌀을 그곳으로 이동시켰다. 명호옥은 변방 황무지에서 대도시로 변모해 갔다. 그 장관을 한 일본인이 이곳에서 고향에 보낸 편지에 표현했다.

「해안은 모두 영주들이 자리를 잡고 산도 들도 빈 곳이 없다.」

「경도와 대판 사람들이 모두 모여, 물건 또한 없는 것이 없다.」

명호옥성은 조선 도해의 본영이었다. 명호옥 동쪽의 호자(呼子)라는 곳에도 부속 기지가 있었다.

본영에서 도해하려면 중간에 병참기지나 중계지가 필요하여 일기도에 승본성(勝本城), 대마도에 청수산성(清水山城)이 축조되었다. 승본성 축조는 일기도를 지배하고 있는 평호도 송포씨의 주도와 유마·대촌·오도 영주들의 협력으로 이루어졌다. 여기에는 가등가명·등당고호 등이 주둔하여 수군을 지휘했다. 청수산성은 풍신수길이 도해 때 머물 곳으로 축조되어, 구괴가륭·협판안치 등이 주둔했다. 그리고 군사물자나 군량미의 운반과 관련한 선박·선원·잡부의 징발이 일기·대마 도민에게 부과되었다. 이리하여 평호도 송포씨와 대마도의 종씨는 과다한 부담을 질 수밖에 없었다. 이러한 전쟁 준비 과정을 중국인 허의후도 알고 있었다. 그가 본국에 올린 상소에 "(풍신수길이) 모든 영주에 명해서 비전·일기·대마도 세 곳에 성을 쌓게 하여 중국으로 건너가는 관역(館驛)으로 하였다"고 했다. 그리고 대마도 영주 종의지에게 명해서 상인으로 분장하고 조선에 건너가 지세를 살피게 했다고 했다.

1592년(선조 25) 새해가 밝았다. 역사적인 날이 다가왔다. 그런데 1~3월 실록 기사는 거의 없다. 『선조실록』은 아예 공란이고, 『선조수정실록』은 고작 5건에 불과하다. 국방 대비 태세와 관련하여 무슨 일이 있었는지 전혀 알 수 없다. 기껏해야 2월에 평안병사를 역임한 신립(申砬)과 전라병사를 역임한 이일(李鎰)을 여러 도에 보내어 병비를 순시하도록 했다는 것이다. 신립은 경기·황해도로 가고, 이일은 충청·전라도로 갔다가 한 달 뒤에 돌아왔다. 그들이 순시하며 점검한 것은 활·화살·창·칼에 불과할 뿐이었으며, 그것마저도 모든 군현에서 형식적으로 법을 피하기만 했다. 특히 신립은 일본을 가볍게 여겨 근심할 것이 못 된다고 생각했는데, 조정에서는 그것을 믿었다.

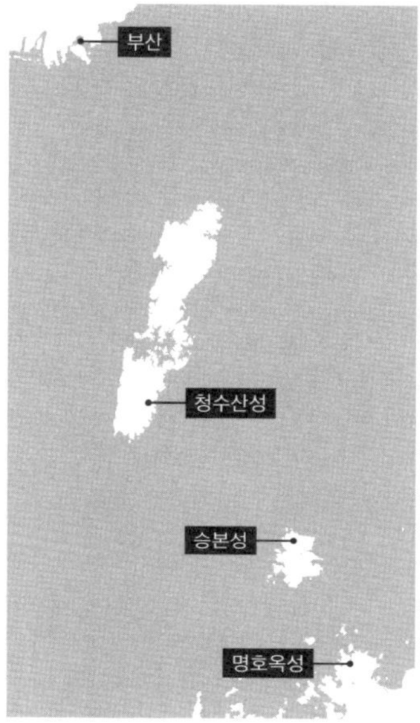

『임진왜란 출격지』

이와는 달리 풍신수길은 1월 5일 새해 인사를 위해 모여든 여러 지역의 세력가들에게 "3월 1일부터 조선에 도해하라"는 명령을 내렸다. 출정 명령서에 따르면 제1군의 지휘관은 소서행장이며, 제2군은 가등청정이었다. 이때 소서와 가등 두 사람은 신년 하례에 참석하지 않고 자신의 영지인 구주의 우토(宇土)와 웅본(熊本)에 각각 있었다.

풍신수길은 보름 뒤 종의지와 소서행장으로 하여금 먼저 도해하여 명으로 향하라고 했다. 이에 따라 소서행장은 오도·평호도 등지의 군사를 이끌고 대마도로 건너가서 머물렀다. 그리고 구주·사국 영주들은 일기도·대마도에 진을 쳤다. 종의지는 장인인 소서행장에게 일본군이 쉽게 조선에 침입할 수 있는 방법과 정복에 알맞은 모든 지식에 대해서 매우 정확한 정보를 주었고, 자신이 선봉에 참전하고 싶다고 자청했다. 소서행장은 이 모든 것을 풍신수길에게 보고하자, 그는 대단히 기뻐하며 선봉장의 역할을 두 사람이 함께 하기를 명령했다. 또한 종의지는 풍신수길에게 조선의 8도 지도를 바쳤다. 풍신수길은 그 지도를 다량 인쇄하여 8도마다 각기 다른 색깔을 붙여 각 영주들에게 나누어 주었다.

마침내 풍신수길은 3월 13일 조선의 태도 여하에 관련 없이 즉시 조선에 병력을 출진시킬 것을 선포하면서, 병력의 편성 내역과 조선 도해를 위한 봉행선(奉行船)의 배치를 발표했다. 도해 병력은 1번대에서 9번대까지 총 15만 8천여 명이고, 명호옥을 비롯한 일본 국내 잔류병력은 11만 8천여 명이었다.

3월 26일 풍신수길은 명호옥성을 향해 경도를 출발했다. 이때까지도 대마도에 부여된 '정명향도' 건은 일단락되지 않았다. 여전히 소서행장은 유천조신·현소를 통해 조선을 설득하기 위한 공작을 계속 펼쳤다. 현소는 일본 통치자의 목적이 조선을 침략하려는 것이 아니며, 명나라와 싸우려는 것이니 일본군의 조선 통과를 허용해주면 좋겠다는 말만 되풀이했다. 그런 헛된 말을 조선 측이 들어줄 리가 없었다.

마지막 시도가 행해졌다. 종의지는 4월 11일 부산으로 건너와서 최후 협상을 시도했다. 헛걸음만 했다. 그가 왔다가 간 날자는 자료나 논저마다 좀 차이가 난다는 점을 감안해야 한다. 이때까지도 조선은 소서행장이 1만 8천 명의 병사를 거느리고 이미 대마도에 와 있다는 사실을 모르고 있었다. 최후 협상은 결렬되었다.

4월 13일 아침까지도 일본군의 선봉이 바다를 건너 몰려올 것이라고, 알 만한 사람은 알았지만, 조선의 권력을 잡은 조정 대신은 꿈에도 생각하지 못했다. 아니 아예 생각하고 싶지 않았을 것이고, 생각했다고 하더라도 이미 뾰족한 수도 없었을 것이다.

그런데 선조 임금에게는 징조가 찾아왔다. 4월 13일, 푸른 무지개가 궁궐 안 샘물에서 일어나 임금의 몸을 괴롭혔다. 임금이 두세 번 피하여도 자꾸 따라오다가 문을 닫으니 비로소 그쳤다. 그날 아침, 대마도를 출항한 일본 군선이 부산 앞바다에 이르렀다. 임진왜란이 발발했다. 일본 달력은 이날이 12일이다.

선조는 푸른 무지개가 자신을 괴롭힌 날에, 왜적이 부산을 함락했다는 말을 나중에 들었다. 크게 두려워하여 싸울 방도가 아니라 피난할 계책부터 세웠다. 박동량이 지은 야사 『기재잡기』에 나온 내용이다. 차마 듣고 싶지 않은 선조의 처사이다. 차라리 박동량이 부풀려서 말했으면 좋겠다. 그런데 이 모든 것은 현실로 나타나 국토는 쑥밭이 되고 백성은 만신창이가 되었음에도, 선조는 지켜야 할 모든 것을 다 버리고 파천 길에 올랐다.

저자 후기

이 책은 350년 '왜구 시대'를 고발한 6부작 왜란 이야기 가운데 제2권이다. 1555년 을묘왜란 이후부터 1592년 임진왜란 전야까지 다룬 것이다.

정해왜란은 1587년 오도·평호도 왜인들이 전라도 손죽도, 청산도, 완도 일원을 습격하여 사람을 납치해 가며 시작되었다. 이는 33년 전 을묘왜란 이후 최대의 왜인 침략으로 전란이 일어났던 전라도 전역은 물론이고 조선 정국 및 조일 외교에 큰 영향을 미쳤다.

이때 전라 좌수군은 왜적에게 크게 패했지만, 녹도만호 이대원이 전투 중 용전하다 순국하여 지역민에게 흠모의 대상이 되었다. 그리고 대왜 경각심을 고조시켜 수군 전력 증강과 민간 자위단 출현의 계기가 되었다.

또한 정해왜란은 이후 전개되는 정여립 사건(1589), 통신사 파견(1590), 이순신의 전라좌수사 임명(1591), 임진왜란(1592) 등 한국사상의 굵직한 사건과 연관되었다. 특히 왜란 때 양산된 납치자의 송환은 통신사 협상의 지렛대였고, 그들이 송환 후 전한 왜정은 정치적 파급력을 배가시키면서 방비책을 강화하게 했다.

전라도 지역사회와 조선 정국 및 조일 외교와 임진왜란에까지 큰 영향을 미친 사건이지만, 아직 깊이 있게 연구된 적이 없어 본서에서 다룬 것이다. 특히 이 정해왜란이 민족사의 최대 비극 임진왜란의 서곡이었던 점과 그것을 막지 못했던 점을 일본의 사정과 조선의 내정 속에서 찾았다.

2025년 12월 김덕진

정해왜란 일지

1587년	01월 16일	흥양현 녹도진 해상에 왜선 출몰(녹도권관 이대원 출동·격퇴)
	?	이대원 권관에서 만호로 승진
	02월 20일	녹도만호 이대원 손죽도에서 전사
	?	정기명 「녹도가」 지음
	?	지역민 「돌련지가」 부름
	?	안방준 「이대원전」 지음
	?	정여립 대동계 거병
	02월 26일	전라감사 치계 입계(왜선 18척 흥양 침범, 녹도권관 전몰)
	02월 27일	가리포진 첨사 이필 화살 맞고 퇴각, 전라우수사 원호 복병선 5척 피침
	03월	왜적 철수(선산도, 가리포 등지 습격)
	04월 04일	전라좌수사 심암 당고개에서 사형 집행
	05~06월	녹도진성에 녹도사 건립됨
	?	김천일 양산숙 유팽로 자위책 강구
1588년	?	서울에서 「둥둥곡」 유행
	11월 17일	김개동·이언세 남만에서 귀국하여 서울에 도착
1589년	08월	통신사 조건으로 반민과 피로인 송환 제기
	10월 02일	정여립 모반 고변
	11월 18일	통신3사 임명
	?	정협 「이대원 조사」 지음
1590년	02월 28일	반민 사화동 압송되어 서울에 도착, 피로인 130명(또는 116명) 송환
	03월 06일	통신사 서울 출발

	?	손죽도 이대원 사당 건립(1597, 1637)
1591년	01월 28일	통신사 부산 도착, 피로인 송천수 돌아옴
	08월 23일	풍신수길 명호옥 축성 명령
	10월 24일	피로인 김대기·공태원 조사 결과 보고
1592년	04월 13일	임진왜란 발발
1592년		녹도만호 정운 부산포 해전에서 전사, 녹도사에 정운 합향
1617년		『동국신속삼강행실도』 간행(이대원 수록)
1683년		녹도사 '쌍충' 사액 받음
1699년		평택에 이대원 신도비 건립
1923년		손죽도 이대원 사당 중건
1924년		녹도 쌍충사 중건
1983년		손죽도 이대원 사당 확장
1999년		손죽도 이대원 유적비 건립
2015년		손죽도 이대원 동상 건립

참고문헌

고흥군·순천대, 『임진왜란과 고흥』, 2002.

국립진주박물관, 『임진왜란과 도요토미 히데요시』, 부키, 2003.

국사편찬위원회, 『한국사』 30, 1998.

김덕진, 『전쟁과 전라도 지역사』, 선인, 2018.

김문자, 『임진왜란과 도요토미 정권』, 경인문화사, 2021.

김세용, 『니탕개의 침입과 조선의 대응』, 선인, 2024.

민덕기, 『여진족과 임진왜란』, 온샘, 2022.

사회과학원, 『조선전사』 9, 과학백과사전출판사, 1980.

삼산면지발간추진위원회, 『삼산면지』, 2000.

오항녕, 『사실을 만난 기억』, 흐름, 2024.

이성무, 『조선시대 당쟁사』, 동방미디어, 2000.

이은상, 『高興 雙忠祠 事蹟』, 횃불사, 1980.

임형택, 『이조시대 서사시』 2, 창비, 2024.

정성일, 『전라도와 일본』, 경인문화사, 2013.

피터 터친(유강은 옮김), 『국가는 어떻게 무너지는가』, 생각의 힘, 2025.

최이돈, 『조선중기 사림정치』, 경인문화사, 2017.

한일관계사학회, 『1590년 통신사행과 귀국보고 재조명』, 경인문화사, 2013.

北島万次(김유성 이민웅 옮김), 『도요토미 히데요시의 조선 침략』, 경인문화사, 2008.

三宅英利(손승철 옮김), 『近世 韓日關係史 硏究』, 이론과 실천, 1991.

小川雄, 『水軍と海賊の戰國史』, 平凡社, 2020.

遠藤周作(조양욱 옮김), 『숙적』, forbook, 2008.

有光友學[編], 『戰國の地域國家』, 吉川弘文館, 2003.

長崎県文化観光国際部文化振興課, 『日本遺産「国境の島」壱岐·対馬·五島　交易·交流と緊張の歴史』, 2018.

池享[編], 『天下統一と朝鮮侵略』, 吉川弘文館, 2003.

김돈, 「선조대 경인통신사의 사행과 조정의 대응방식」, 『역사교육』 144, 2017.

방상근, 「동서분당과 선조의 리더십」, 『정치사상연구』 25-1, 2029.

변동명,「高麗末 麗水의 長生浦歌」,『한국사학보』37, 2009.

조인희,「임진왜란기 조선의 대외교섭과 조일 국교 회복에 대한 연구」, 연세대 박사학위논문, 2022.

윤유숙,「도요토미 히데요시의 조선침략 발발 전 한일교섭 실태」,『일본학보』70, 2007.

이수열,「16세기 동아시아해역의 군수물자 유통」,『한일관계사연구』71, 2021.

이원순,「임진·정유재란시의 조선부로노예문제」,『변태섭박사화갑기념사학론총』, 삼영사, 1985.

이태진,「임진왜란 발발기의 관군과 의병」,『남명학연구』41, 2014.

田中敏昭,「풍신정권의 일본통합과 대마도주 종씨의 조선교섭」,『동서사학』5, 1999.

中村質,「壬辰丁酉倭亂の被虜人の軌跡」,『한국사론』22, 국사편찬위원회, 1992.

※ 많은 논저를 참고했지만, 번잡을 피하고자 대표적인 것만 제시했다.